LA LIBERTÉ D'EXPRESSION. MENACÉE OU MENAÇANTE ?

LA LIBERTÉ D'EXPRESSION.

Menacée ou menaçante ?

Jusqu'où penser, parler, écrire librement ?

Actes de colloque
Bruxelles, 7, 8 et 9 décembre 2014

Classe des Lettres et des Sciences morales et politiques
ACADÉMIE ROYALE DE BELGIQUE

Académie royale de Belgique
rue Ducale, 1
1000 Bruxelles, Belgique
publications@academieroyale.be
www.academie-editions.be

Mémoire de la Classe des Lettres
Collection in-8°, IVe série, tome X
N° 2106

Crédits
Suivi et couverture :
Service Éditions,
Académie royale de Belgique

Impression :
IMP Printing s.a., 1083 Ganshoren

ISBN 978-2-8031-0500-7
ISSN 0378-7893
Dépôt légal : 2015/0092/21

LE PRIX DES MOTS

DIALOGUE ENTRE JOUMANA HADDAD ET HERVÉ HASQUIN

Hervé Hasquin :

Nous allons maintenant avoir le plaisir d'écouter Madame Joumana Haddad. Je la connais un peu car j'ai eu l'occasion de présider un débat de femmes où, comme je le lui disais tout à l'heure, j'étais l'alibi de la mixité puisque j'en étais le modérateur, cela m'arrive (rires) ! Cela se passait à Bruxelles voici trois ans autour d'un thème très explosif : la femme et la religion. Et j'ai le pressentiment que nous en reparlerons ce soir.

Madame Joumana Haddad est Libanaise. Elle est poétesse, journaliste et présente cette particularité peu banale d'être la fondatrice et la directrice d'une revue très particulière qui s'appelle *Jasad*, qui signifie en français, si je ne m'abuse, « le corps », première revue qui traite d'érotisme et de sexualité dans le monde arabo-musulman. Madame Joumana Haddad est de culture chrétienne, mais elle aura l'occasion elle-même de vous préciser son positionnement idéologique et philosophique. Je lui laisse immédiatement le soin de s'adresser à vous, puis nous aurons l'occasion, elle et moi, d'en discuter.

Joumana Haddad :

Merci. Bonsoir, Mesdames et Messieurs, et merci d'être là. Je tiens avant de commencer mon intervention à remercier chaleureusement Monsieur Hervé Hasquin de m'avoir invitée à participer à ce débat qui est, comme vous l'imaginez, important partout dans le monde, mais particulièrement dans le monde arabe.

Permettez-moi de commencer mon intervention en partageant avec vous un extrait d'une lettre que j'ai reçue il y a quelques temps d'une lectrice qui m'était inconnue et qui me semble illustrer parfaitement une des problématiques les plus graves touchant le thème de la liberté d'expression dans le monde arabe contemporain.

Salut Joumana, m'écrivait ladite lectrice, je m'appelle Manal, je suis une femme saoudienne de 39 ans. Je m'adresse à vous simplement pour vous raconter ma réaction la première fois que j'ai lu vos écrits. Ce jour-là, une amie m'avait clandestinement prêté un de vos livres en me disant « Tu dois lire ceci ». Le soir même, me retrouvant seule dans ma chambre, je décidai de le feuilleter. Dès les premiers mots, une peur indescriptible m'envahit, une peur qui allait au-delà du choc de découvrir vos idées et votre façon de voir le monde. C'était la terreur de voir exprimées, rédigées, publiées, et donc accessibles à tout le monde, des choses que je n'osais même pas penser, des choses qu'on m'avait toujours décrites comme mauvaises, honteuses et coupables, des choses à réprimer, à résister, à refuser, à combattre, à taire absolument. Et savez-vous ce que j'ai fait aussitôt ? Moi qui étais, je le répète, seule dans ma chambre et seule à la maison à ce moment-là, donc sans aucun risque que quelqu'un ne vienne me surprendre en flagrant délit : j'ai tiré une couverture sur ma tête et j'ai continué ma lecture ainsi à la lueur d'une pile électrique, cachée même aux yeux de moi-même. Comme si je pouvais me duper de la sorte, prétendre que je ne vous lisais pas et me protéger contre vous ou plutôt contre moi-même et le gouffre que vous m'obligiez à affronter. Comme si le prophète Mahomet était assis là, dans mon lit, à me surveiller et à me pointer du doigt à chaque mot lu, à chaque tournure de page. Plus je lisais, plus je ressentais les feux de l'enfer me brûler la peau. Pouvez-vous imaginer la vie d'une personne qui a été élevée à se redouter elle-même et à considérer sa conscience, son esprit, son intelligence, sa logique et son corps comme des ennemis ou des espions au service d'un dieu impitoyable ?

En effet, Mesdames et Messieurs, pouvez-vous, pouvons-nous imaginer la vie de tels gens, de ces prisonniers d'eux-mêmes, qu'ils soient analphabètes ou éduqués, riches ou pauvres, hommes ou femmes ? Pouvez-vous, pouvons-nous concevoir une existence où le simple acte de penser et de s'exprimer en dehors du lavage de cerveau subi et sans cesse renouvelé constitue un péché, voire un crime ? Et pourtant, c'est la triste réalité de la majorité des Arabes aujourd'hui, Saoudiens, Irakiens, Égyptiens, Syriens, Libanais et ainsi de suite, une réalité dont certains sont conscients et dont ils souffrent, comme c'est le cas de Manal, ou bien une réalité que d'autres ne soupçonnent même pas tellement la mentalité du troupeau l'emporte sur les efforts de la raison individuelle. Et quel serait l'ennemi numéro un de ces peuples, de leur intellect, de leur jugement, de leurs progrès, de leurs droits, de leurs libertés ? Il faut désormais le dire haut et fort, sans détours, c'est la religion ou du moins la façon machiavélique dont elle est utilisée par ceux qui la contrôlent et la représentent pour diaboliser et abolir toute réflexion critique qui puisse porter un être humain à s'émanciper de son emprise et à la mettre, comme il se doit, à son propre service et au service de son épanouissement spirituel.

Je le répète, cet esclavage religieux est la réalité de la majorité des Arabes aujourd'hui et il n'y a pas d'exagération dans mes propos, ni une méconnaissance des exceptions qui existent dans les différents pays et qui constituent des points de repère lumineux, quoique rares et insuffisants, dans notre histoire contemporaine. Certains d'entre vous me diraient que ceci est un mal universel, que le lavage de cerveau et l'enchaînement peuvent prendre plusieurs formes, en Occident comme en Orient, et que la dictature consumériste, par exemple, qui règne dans d'autres parties du monde n'est pas moins esclavagiste que la dictature religieuse qui aveugle les esprits dans le monde arabe. Et vous aurez raison, bien sûr. Mais permettez-moi de souligner une différence majeure : l'engouement pour un sac Chanel ne pousse pas celui qui se le procure à trancher des têtes au nom de ladite marque alors que le label de dieu, comme nous en sommes quotidiennement les témoins ces jours-ci, pousse une grande partie de ses fervents enthousiastes à commettre des crimes contre le droit à la liberté d'expression, le droit à l'intégrité, le droit à la vie, le droit au choix et à la dignité humaine. Dans le meilleur des cas, il les pousse à juger, à exclure, à haïr ceux dont le label est légèrement ou largement différent du leur.

Le premier censeur des Arabes, cette voix pernicieuse qui les pousse à se réprimer, est donc dans leur tête et je dirais même dans leur inconscient collectif. Ce mal est devenu un réflexe au lieu d'être un état contre nature et cette censure auto-administrée est beaucoup plus dangereuse, triste et irréparable qu'une censure imposée par un État. L'instinct, en principe, devrait nous pousser à combattre l'injustice. Mais que faire lorsque l'instinct lui-même instaure et normalise l'injustice ? Il faut des générations et des générations de bâillonneurs et de bâillonnés pour que l'ADN puisse en venir à contenir le gêne qui incite une personne à baisser automatiquement la tête, à se taire, à accepter sans questionnements ce qu'on lui inculque ou inflige, quel qu'il soit, absurde ou offensif. Nous avons dépassé même le stade du masochisme. Nous taire n'est plus une douleur qui est source de jouissance, mais une condition autochtone face à laquelle s'exprimer librement devient l'anomalie.

Évidemment, il faut aussi souligner le rôle nocif que la langue arabe joue malgré elle à ce niveau, une langue prétendument sacrée, étanche par conséquent à la transgression et aux défis nécessaires à l'affranchissement de l'expression. Or cette violence que la langue arabe impose en apparence est en réalité une violence qu'elle subit. Car cette superbe langue a été injustement privée de tout un pan de ses potentiels, de son lexique et de son imaginaire à cause de sa sacralisation. C'est vous dire combien être un écrivain qui refuse les concessions dans un tel monde coûte cher.

Discuter le thème de la liberté d'expression dans le monde arabe tout en évitant de discuter le problème de la religion ou plutôt de l'emprise religieuse signifie ignorer la principale muselière qui empêche les gens de s'exprimer. Et pas seulement, car elle empêche tout autant les gens de réfléchir, de faire des choix, de s'épanouir, de disposer de leur corps et de leur destinée. Bref, de vivre comme des êtres humains. Évidemment, les systèmes politiques arabes, pour la plupart tyranniques, corrompus et policiers, n'encouragent pas non plus à la libre expression. Je le sais parce que je travaille depuis dix-huit ans dans un journal où le rédacteur en chef et le principal éditorialiste ont été assassinés à cause de leurs opinions politiques. Cependant, séparer la politique de la religion dans ma partie du monde relèverait de l'auto-tromperie et cette dernière est un luxe que nous ne pouvons plus nous permettre, car tous ces régimes fonctionnent en connivence avec les autorités religieuses, publiquement ou en secret, afin que l'assujettissement des peuples soit sans faille. Je dis « tous ces régimes » en ne permettant aucune exception parce que l'exception apparente que constituent certains modèles de gouvernements soi-disant laïques n'est qu'un bluff. Il suffit par exemple de voir comment l'État islamique est en train de servir les intérêts de la dictature de Bachar El-Assad en Syrie.

Mesdames et Messieurs, je suis une femme libanaise, mais puis-je affirmer que je suis pour autant une citoyenne libanaise ? Non, pas tant que c'est ma religion de naissance qui gère mon statut, ma condition, mes affaires et ma vie, bien que je sois publiquement et résolument athée. Pas tant que je suis recensée sur la base de ma religion de naissance, que je suis censée voter mes députés sur la base de cette religion et que je serai enterrée selon les lois de cette religion à ma mort. C'est une honte pour moi et pour beaucoup d'autres de vivre dans un pays qui prétend être une république démocratique, mais où une véritable société civile et laïque libre de l'emprise des hommes de religion est presque complètement absente et où critiquer la religion et ses symboles est, ou bien impossible, ou sévèrement punissable. J'ai écrit à plusieurs reprises à propos de ce que j'appelle le triangle des Bermudes de la censure dans le monde arabe, constitué par la politique, le sexe et la religion. Mais au fond, le nœud le plus dangereux, le plus résistant de ce trio n'est autre que la religion. Je sais que certains croyants qui assistent à ce débat jugeront peut-être ma prise de position injuste. Je sais que des chrétiens et des musulmans protesteront et voudront prouver peut-être, chacun à sa façon, combien et comment leur religion promeut la liberté d'expression en particulier et la liberté en général. La réponse que je me permets d'anticiper à ces objections est nette. Ce n'est que déni ou malhonnêteté intellectuelle. Dites-moi quel musulman vivant dans le monde arabe pourrait dire à haute voix que le prophète Mahomet ou l'ayatollah Khomeiny sont des pédophiles sans risquer sa vie ? Or il s'agit de faits historiques, non de calomnies, le premier ayant épousé une fillette de neuf ans et le second ayant décrit en détail dans l'un de ses livres la façon dont on peut jouir d'un bébé sans le déflorer. Et cette terreur d'énoncer un simple fait n'est qu'un exemple d'intolérance et d'intimidation parmi tant d'autres. Ne parlons pas du traitement que l'on réserve aux athées ou même aux agnostiques dans des pays comme l'Arabie saoudite ou le Yémen où il est jusqu'à nos jours permis et légal d'épouser et de violer des adolescentes, mais inadmissible et mortel de douter de l'existence de dieu ou de faire une caricature sur le prophète Mahomet ou même de promouvoir la laïcité. Et que les fidèles passionnés ne me disent pas qu'il s'agit là d'exceptions ou d'accidents isolés, et que pareils gens ou que les membres de l'État islamique djihadiste qui assassinent des innocents comme on écrase des mouches ne représentent pas le vrai islam. Malheureusement, malheureusement, ce sont les modérés dans le monde arabe qui constituent l'exception en islam et non le contraire.

Suis-je plus indulgente avec le christianisme ? Sûrement pas, bien que ce dernier ait dépassé sa phase meurtrière des croisades et de l'inquisition. Il n'en est pas moins vrai que le radicalisme chrétien dans un pays supposément ouvert et moderne comme les États-Unis, pour ne citer qu'un exemple, est en train d'atteindre des sommets sans précédents. Il ne s'agit pas pour autant d'exécutions ou de flagellations publiques, mais le risque d'être ostracisé ou de perdre son emploi constitue un grave obstacle à la liberté d'expression qu'il ne faudrait pas négliger.

Mesdames et Messieurs, que chacun ait la foi qu'il veut, mais qu'il l'ait dans le respect, dans la décence, loin de la répression, loin de la censure, loin de la violence et des efforts agressifs visant à faire taire les esprits et les langues. Qu'on ne vienne pas me dire que mes idées sont le résultat d'une contamination occidentale. La liberté d'expression est un droit humain fondamental ; les droits de l'homme sont universels. L'Occident n'en a pas le monopole. Or la liberté d'expression s'est toujours épanouie dans un cadre laïc. La laïcité n'en est pas évidemment la seule garante, mais elle est à mon humble avis une de ses conditions nécessaires.

Je suis, donc je dis. Je dis, donc je suis. S'exprimer est une partie indissociable d'exister. S'exprimer librement est un droit, ce n'est ni un luxe, ni un privilège. Par ailleurs, la première étape pour guérir un mal n'est-elle pas de le reconnaître et de l'avouer ? La guérison passe donc par l'expression, par les pensées et les mots délivrés sans peur, sans appréhension, sans intimidation, sans prix à payer autre que celui que la responsabilité intellectuelle implique. C'est la raison pour laquelle je me permettrai enfin de paraphraser Simone de Beauvoir et de dire : « On ne naît pas libre dans le monde arabe, on le devient. » Or, il est grand temps que nous le devenions. Merci.

(Applaudissements)

Hervé Hasquin :

Madame Joumana Haddad, M. Tariq Ramadan ne vous aura pas entendue...

Joumana Haddad :

Malheureusement, cela aurait été intéressant.

Hervé Hasquin :

C'est vrai que j'aurais apprécié qu'il vous entende et entendre sa réaction puisque vous vous êtes livrée avec une franchise brutale, mais une franchise que j'apprécie, à un diagnostic j'allais dire cynique des situations que vous vivez.

Joumana Haddad :

La franchise est toujours brutale, Monsieur Hasquin.

Hervé Hasquin :

Tout à fait. Je vous pose une question. Le discours que vous nous avez tenu ce soir, est-ce que vous pourriez le tenir dans un pays du Moyen-Orient sans mettre votre vie en péril ?

Joumana Haddad :

Je dis toutes ces choses tout le temps dans le journal *Jasad* et dans mes livres. Ils sont distribués partout dans le monde arabe. Donc, ou bien les extrémistes ne lisent pas attentivement, ou bien ils me tiennent...

Hervé Hasquin :

Ou bien vos livres sont détruits avant de pouvoir être lus ?

Joumana Haddad :

Oui, peut-être. Je reçois évidemment beaucoup de menaces, beaucoup d'insultes. J'ai ma dose quotidienne. De même, lorsque j'ai commencé la publication de mon magazine, là aussi les portes de leur enfer ont été ouvertes sur moi. Mais j'avais pris ma décision il y a longtemps de ne pas me laisser intimider. Je pense que cela pourrait advenir. Je ne suis pas *Superwoman*. Cela pourrait donc advenir mais je préfère que cela advienne pendant que je suis en train de dire ce que je pense avec toute franchise. Et n'allez pas croire que je suis particulièrement courageuse. Depuis mon enfance, j'ai vécu dans un environnement lourd à supporter, avec beaucoup de prohibitions, d'interdits, et dès le moment où j'ai commencé à écrire, je me suis dit que je devais être capable au moins en écrivant de dire ce que je pense sans que personne ne m'empêche de m'exprimer. C'est ensuite que j'ai appris, en payant le prix, à vivre ma vie aussi comme ça. Je suis donc convaincue de chaque mot que je viens de dire, de chaque mot que j'écris, de chaque mot, de chaque idée que j'exprime. Je pense que c'est mon droit de le dire, tout comme c'est le droit de beaucoup de gens de ne pas être d'accord avec moi. Je respecte la différence, mais je ne respecte pas la différence qui fait qu'on tue et qu'on assassine les gens avec qui on n'est pas d'accord. Il y a une grande différence.

Hervé Hasquin :

Dans ce pays qui est le vôtre, le Liban — je le rappelle car cela était sous-jacent dans votre intervention — divisé politiquement, organiquement vais-je dire, dans toute son existence, en deux clans, en quelque sorte les chrétiens d'une part et les musulmans d'autre part, toute la vie politique est organisée autour de ce principe et, qu'on le veuille ou non, on est rangé dans une catégorie...

Joumana Haddad :

Non, c'est beaucoup plus compliqué encore. Il est divisé en dix-huit clans : il y a les chiites, les sunnites, les catholiques, les orthodoxes, les druzes... je continue ? C'est ennuyeux, non ? Par exemple, on parle souvent en Occident des musulmans. Mais il y a les sunnites et les chiites, et c'est maintenant seulement qu'on commence à les distinguer parce qu'il y a toutes ces tensions et toutes ces guerres, et les nuances entre les deux communautés sont nombreuses.

Hervé Hasquin :

Mais il n'y a pas d'espace pour les non-croyants ?

Joumana Haddad :

Non, il n'y en a pas pour les non-croyants.

Hervé Hasquin :

Dans vos entreprises littéraires, politiques et philosophiques — et je suppose que vous avez un public de lectrices essentiellement, sans doute — avez-vous une connaissance de votre lectorat ? Est-ce que des hommes vous lisent ou est-ce surtout un public féminin ?

Joumana Haddad :

Non, ce n'est pas surtout un public féminin. Je suis lue par des hommes et des femmes. Ils m'envoient d'ailleurs des courriels. Hier encore, j'ai reçu un courriel d'un homme vivant au Yémen, qui m'a raconté une histoire assez drôle. Le directeur de la bibliothèque universitaire où il travaille l'a convoqué et lui a dit : « Il faut faire très attention, la copie d'un livre est arrivée dans cette bibliothèque ; on ne sait pas comment elle est arrivée, mais il faut la trouver et la détruire. » Et cet homme a su qu'il s'agissait d'un de mes livres, *Superman est arabe*. Cet homme en question a trouvé la copie, ne l'a pas détruite et l'a ramenée chez lui. Il a lu le livre, en arabe, et il était vraiment très content d'avoir découvert ces idées, qui sont aussi les siennes, mais secrètement bien sûr. Il m'a fait ce cadeau merveilleux qui consiste à partager cette histoire avec moi. Tout d'abord, on a tendance à penser que lorsqu'une femme écrit ou parle par exemple des droits de la femme ou des droits en général, son lectorat sera forcément plutôt féminin que masculin, mais ce n'est pas du tout le cas. Je pense que c'est une injustice que l'on fait aux écrivaines un peu partout d'ailleurs. Il suffit de voir comment on réalise des anthologies d'écrivaines, alors que je n'ai jamais vu d'anthologies d'écrivains.

Par exemple, anthologie de la poésie des femmes africaines, anthologie des contes des femmes arabes... Le public est donc très diversifié. Comme je l'ai dit tout à l'heure dans mon papier, il faut aussi tenir compte de cette minorité de personnes qui représentent l'espoir, mais qui sont une minorité silencieuse, dont le silence est assourdissant comme vous l'avez si bien dit. Il faut que cette minorité trouve le courage de passer du silence à la parole parce que c'est la seule façon de pouvoir commencer à guérir, c'est le passage obligé de la guérison. Il faut admettre que beaucoup de choses ne vont pas dans le monde arabe.

Hervé Hasquin :

Pour cela, il faut donc du courage.

Joumana Haddad :
Oui, ou de la folie. J'aime me décrire comme une folle. Puisque je suis poète, je trouve cela plus romantique que l'épithète « courageuse ».

Hervé Hasquin :
J'en reviens à votre propos, à ce que vous avez appelé le triangle des Bermudes, cette zone tempétueuse. Vous y mettez la religion, la politique, le sexe également ; avez-vous le sentiment que toute la politique est instrumentalisée par la religion ?

Joumana Haddad :
Elles s'entraident. J'ai parlé de connivence. Il y a complicité, secrète ou publique. Dans le cas, par exemple, de l'Arabie saoudite, elle est publique. Dans l'Égypte de Moubarak, elle était secrète. Mais elle existe et ils s'entraident pour être en mesure de contrôler les gens, les troupeaux. Malheureusement, pour eux les gens sont des troupeaux.

Hervé Hasquin :
Vous avez évoqué cette histoire intéressante du Yémen et, finalement, sans le savoir, j'y avais fait en quelque sorte allusion quand je vous avais interpellée tout à l'heure en vous demandant si vous étiez sûre que vos publications parviennent à destination. Parce que dans les régimes autoritaires tels que vous les décrivez et qui sont extrêmement nombreux effectivement, la poste doit être très surveillée. Comment faites-vous pour que votre revue, par exemple, parvienne à celles et ceux qui y sont abonnés ?

Joumana Haddad :
Mes livres, il faut le dire, sont censurés partout dans le monde arabe. Ils sont publiés et disponibles à Beyrouth. J'ai découvert que la façon dont ils circulent est souvent la suivante : lorsqu'une personne vient par exemple au Liban, d'Arabie saoudite ou d'Égypte, ses amis lui demandent de leur rapporter des livres, de moi mais aussi d'autres auteurs censurés. Et ces gens se passent les livres ou se les photocopient. C'est ainsi que les choses se passent. La parole trouve toujours le moyen d'arriver.

Hervé Hasquin :
Ce que vous dites là m'interpelle et m'intéresse au plus haut point parce que, étant un amoureux du XVIIIe siècle et du siècle des Lumières, j'y vois un parallèle avec ce qu'on appelle la littérature sous le manteau. On oublie

souvent que la plupart des grands auteurs français au XVIIIe siècle ne pouvaient pas être édités en France, mais étaient édités à l'étranger et revenaient sous le manteau, en cachette, par des intermédiaires. Finalement le système est le même. Oserais-je penser que nous sommes à l'aube d'un siècle des Lumières ?

Joumana Haddad :

J'espère qu'il ne faudra pas attendre des siècles pour y arriver, en tous les cas !

Hervé Hasquin :

Concernant la presse, car vous êtes aussi journaliste, quels genres d'articles traitez-vous ? Des articles politiques ?

Joumana Haddad :

Je suis responsable des pages culturelles du journal *An Nahar*, mais il m'arrive de rédiger des articles, des éditoriaux sur la politique bien sûr.

Hervé Hasquin :

Sont-ils censurés ?

Joumana Haddad :

Non. Le journal où je travaille est celui qui a toujours été depuis 1933 le champion de la liberté d'expression. D'ailleurs, certains journalistes de la rédaction appartiennent à différents courants d'opinions politiques et l'expriment dans leurs articles. C'est la particularité de ce journal, l'un des plus respectés dans le monde arabe.

Hervé Hasquin :

Vous arrive-t-il de faire des conférences dans certaines capitales méditerranéennes, je pense à l'Afrique du Nord et au Moyen-Orient ?

Joumana Haddad :

Je viens de rentrer d'une tournée de deux semaines au Maroc. J'ai donné six conférences dans six villes différentes sur des thématiques analogues à celles dont nous avons parlé aujourd'hui, mais aussi sur la sexualité, la position des femmes dans le monde arabe. J'ai trouvé les réactions formidables parce que même ceux qui étaient contre ma prise de position l'ont exprimé en général, à quelques exceptions près, respectueusement. Mais je pense que c'est aussi le cadre qui a beaucoup aidé. Beaucoup de choses dépendent du lieu et du cadre qui accueille ce genre de manifestations.

Hervé Hasquin :

Vous évoquez le Maroc. Ce pays, en matière de liberté d'expression, de croyances, contrairement à une idée parfois répandue en Europe, paraît un pays relativement ouvert...

Joumana Haddad :

Je ne pense pas que le Maroc soit un pays relativement ouvert. On ne peut pas dire au Maroc qu'on est athée. On ne peut pas. C'est pourtant par là qu'il faut commencer. D'ailleurs, dans le dernier rapport sur l'indice d'écart entre les hommes et les femmes, le Liban occupait la 136e position et le Maroc était juste à côté. Nous avons donc beaucoup de choses en commun alors que l'idée générale est que le Liban est un pays beaucoup plus émancipé que les autres pays arabes. Malheureusement, il s'agit d'une émancipation très superficielle : beaucoup de femmes libanaises se croient libres parce que, peut-être, elles peuvent se vêtir comme elles veulent, elles peuvent aller danser jusqu'à quatre heures du matin. Je comprends très bien que ce soit un droit fondamental bien sûr, mais l'émancipation commence par le fait d'avoir des droits égaux devant la loi, être une citoyenne de premier degré alors que la femme libanaise est une citoyenne de seconde zone, pour ne pas dire de troisième zone.

Hervé Hasquin :

Soyons plus précis. Qu'est-ce qu'être une citoyenne de second degré, comme vous la décrivez ?

Joumana Haddad :

Je vais vous le dire. Il n'existe pas de législation qui s'applique semblablement à tous les citoyens. Les lois qui s'appliquent aux citoyens dépendent de la religion de tel ou tel citoyen. Les lois sont donc celles de la religion. Nous avons des tribunaux religieux. Donc, comme les trois religions monothéistes sont forcément patriarcales, cela entraîne une discrimination au niveau des droits dont jouissent les deux sexes.

Voilà, votre star est arrivée, je dois maintenant m'arrêter (rires). Merci.

Hervé Hasquin :

M. Ramadan vient d'arriver. Je l'invite à prendre place ici au premier rang. Maintenant qu'il est là, si vous avez un message à lui délivrer, quel est-il ?

Joumana Haddad :

Je préfère l'écouter auparavant.

Hervé Hasquin :

Madame Joumana Haddad, je connaissais votre franc-parler et j'avais déjà eu l'occasion de vous entendre. Vous vous êtes exprimée avec cette liberté qui vous caractérise en cette fin d'après-midi et nous allons maintenant passer le relais à M. Caekelberghs, journaliste à la RTBF, qui va avoir l'occasion de permettre à M. l'évêque de Tournai, Monseigneur Harpigny, à M. Tariq Ramadan et à M. Bartholomeeusen, ancien Grand Maître du Grand Orient de Belgique et Président du Centre d'action laïque — mais qui dans le civil est surtout avocat — de débattre sur les questions que nous venons d'aborder. Encore merci.

Joumana Haddad :

Merci beaucoup !

TABLE RONDE D'OUVERTURE

EDDY CAEKELBERGHS, TARIQ RAMADAN, HENRI BARTHOLOMEEUSEN, MONSEIGNEUR GUY HARPIGNY

Eddy Caekelberghs:

Messieurs, merci bien sûr d'accepter le principe du jeu des questions et des réponses. Contrairement à ce que d'aucuns pourraient penser, je souhaiterais peut-être commencer par vous, Henri Bartholomeeusen, à propos de la laïcité en vous demandant d'emblée jusqu'où vous étendez la liberté d'expression et la liberté d'information — il en a beaucoup été question à l'instant. Est-ce qu'il n'y a pas d'autres limites à ces libertés d'expression et d'information que la calomnie ?

Henri Bartholomeeusen:

Si l'on veut donc aborder la question de la liberté d'expression, on passe nécessairement par les concepts de liberté de pensée, de liberté de conscience, de liberté de religion, qui sont consacrés d'ailleurs par le même article, l'article 9 de la Convention de sauvegarde des droits de l'homme et des libertés fondamentales. Ce sont là des droits absolus. Je veux dire par là qu'ils sont non seulement fondamentaux, mais aussi qu'ils ne souffrent guère d'exception. Lorsqu'il s'agit de liberté d'expression, et vous avez raison de le souligner, il s'agit là bien sûr d'un droit fondamental, mais qui n'est pas absolu, je veux dire par là qu'il connaît une limite. Alors quelle est la limite, serait-ce la calomnie exclusivement ? Non, le critère est plus fondamental. Ce critère qu'est évidemment la rencontre, la contradiction avec un autre droit fondamental. On peut citer comme exemple le droit à la vie privée, le droit au respect de la personne dans son intégrité, dans la dignité de la personne humaine j'entends. Voilà l'enjeu, voilà le critère qui va nous permettre de tracer un fil rouge entre ce droit absolu qu'est la liberté de conscience, la liberté de pensée, la liberté même de religion, et la liberté d'expression.

Mais d'emblée cela nous permet en tous cas d'éviter peut-être deux équivoques. La première chose importante à dire à ce propos est que le respect de la liberté de religion n'est pas le respect de la religion. C'est une confusion qu'on fait souvent, de plus en plus souvent dans des juridictions administratives ; notamment en matière d'enseignement, je relève qu'on a tendance à confondre l'un et l'autre, alors que ce sont deux choses essentiellement et fondamentalement différentes. Une deuxième équivoque concerne, puisqu'il s'agit essentiellement de religion aujourd'hui, cette capacité qu'ont les religions à personnifier, à donner une personnalité à dieu, qui est un concept. Or dieu n'est pas une personne au sens juridique du terme. Je veux dire par là qu'il n'est pas dans nos démocraties titulaire de droits et d'obligations en tant que tels. Il n'est pas en d'autres termes un sujet de droit et, par voie de conséquence, il ne bénéficie pas de la protection d'une Convention de sauvegarde des droits humains. Il n'accède pas à la dignité de l'être humain.

Si je souligne d'emblée ces deux aspects, c'est pour éviter un sophisme auquel nous sommes souvent confrontés et qui consiste à prétendre que lorsqu'on porte atteinte, lorsque l'on critique soit le concept de dieu, l'idée de dieu, soit une religion, c'est-à-dire une doctrine, une doctrine de la foi mais une doctrine quand même, soit une pratique religieuse, soit encore un objet du culte, la tendance, l'objection, l'exception que l'on tente de faire valoir est de dire que l'on porte atteinte non pas à une idée, mais à des personnes. C'est une confusion que nous ne pouvons pas accepter. Voilà pour situer le débat. Donc oui, il y a des limites à la liberté d'expression, mais ces limites procèdent du respect de la personne, sur le plan de sa dignité et sur le plan de son intégrité, au-delà de ça, je n'en vois aucune. La liberté d'expression est l'un des fondements de la démocratie et de l'état de droit.

Eddy Caekelberghs:

Je reviendrai évidemment vers chacun d'entre vous autour de la même question, mais en la déclinant, si vous le voulez bien et pour faire avancer le débat, sur des tonalités quelque peu différentes. Bonsoir Tariq Ramadan, bienvenue parmi nous. J'aurais tendance à formuler la question autrement et à vous demander : faut-il que la pensée soit totalement libre et la liberté d'expression à ce point totale qu'elle puisse aller jusqu'à l'ignoble, par exemple à travers des textes, à travers des appels, par exemple lorsque l'on parle aussi de *fatwa* dans l'affaire Rushdie, jusqu'à des appels à la mort ou à la mise à mort de quelqu'un ?

Tariq Ramadan:

Merci beaucoup de cette invitation. Je pense que je lie ma réponse directement à celle que vous venez d'entendre parce qu'elle est fondamentale. On a parfois l'impression aujourd'hui que dans le propos qui concerne les religions, on irait dans l'autre sens, qui serait celui de l'affirmation que la liberté est absolue. Rien, dans aucun des droits de toutes les démocraties du monde et premièrement dans les démocraties occidentales, ne confère à la liberté d'expression un caractère absolu. Cela n'existe pas. Et cela va beaucoup plus loin que la diffamation. Je suis très content de ce cadre qui a été mis en évidence, à savoir s'en prendre à la dignité ou à la personne. C'est-à-dire que par exemple, il est inacceptable, de par la loi, de tenir un propos raciste, parce qu'il s'en prend à l'intégrité de la personne, à sa dignité, à ce que la personne est et non à ce que la personne pense ; on peut critiquer la pensée, on ne peut critiquer l'être. Donc à ce propos, on doit partir de ce principe-là.

Mais prendre les dérives dans les expressions dans le monde majoritairement musulman comme ce qui représenterait l'islam, serait injuste. Il faut faire la critique aujourd'hui de pratiquement toutes les sociétés majoritairement musulmanes, parce que ce n'est pas simplement la liberté d'expression qui est un problème, c'est même la liberté, la dignité de la personne. Aujourd'hui, dans beaucoup de pays majoritairement musulmans, on ne perçoit que l'expression libre comme un problème, or c'est l'intégrité des personnes, c'est l'intégrité du citoyen qui est mise en danger, des hommes comme des femmes, et bien souvent plus des femmes que des hommes, mais les deux sont à envisager, et on ne peut pas sortir un groupe pour oublier l'autre. Il faut aujourd'hui faire la critique de ces sociétés-là.

Puisque vous avez parlé de l'affaire Salman Rushdie, j'avais personnellement pris la position de dire que la *fatwa* était une faute, que c'était à condamner, de la même façon que j'ai pris position sur ce qui concernait les caricatures au Danemark, en disant aux musulmans à l'époque de prendre une distance critique. Je leur ai dit de ne pas réagir, qu'on peut ne pas aimer ces caricatures, mais qu'il n'y a pas à réagir et à tomber dans le piège d'une provocation qui veut toucher les sentiments. Il faut y répondre avec l'intelligence de ceux qui prennent de la distance, qui disent « c'est votre droit de pouvoir être parfois stupides dans votre façon de rire ». C'est la liberté d'expression jusque dans l'humour le plus simpliste et qui, parfois, dans certaines des caricatures, était stupide.

Cela étant dit, j'en viens à un deuxième élément, qui fait le lien avec ce qu'on a entendu car je pense qu'il est très important qu'on fasse effectivement la distinction entre la liberté de conscience, c'est-à-dire la liberté de religion, et la liberté de l'expression face aux religions. De ce point de vue-là, vous devez, et nous tous ici dans cette salle, devons reconnaître l'évolution de la conscience musulmane occidentale, aux États-Unis comme en Europe, par rapport à ces phénomènes-là car vous allez vous rendre compte que dans presque tous ces pays — occidentaux donc — les musulmanes et les musulmans n'ont pas du tout réagi comme cela pouvait se passer dans les sociétés majoritairement musulmanes. Pensons à la dernière affaire qui a eu lieu aux Pays-Bas où, quand Geert Wilders a annoncé qu'il allait déchirer le Coran, il a remercié les musulmans parmi ses concitoyens de ne pas avoir réagi comme il espérait qu'ils réagissent parce que certains partis jouant sur la controverse et se faisant de la publicité et qui, derrière la liberté d'expression, veulent cacher leur propre racisme. Donc, premier élément, vous remarquerez qu'aux États-Unis comme en Europe la distance critique fait partie de l'apprentissage de la citoyenneté dans les sociétés occidentales. Voilà qui m'amène au deuxième point : si ce qui a été dit ce soir est fondamental dans le cadre juridique, il y a une autre chose sur laquelle nous devons aussi nous mettre d'accord : ces principes-là doivent être appliqués égalitairement et de la même façon à tous les citoyens, à toutes les religions, à toutes les philosophies et à tout le monde. En d'autres termes, si certains étaient tentés de déterminer une liberté d'expression par rapport à leur religion, il ne faudrait pas là derrière que l'on produise une acceptation du produit raciste au sens islamophobe à la différence des autres car certains se permettent avec l'islam aujourd'hui ce qu'ils n'oseraient pas se permettre avec d'autres traditions religieuses, même à l'endroit du christianisme. D'ailleurs, certains ont raison de dire que, dans certaines phrases, si vous remplacez « musulmans » par « juifs », vous êtes systématiquement considérés comme antisémites. Ce n'est pas la critique de la religion, mais la critique de la personne, en ce qu'elle est musulmane et que musulman est un indice ou pourrait devenir un élément de sa faute ou de sa caractérisation raciste. Je souhaite donc clairement me différencier sur le fait, qu'en ce qui concerne le propos vis-à-vis de la religion musulmane et de ses principes, je suis le premier à dire que la liberté d'expression doit prévaloir, mais attention au fait de stigmatiser les gens parce qu'ils sont musulmans, avec un nom à consonance musulmane, avec une couleur qui n'est déjà plus tout à fait considérée comme européenne, bien qu'avec le temps on finira par comprendre que l'Europe est multicolore, avec des couleurs qui ressemblent à la mienne, car je suis Européen comme vous.

Eddy Caekelberghs:

J'y reviendrai dans un instant, car vous avez bien sûr à votre tour soulevé bon nombre de points, mais je m'en voudrais de ne pas accueillir Monseigneur Harpigny et lui faire croire qu'il va bénéficier de notre indulgence plénière. À cet égard, Monseigneur, je voudrais vous entendre aussi sur la liberté d'expression. Jusqu'où un prélat, le premier, le *primus inter pares*, le pontife romain, peut-il aller, par son discours, par son verbe, à s'ingérer dans les affaires intérieures, par exemple politiques, d'un État. Je prendrai un exemple très clair. Nous ne nous adressons pas à François, prenons son prédécesseur, qui est encore de ce monde. À peine était-il installé qu'il se rendait à Valence en Espagne, à un Congrès sur la famille, en pleine campagne politique avec un déchaînement des évêques et des radios catholiques espagnols, Radio Maria par exemple, pour en appeler à la chute, avec agressivité, du gouvernement de gauche de M. Zapatero. Est-ce un propos qui pour vous relève de la liberté d'expression ? Faut-il aller jusque-là, jusqu'à ces incitations au clivage ?

Monseigneur Guy Harpigny:

Très bonne question. Est-ce qu'un prélat peut intervenir dans le monde politique et suggérer aux membres de son association telle ou telle ligne de conduite. C'est une vraie question parce que dans la liberté d'expression, dans le monde catholique, je ne vais pas parler des autres, il y a souvent un lien établi avec la vérité. Et c'est pour cette raison que pendant des siècles, j'ai encore connu cela alors que je ne suis tout de même pas centenaire, l'on empêchait la lecture de certains ouvrages. Cela s'appelait l'index et c'était beaucoup plus faible que l'Inquisition. Donc, nous pourrions dire que le fait d'intervenir dans le monde politique est une ingérence parce que, théoriquement, un pape n'a aucune compétence particulière pour intervenir là-dedans, surtout qu'il n'est pas citoyen espagnol. Mais, si interventions il y a, c'est parce que l'on pense qu'il y a lieu d'éclairer les membres de l'Église catholique pour qu'ils prennent de bonnes décisions au moment où ils votent.

Eddy Caekelberghs:

Y compris dans l'enceinte du Parlement européen la semaine dernière.

Monseigneur Guy Harpigny:

Par exemple. Mais vous entendez bien à partir de quel statut il s'adresse à eux à ce moment-là. Normalement, est-il valable de parler ainsi ? Ma réponse est la suivante : on doit laisser à toute personne qui dispose d'une autorité morale la possibilité de dire ce qu'elle pense. À partir du moment où elle commence à condamner ceux qui ne pensent pas comme elle, cela ne va pas. Je trouve donc aussi qu'il y a des limites. J'aimais bien ce que vous disiez tout à l'heure. Il faut respecter toutes les libertés. Il y a aussi des limites, notamment la législation d'un État de droit. Il y a d'autres limites également, on pourra y revenir tout à l'heure. Je pense, quoi qu'il en soit, que toute personne qui a une certaine autorité peut dire ce qu'elle pense, peut suggérer aux membres de son association d'adopter telle ou telle attitude, mais il serait tout à fait — et on le comprend tout de suite — inadéquat d'envoyer des surveillants pour voir si les membres de l'association ont fait ce que le chef a dit. Ce n'est pas permis. C'est donc une espèce de nourriture intellectuelle pour ceux qui vont devoir voter, mais ce n'est pas imposer quoi que ce soit.

Eddy Caekelberghs:

Je vais donc recommencer par vous. Peut-on alors aller jusqu'au bout de la pensée artistique, caricaturale, blasphématoire, cinématographique ? Bref, condamneriez-vous, condamnez-vous ou avez-vous condamné ceux qui, se réclamant des mondes catholiques, ont eu des comportements extrêmement violents lors de la sortie d'un film comme *Amen* par exemple ?

Monseigneur Guy Harpigny:

Non, je ne l'accepte pas. Vous avez utilisé le bon mot, la violence. On ne peut jamais la justifier. On doit respecter les personnes qui vont voir ce film, celles qui l'ont fait et, dans le même temps, quand on est en désaccord, utiliser tous les moyens autorisés par la loi ou qu'on estime appropriés, mais la réponse par la violence est complètement « à côté ». On peut aussi organiser des colloques sur la violence lorsque des gens font du tort aux autres, c'est malheureusement le cas aujourd'hui, jusqu'à les assassiner, etc. La question qui se pose alors est de savoir comment faire pour arrêter cet engrenage d'actes violents. Mais en tout cas, on ne peut pas détruire parce qu'on n'est pas d'accord avec quelque chose. Ce n'est pas notre conception de la dignité humaine.

Nous insistons beaucoup sur la parole. C'est ce qui nous permet d'abord de dire ce que nous pensons. Certes il y a des paroles qui tuent mais au moins l'autre reste vivant. Tandis que tout arracher relève de l'impensable.

Eddy Caekelberghs:

Je n'oublierai pas votre voisin dans un instant, mais je reviens d'abord vers vous, Tariq Ramadan. Je vous ai beaucoup entendu et lu il y a peu ici, à Bruxelles, lors de la Foire musulmane de Belgique. Vous vous êtes exprimé quant à l'interdiction de venue de M. Tarek Al-Suwaidan, propos que vous réitérerez sans doute puisque ma question portera sur ce point. M. Tarek Al-Suwaidan s'était exprimé entre autres en juillet dernier, YouTube le démontrait, par des propos extrêmement durs. Connaissant son haut degré de culture, il me paraissait difficile de croire que M. Tarek Al-Suwaidan confondait *yahoud* qui veut dire juif avec [sayouni] qui veut dire sioniste ou *israeli* qui veut dire israélien. Donc quand il utilise « yahoud », on pense bien qu'il dit juif, mais depuis 2009, car en l'espèce vous nous avez dit qu'il s'agissait d'un geste d'émotion au vu des événements et dont il se serait excusé, encore que je vous demanderai sur quoi portaient les excuses. Quand on s'excuse en disant « je n'ai pas voulu dire juif, j'ai voulu dire fils de Sion », je vous avoue qu'appeler à la mort des fils de Sion plutôt qu'à celle des juifs ne me laisse pas indifférent. Quoi qu'il en soit, depuis 2009, M. Tarek Al-Suwaidan est coutumier du fait puisqu'il expose dans ses livres un antisémitisme qu'il fonde sur la religion. Alors en quoi trouviez-vous nécessaire, vous l'avez dit, qu'il vienne malgré tout et que l'on aurait dû l'écouter ?

Tariq Ramadan:

En vertu, très exactement, des propos qu'on vient d'entendre, à savoir que je n'ai aucun problème avec ses propos puisqu'au moment où il les avait tenus, en arabe et bien avant la controverse ici, j'avais pris des positions et des prises de distance en disant que je ne pouvais pas être d'accord avec ce qui était dit, même sous le coup de l'émotion. Ma position sur ce point-là est très claire sur le fond.

Eddy Caekelberghs:

Je rappelle que le propos était très dur. Il appelait les mères à allaiter leurs enfants à la haine des enfants de Sion.

Tariq Ramadan:

Tout à fait, ces propos étaient durs et n'étaient pas acceptables sur le fond.

Eddy Caekelberghs:

Mais il fallait néanmoins l'inviter ?

Tariq Ramadan:

On lui octroie un visa, il doit venir et il doit venir s'exprimer. Quand on défend le principe démocratique, il faut le savoir, on peut être confronté à des gens qui ont pu s'excuser d'avoir dit des choses, certains peuvent venir s'exprimer alors qu'ils ont vendus et qu'on lit leurs ouvrages et ont des propos racistes, qui peuvent toucher les uns et les autres.

Eddy Caekelberghs:
Par exemple ?

Tariq Ramadan:
Je pense à des auteurs français. J'étais même, par exemple, contre l'interdiction de laisser entrer Bernard-Henri Lévy [BHL] en Tunisie, où il n'était pas le bienvenu. Je dis qu'il valait mieux le faire venir et discuter. BHL n'est pas difficile à contredire vu l'amplitude du vide qu'il y a derrière ses propos. Mais il y en a d'autres. En l'occurrence, même maintenant, dans certains des propos qui ont été tenus par Éric Zemmour, qui vend cinq mille livres par jour, il y a des propos racistes, par exemple : « La violence dans les cités ce sont les Arabes et les Noirs. » Deux mois plus tard, tout le monde a oublié, en tout cas ceux qui ont un certain pouvoir l'ont oublié et il est invité.

Pour en revenir à Tarek Al-Suwaidan, quand quelqu'un tient des propos, au moment où Gaza est bombardée — j'aurais aimé qu'avec la même liberté d'expression beaucoup plus de gens s'expriment sur l'intolérable massacre des innocents à Gaza — on lui donne un visa, il va donc venir et tout à coup on l'arrête sur la base de ces propos-là. Moi si je suis un défenseur de la démocratie, je fais venir la personne en question et je la contredis, je n'interdis pas aux gens d'entrer.

Eddy Caekelberghs:
Même si son propos contrevient à la loi ?

Tariq Ramadan:
Non, le propos ne contrevenait pas à la loi. Vous le savez bien.

Eddy Caekelberghs:
Appel à la haine et à la destruction de l'autre.

Tariq Ramadan:
Absolument pas, les justifications de la non-entrée étaient « possibles désordres à l'ordre public », c'est-à-dire que cette décision relevait d'une question de sécurité et pas d'une question de propos. Donc soyons très précis quand il s'agit du droit. C'est le droit qui compte. Quand on utilise la sécurité pour interdire à quelqu'un d'entrer, je pense que de ce point de vue-là c'est

une erreur. Il faut confronter le propos et j'aurais été de ceux qui auraient pris position par rapport à ce propos-là. En l'occurrence, quand vous voulez entendre la diversité des voix chez les musulmans, laissez aussi la confrontation avoir lieu, sans quoi vous décidez pour eux et vous décidez d'un point de vue qui est de jouer avec la loi. Je vous le dis d'autant plus que, quand même, en Belgique, à Bruxelles, on m'a interdit pendant deux ans d'intervenir dans une de vos universités pour des motifs que je n'arrive toujours pas à comprendre. On vient me dire « et vous défendez la liberté d'expression ». Je réponds « d'accord, liberté d'expression pour tous de la même façon ». Mais ceux qui se sont opposés à ma liberté d'expression viennent maintenant nous dire qu'il y a parfois des libertés d'expression pour certains et qu'il n'y en aurait pas pour d'autres. Je suis pour le principe de la liberté d'expression pour tous appliqué de la même façon. Mon principe est donc celui de la cohérence. La condamnation des propos d'un homme ne doit pas, quand il n'est pas violent lui-même, qu'il n'appelle pas à la violence...

Eddy Caekelberghs:
Ce qui était le cas.

Tariq Ramadan:
Non non, il n'a pas appelé à la violence les gens à qui il s'adressait. Il appelle à la violence là-bas, par rapport à ce qui se passe.

Eddy Caekelberghs:
Yahoud. Cela signifie juif.

Tariq Ramadan:
C'est vrai, vous avez raison, c'est ce qu'il a dit. Il a ensuite été interpellé par vos autorités. Il s'en excuse. Vous pouvez considérer que ces excuses ne sont pas sincères, mais une fois que quelqu'un met en perspective et précise qu'il a tenu des propos à un moment et dans des conditions précis, vous ne pouvez pas simplement par une décision légale dire « Nous sommes dans l'ordre d'une possible atteinte à la sécurité de l'État et il ne va donc pas entrer sur le territoire. » Comprenez bien ce que je dis, en démocrate et en citoyen européen, suisse, j'affirme que quand on n'est pas d'accord avec les propos d'une personne, on la fait venir et on la confronte. Mais il se trouve que certains sujets, quand vous les touchez, sont plus sensibles que d'autres. Vous me suivez ?

Eddy Caekelberghs:
Je crois comprendre mais on peut être précis jusqu'au bout. On y reviendra.

Tariq Ramadan:
Je veux dire qu'en réalité toute la mise en marche de cette affaire est venue de gens qui, en Belgique, sont des soutiens directs non pas simplement à la tradition juive, mais à l'État d'Israël. Vous savez, je suis interdit de séjour dans six pays majoritairement musulmans dont l'Arabie saoudite, ce n'est donc pas à moi que l'on va apprendre qu'il faut s'exprimer. L'Arabie saoudite est dans mon collimateur comme l'Iran, comme tant d'autres pays. Reste que l'on s'adresse à moi pour me dire qu'il y a un pays qui doit sortir de mon propos critique, sans quoi je ne serai pas libre. Je suis désolé, mais le fait est que la raison pour laquelle Tarek Al-Sawaidan n'est pas entré, c'est qu'il touchait un pays particulier. Soyons simplement honnêtes intellectuellement. C'est ça la réalité.

Eddy Caekelberghs:
La réalité est tout autre et vous le savez puisque dans les faits le propos en appelait à la haine des gens. Il ne parlait pas de la destruction d'Israël, il parlait de mères allaitant leurs enfants à la haine de personnes.

Tariq Ramadan:
À la haine des personnes dans la situation de l'État d'Israël qui appelle à la haine des Palestiniens et tue deux mille citoyens innocents palestiniens. Ne sortez pas le propos de son contexte ou alors vous dites, clairement, que ce que vous entendez de la part d'un certain nombre d'intellectuels en France, comme parfois en Belgique, c'est la haine de l'Arabe et du musulman.

Eddy Caekelberghs:
Bien sûr.

Tariq Ramadan:
Mais non, ce n'est pas pareil, vous ne pouvez pas tout mélanger. On est au mois de juillet, sous les bombes à Gaza. Quelqu'un s'exprime. Il appelle à des choses. Et vous tirez une phrase et excluez le contexte. Vous ne pouvez pas faire ça, ce n'est pas la liberté d'expression.

Eddy Caekelberghs:

Chaque personne ici pourra aller sur YouTube et ailleurs, et vérifiera que depuis 2009, cet homme écrit des choses qui sont pour l'essentiel difficiles à justifier en dehors même d'un cadre d'émotion. Mais nous y reviendrons dans un instant. Je voudrais maintenant m'adresser au juriste et au laïque que vous êtes, Henri Bartholomeeusen. Comment réagissez-vous à ce type d'affaire ? Faut-il à un certain moment inviter, jusqu'au propos et à la tenue du propos, ce propos fût-il alors considéré comme contraire à un certain nombre de dispositifs légaux, ou faut-il sur la base de choses connues, interdire *a priori* ?

Henri Bartholomeeusen:

Le débat a été quelque peu brouillé par un aspect passionnel que je peux comprendre, mais si on veut clarifier les positions, je dirais que nous essayons de gérer d'un seul coup trois notions différentes. Qu'il y ait eu un appel à la haine et que cet appel à la haine puisse être une limite à la liberté d'expression, consacrée par la loi en Belgique d'ailleurs, c'est un fait. Là où je rejoins M. Ramadan, c'est qu'on ne pouvait pas considérer qu'il y avait délit avant qu'il ne fut commis ou alors on parlait d'un autre délit. On parlait de ce qui s'était dit préalablement. C'est le deuxième aspect. Le troisième aspect est qu'effectivement, il ne s'agit pas alors d'une liberté d'expression, mais de ce qui a été évoqué, comme il le soulignait à juste titre ; il était question d'un risque pour la sécurité publique, un domaine qui ressortit à la compétence de la puissance publique, qui doit garantir au citoyen la sécurité publique. Y avait-il objectivement un risque pour la sécurité publique puisqu'il y avait un risque d'appels à la haine ? C'est une question d'appréciation que je laisse à la responsabilité des pouvoirs publics. Qui avait raison ou tort en l'espèce n'enrichira pas le débat. Nous avons donc trois problèmes en un qu'on essaie de rassembler en une seule partie. Je pense que c'est une erreur. Ce sont des concepts tout à fait différents et qu'il ne faut pas entremêler.

Cela étant dit, toute forme d'appel à la haine, retenons-le bien, ne peut se justifier par un autre appel à la haine. C'est une dialectique que l'on interdit à l'enfant de première année primaire. Ce n'est pas parce que ton voisin a mis son doigt dans le pot de confiture que tu es autorisé à le faire. C'est une dialectique, c'est un sophisme à l'usage des masses ignorantes, mais qui en tous les cas ne peut pas nous convaincre, sans quoi nous pouvons décider demain de supprimer le code pénal au motif que tous les jours des délits sont accomplis. Il ne faut donc pas non plus tomber dans le piège du sophisme.

Eddy Caekelberghs :
Vous souhaitez réagir ?

Tariq Ramadan :
Je n'ai pas compris. Pouvez-vous me réexpliquer ce dernier passage plus explicitement parce que je ne vous ai pas suivi ?

Henri Bartholomeeusen :
Voilà ce que j'ai compris. À un moment donné, vous dites que si on interdit à X de prendre la parole au motif qu'il est susceptible d'avoir un discours haineux, il faut alors considérer que cette interdiction n'est légitime que pour autant que l'on ait tenu le même discours à l'égard d'autres. Or, je dirais que la transgression de la règle ne se justifie jamais par une autre transgression. Vous ne pouvez pas opposer la justification de la violence par de la violence ou inversement. Et c'est un petit peu le piège dans lequel vous tombez, me semble-t-il.

Tariq Ramadan :
Pas du tout.

Henri Bartholomeeusen :
Alors vous allez être plus explicite.

Tariq Ramadan :
Je vais être plus explicite. Je disais le contraire. Je ne disais pas justifier l'un par l'autre, mais bien appliquer le même à tous ; ce n'est pas pareil. Le problème que nous avons aujourd'hui dans beaucoup de nos démocraties, c'est que le droit — avec lequel je serais d'accord — est appliqué à géométrie variable selon qui s'exprime et envers qui. Je demande simplement une application égalitaire à tous, sans sélectivité et ce n'est pas du tout jouer les uns contre les autres, c'est appliquer pour tout le monde la même chose. Vous comprenez bien qu'on ne dit pas tout à fait la même chose. Vous entendez « Si on le fait aux uns, on le fait aux autres » et je dis « Nous le faisons à tous ».

Henri Bartholomeeusen :
Sur ce point-là nous sommes parfaitement d'accord.

Tariq Ramadan :
C'est utile de clarifier.

Eddy Caekelberghs:

Monseigneur, jusqu'où peut-on aller dans le discours ? Hervé Hasquin faisait référence tout à l'heure à un débat entre climatosceptiques et membres du GIEC par exemple, pour ma part je vous emmènerais plus volontiers vers le domaine de l'enseignement avec la problématique du créationnisme. Jusqu'où peut-on aller, jusqu'où la foi peut-elle aller pour remettre en cause une série d'éléments enseignés en disant qu'au nom de ma lecture particulière, telle ou telle chose n'a pas à être enseignée parce qu'elle est contraire, même si démontrable, à la lecture du monde que propose ma foi ?

Monseigneur Guy Harpigny:

Tout ce que la science découvre fait partie du réel et est à respecter. C'est là un premier principe pour moi. Si quelqu'un interprète des textes bibliques ou autres pour dire que ce que la science découvre est faux, il se trompe. Donc, on ne peut pas, au nom de sa propre foi, commencer à contester ce qui scientifiquement est admis par le plus grand nombre et est tout à fait correctement justifié, argumenté. Autre question : est-ce que quelqu'un qui est scientifique, qui explique, peut démolir les convictions de l'autre ? C'est très difficile parce qu'on sait très bien que, dans les affaires de foi, on imagine qu'il s'agit d'une foi aveugle qui ne repose sur rien. On peut encourager — mais c'est impossible, en tout cas pour moi — quelqu'un qui croit à partir de ces textes à approfondir tout de telle manière non pas qu'il y ait du concordisme, que cela corresponde, mais qu'on accepte que ce que le scientifique découvre est correct, juste et vrai.

Je le dirai vraiment très librement, je ne comprends pas pourquoi la foi l'interdirait, dans le cadre de ces explications, de ces recherches, par exemple concernant l'origine du cosmos. Nous avons quand même évolué au niveau de la méthode historico-critique, des textes bibliques, etc. et ce que l'on découvre notamment par cette méthode, ne va vraiment pas démolir ce qui est découvert au niveau scientifique. On dit simplement que l'on dépend de Dieu. C'est tout. Dans notre conception théologique de la création, entends-je. Le scientifique ne va évidemment pas trouver cela mais ce que le scientifique trouve, c'est très bien et cela évolue avec le temps aussi. Au niveau de la foi on peut très bien continuer à penser que l'on dépend de Dieu, en dépit de tout cela.

Eddy Caekelberghs:

J'imagine bien que nous n'attendions ni vous ni moi que la sonde Philae découvre dieu lors de son périple et nous en envoie une photo. Donc c'était évidemment pour vous emmener sur un autre terrain, vous vous en doutez probablement.

Monseigneur Guy Harpigny:
Je ne sais pas.

Eddy Caekelberghs:
Nous nous sommes déjà rencontrés plusieurs fois en émission sur ces thèmes-là aussi. Nous sommes convenus souvent de se féliciter du courage des autorités académiques de l'Université catholique de Louvain qui, malgré de fortes pressions, maintient la qualité de sa recherche. Mais il n'en demeure pas moins, même si le recteur n'est plus « Magnifique », ce n'est pas un jugement de valeurs, c'est juste une question de titulature, que les autorités académiques de cette université ont été au cours de la décennie écoulée plusieurs fois convoquées à Rome pour se faire expliquer dans quel mauvais chemin elles se fourvoyaient en autorisant notamment des recherches *in vitro* sur la fécondation et la manipulation génétique. Comment faites-vous dès lors l'équilibre entre ce magistère d'influence, qui n'est pas négligeable, à Rome, et la liberté de recherche scientifique en faveur de laquelle vous venez de développer un merveilleux plaidoyer.

Monseigneur Guy Harpigny:
Je répète ce que j'ai dit tout à l'heure. Il y a dans la liberté d'expression un lien, dans le monde catholique, avec la vérité et donc aussi au niveau de la morale. Pour ma part, je ne suis pas tellement enclin à surveiller ce que les autres font ; dans ce monde-là, et le domaine de la vie, on sait très bien que la situation a considérablement évolué depuis cent ans, et si on reste avec des schémas, en émettant des jugements, en imposant des interdits partout, on ne laisse pas les gens chercher. Il faut donc vraiment faire confiance, et demander de temps en temps où on en est. Mais voilà ce qui s'est passé à Louvain à ce moment-là : nous étions convoqués non pas pour dire où nous en étions, mais pour justifier que ce que l'on faisait correspondait bien à ce qu'on enseignait, je vais dire autrefois. C'est pour cette raison que cela n'a pas fonctionné. J'espère en tout cas que dans les années qui viennent, sur ce plan-là (le climat change un peu en Italie), on pourra davantage se parler tout en étant évidemment, en tant que catholiques, pour le respect de la vie. Mais rester en permanence dans le soupçon n'aide pas et, au contraire, au niveau stratégique, on en arrive finalement à une situation où des gens qui ont énormément de bonne volonté, une grande exigence personnelle, y compris au

niveau éthique, veulent faire des progrès, veulent avancer et se font toujours tirer dans le dos. Du coup, il y a finalement toujours une opposition qui touche l'autorité de l'Église à Rome, mais qui ne sert à rien.

Eddy Caekelberghs:

Monsieur Ramadan, je reviens vers vous, toujours en restant dans le champ de l'enseignement. On sait dans la pratique courante, bon nombre d'enseignants en témoignent, qu'il devient difficile dans certaines écoles d'évoquer un certain nombre de sujets pendant les cours, soit que ces sujets soient effectivement conflictuels, soit qu'ils touchent à la sexualité, à des problèmes de mixité, et notamment dans les rapports au sport. Quel est votre discours constatant ces faits et comment les interprétez-vous par rapport à ce que cela peut brider la liberté d'expression et la liberté d'enseignement surtout ?

Tariq Ramadan:

Je dirais deux choses. J'aimerais juste rebondir sur ce qui vient d'être dit parce que je pense qu'on a un double travail à faire. Je pense, encore une fois, sur le plan du savoir et sur le plan des sciences, l'expression scientifique, qu'il faut la respecter. Sur ce point-là, ma position est extrêmement claire : il faut, depuis le début de l'enseignement jusqu'à son terme, respecter les disciplines et respecter les matières d'enseignement. C'est là un principe de base. Il y a un autre travail à faire et qui n'est pas fait dans deux cas. Notre système scolaire souffre d'un déficit fondamental concernant la façon dont il faut aborder le fait religieux aujourd'hui. Il règne un illettrisme religieux déterminant. On dit aux gens qu'ils sont libres de penser ce qu'ils veulent, ce qui est vrai, mais il faut bien se mettre d'accord sur le fait qu'il n'y a pas de liberté quand il y a ignorance, parce que l'ignorance est une prison. C'est la prison de l'intelligence. Donc, si nous voulons ouvrir les gens à la diversité, il faut éduquer. On ne peut pas simplement leur demander d'ouvrir leur esprit quand à l'école on n'enseigne pas au citoyen l'ouverture d'esprit. Le bouddhisme, qui semble être une religion extraordinaire où on va ressusciter, est aujourd'hui très mal compris parce qu'il est mal enseigné ; les religions sont mal enseignées.

Eddy Caekelberghs:

Donc vous seriez partisan d'un cours, donné dès le plus jeune âge, d'apprentissage du fait religieux, de la sociologie religieuse.

Tariq Ramadan:

C'est déterminant. Nous ne sommes plus dans des sociétés religieusement homogènes. Nous sommes dans la diversité et quand il y a diversité, sa gestion passe par l'intelligence de cette diversité, ce qui se fait. Même dans les rencontres interreligieuses, je disais qu'il fallait intégrer des laïcs, des athées et des agnostiques parce que cela fait partie de notre diversité. Nous devons faire ça.

Eddy Caekelberghs:

Partout dans le monde ?

Tariq Ramadan:

Partout dans le monde, bien sûr.

Eddy Caekelberghs:

Ici on peut facilement tenir ce propos, mais pas forcément ailleurs.

Tariq Ramadan:

Je ne peux pas le dire dans certains pays parce que je ne peux pas y entrer mais c'est forcément partout. En l'occurrence, il faut, par rapport aux questions scientifiques, par rapport aux questions du savoir, accomplir un vrai travail dans ce que j'appelle les communautés religieuses, les communautés spirituelles. Cela consiste à faire comprendre une chose : jamais plus de savoir ne veut dire moins de foi ; ou alors on a mal compris la foi. La foi c'est plus de savoir, ce n'est jamais moins. C'est à partir de ce dispositif où l'on doit faire un travail, ce que j'appelais par exemple la distance critique au débat public, le rapport au savoir ; c'est là que j'arrive à votre question. C'est d'ailleurs ce que je dis à tous les jeunes et à tous les parents : dans le système scolaire on ne peut jamais justifier l'absence à un cours parce que ce qui y est enseigné va à l'encontre de ce qu'on croit, parce qu'on ne peut pas constituer sa foi sur l'ignorance. On va donc apprendre. On va donc aller au cours d'histoire. On y parlera par exemple de la situation et de ce qui a fondé l'Europe contemporaine. Celle-ci a vécu un traumatisme entre les deux guerres et avec la Deuxième Guerre mondiale, elle constitue la conscience européenne et à aucun moment il ne faut justifier le fait de ne pas enseigner l'extermination des Juifs et des Tziganes en Europe. Il faut le savoir, il faut l'étudier et il faut le condamner sur le principe et le savoir, quant à sa constitution intellectuelle. Voilà par rapport à la question historique. Quand j'entends des enseignants qui viennent vers moi en France ou même ici en disant que ce n'est plus possible, c'est parce qu'ils confondent l'enseignement de cette histoire avec la question israélo-palestinienne. Vous le voyez, il faut aussi qu'on intègre dans l'enseignement des choses extrêmement importantes. En France, pendant la Deuxième Guerre mondiale, des gens de la mosquée de Paris ont établi des documents de conversions pour protéger des Juifs de l'extermination. Cela fait partie de votre histoire. Vous êtes Européens, vous êtes musulmans. Donc n'en faisons pas une histoire étrangère. C'est notre histoire. Il y a vingt ans de cela, j'ai parlé d'un « nouveau nous », c'est-à-dire que vous et moi on parle du même « nous », notre constitution, notre conscience européenne. C'est un premier élément sur la biologie aussi. Nous avons eu aussi un grand courant créationniste en Turquie, qui a publié des livres.

Eddy Caekelberghs :

Une encyclopédie. De Monsieur Harun Yahya.

Tariq Ramadan :

Exactement, et il faut absolument être critique par rapport à cela. M. Harun Yahya et d'autres aux États-Unis, ont repris des thèses américaines. Il faut aussi veiller à ces aspects dans l'enseignement de la biologie en étant extrêmement clair. L'évolution pour moi est un fait, mais les hypothèses scientifiques sur l'évolution sont autant d'autres faits à prendre en considération. Vous le constatez en discutant avec des biologistes, des paléontologistes, des anthropologues, les discussions sont nombreuses. Ne faisons donc pas d'une thèse le fin mot de l'histoire scientifique. Nous sommes dans le débat. Je dis bien que tout doit être sujet au débat dans les domaines scientifiques. Cela m'amène par exemple à cette loi française qui dit « L'histoire est comme ça et si vous la contestez, vous êtes négationniste ». Mais qu'est-ce que c'est que ça ? Depuis quand légifère-t-on sur l'histoire ? Depuis quand la loi décide-t-elle de ce qu'on peut dire sur l'histoire ? C'est un déni de la conscience scientifique. C'est impossible ! Depuis quand fait-on des choses comme ça ! Qui pourrait aujourd'hui légiférer sur l'histoire en disant « Si vous dites ça vous êtes contre la loi parce que vous pensez sur l'histoire ce qu'on ne peut pas questionner ». Je pense que l'on questionne même l'histoire, même la biologie, même la physique, même la philosophie, même les religions dans ce qu'elles apportent. Ensuite, sur la question de la mixité au cours de gymnastique, je dirais simplement ceci, qui est en rapport aussi pour moi avec ce « nous » : à un moment donné, par rapport à vous-même, vous avez des rapports à la pudeur, des rapports à votre corps, que je pense que n'importe quelle école pluraliste devrait, à un moment donné, considérer. Il n'y a rien contre l'intelligence laïque à prendre en considération la pudeur ou la conception de la pudeur des gens, des hommes et des femmes. Rien ne remet en cause les fondements de l'école quand on accepte le rapport que les gens ont avec leur corps. Parce que si notre intelligence est en danger par la façon dont nous sommes avec notre corps, c'est que notre intelligence a un problème. C'est qu'on réagit plus avec l'émotionnel que scientifiquement. Je dirais donc qu'il faut tout accepter de ceci. Je suis contre la dispense des cours mais à certains moments j'aimerais qu'on soit un tant soit peu plus ouvert dans la façon dont on la considère l'école. C'était un peu trop « Vous vous habillez comme moi ou vous n'êtes pas des nôtres. » Et bien non, je m'habille comme ça et je suis des vôtres. Pourquoi ? Parce que nous nous habillons de plusieurs façons.

Eddy Caekelberghs:

Henri Bartholomeeusen, vous souhaitez sans doute aussi réagir. Ce rapport à l'enseignement, doit-il être totalement, si j'ose dire, neutralisé de tout effet religieux, doit-il comporter des accommodements raisonnables ou doit-il au contraire être fondé, comme le dit Tariq Ramadan, dans une conscience du fait religieux, une culture de l'apprentissage du fait religieux ou convictionnel, pour être plus neutre, dès le plus jeune âge ?

Henri Bartholomeeusen:

Je peux m'accorder sur beaucoup des choses qui ont été dites par mes prédécesseurs. Beaucoup. Notamment sur le distinguo qui est fait entre la foi et le savoir. Mais ce qui est extraordinaire est que cette notion nous revient souvent comme un yoyo. J'aime bien ce propos de Thomas Hobbes, il y a 350 ans, qui consistait à dire ceci : « Ce que je sais, je ne le crois pas, et ce que je crois, je ne le sais pas. » Et je ne partage pas l'optimisme de M. Ramadan lorsqu'il dit que toute foi appelle à la connaissance, que toute foi va nous permettre de repousser l'ignorance. Ce sont des domaines qui ne se rencontrent pas. La foi, vous êtes bien placés pour en parler, de part et d'autre en tant que théologien et ministre de culte, est perçue comme une grâce : « Heureux celui qui a reçu la foi », mais s'enseigne-t-elle ? Je ne le pense pas. La religion s'enseigne, mais la foi à ma connaissance ne s'enseigne pas. Elle ne se discute pas. Elle relève de l'intime. Elle relève de l'intuition. Elle relève d'un contact plus ou moins direct, si nous avons bien compris, avec une transcendance qu'on appelle dieu ou autrement. Donc, quand il est question d'appréhender au sein même de l'école le fait religieux, bien entendu, celui-ci fait partie des savoirs et des connaissances. Il est important de connaître l'origine des cultures, l'origine des convictions, ce qu'elles peuvent avoir comme incidences sur les morales, sur les conduites, sur les manières dont elles déterminent nos actes et nos pensées. Bien sûr, là on est dans le domaine du savoir. Mais lorsque l'on glisse, subrepticement, de ce fait religieux vers la religion, là il y a place pour le risque. À nouveau, on marche sur la ligne blanche, constamment. Quand on dit qu'au nom du rapport avec le corps, qui après tout appartient à chacun, il n'y a pas de raison d'être si suspicieux vis-à-vis de ceux qui ne portent pas le même vêtement que vous, ne sommes-nous pas à côté de la question ? Ce n'est évidemment pas de cela qu'il s'agit. Ce dont on parle d'une manière subliminale, c'est évidemment, appelons un chat un chat, le port d'un vêtement qui représenterait par hypothèse un signe ostensible d'une conviction religieuse. La question doit alors être posée dans des termes différents. Lorsqu'il s'agit de l'école, est-ce qu'on parle de liberté d'expression dans le chef d'un citoyen majeur, mature, qui dispose des outils de savoir, de connaissance qui permettent de se déterminer librement, qui permettent de le faire en parfaite émancipation ? C'est toute la question. L'école n'est pas le lieu où les hommes et les femmes sont finis. L'école est un lieu d'apprentissage. C'est un foyer. C'est un lieu protégé où il ne me paraît guère opportun d'enfermer un enfant — je dis bien un enfant, qui n'a pas encore accès à cette maturité, à cette majorité au sens kantien du terme — dans un vêtement, dans un signe convictionnel qu'il n'aurait pas librement choisi. L'école est précisément le lieu de l'altérité, comme cela a été souligné, le lieu de la rencontre avec l'autre. C'est le lieu où l'on va sortir en quelque sorte un enfant de son contexte familial où il a été imprégné par une foi, imprégné par une religion, parce que cette foi-là n'a pas été enseignée, elle a été reçue à la naissance en raison de la contingence même de l'appartenance. On ne peut pas naître musulman si on naît dans un milieu catholique. On ne peut pas naître catholique si on naît dans un milieu musulman. La religion musulmane n'est pas de toute éternité, pas plus que la religion catholique d'ailleurs. La contingence des appartenances est un constat qu'il nous faut faire en toute loyauté, en toute bonne foi. Que souhaitons-nous en termes de liberté religieuse ? C'est que l'individu qui a accès à la majorité, qui est en pleine possession de ses moyens et en capacité de choix puisse librement conserver sa religion d'origine ou en changer, éventuellement même décider de n'en avoir aucune. C'est l'émancipation, c'est le respect de la personne humaine, c'est le contraire de l'imprégnation et c'est peut-être cela aussi le rôle de l'école. C'est sous cet aspect-là que je voudrais qu'on aborde la question des signes ostentatoires ou significatifs qui seraient portés, quelles que soient les religions, entendons-nous bien, il ne s'agit pas ici d'un racisme larvé qui viserait uniquement une religion en particulier. Cela vise aussi bien le col romain, la kipa, la croix pectorale, éventuellement le foulard, n'ayons pas peur des mots et sur cette question, je suis assez tranché comme vous l'aurez constaté.

Eddy Caekelberghs:
Je pense que votre voisin le sera aussi. Messieurs, vous allez tous les deux réagir évidemment.

Tariq Ramadan:
J'allais dire que les applaudissements de la salle montrent qu'il reste encore un long chemin à faire dans le débat sur la question. (Exclamations dans le public) Pourquoi réagir de cette façon ? Ce que je dis est plutôt positif : il y a débat. Je ne sais pas si vous percevez la potentielle contradiction entre votre propos préliminaire et le propos sur lequel vous venez de terminer, puisque vous dites qu'il faut pouvoir ne pas limiter la liberté d'expression, qu'en l'occurrence le vêtement est aussi une expression. Or, si l'école est un lieu de diversité, laissons les gens choisir, dans leur diversité. La question du port du signe n'est pas ce dont je parlais au départ d'ailleurs, je parlais plutôt de la piscine, car certains disent que si les jeunes hommes ou les jeunes femmes ne vont pas à la piscine, ils ne s'intègrent pas à notre culture, et trouvais cette position un tout petit peu réductrice. La culture belge se décide-t-elle vraiment à la piscine ? Je pense qu'il faut avoir une amplitude intellectuelle un peu plus grande. (Exclamations dans le public). Je pense qu'effectivement la culture, c'est laisser les gens dans l'intégrité du rapport à leur corps.

Eddy Caekelberghs:
On y reviendra, car il s'agissait en l'occurrence du fait qu'une femme n'aille pas à la piscine en même temps que des jeunes hommes.

Tariq Ramadan:
Normalement, cela devrait se poser pour les jeunes hommes de la même façon. Personnellement je suis pour l'égalité du fait de poser la question, mais je pense que poser la question de l'école en ces termes est réducteur. Mais puisque vous avez abordé la question du foulard et du port du signe, religieux comme on le dit, soyons clairs : on dit tous les signes religieux mais cette question a été essentiellement abordée au moment de l'apparition des signes directement et spécifiquement liés à la présence musulmane en Occident et en particulier en France, ensuite en Belgique et dans d'autres pays. Il y a

quand même quelque chose de ce point de vue-là où l'on sait que la question de la kipa ou la question de la croix ne sont pas touchées de la même façon. Quelle est ma position à cet égard ? Concernant l'école, ce sont des positions extrêmement claires sur le plan du droit et sur le plan des droits humains. Elles sont comprises dans pratiquement tous les pays du monde, majoritairement même anglophones ; c'est par contre très difficile dans le monde francophone. La formule en l'occurrence dit : il est contre l'islam d'imposer à une femme de porter le foulard. Je m'y suis opposé contre l'État saoudien, contre l'État iranien et contre les papas et les mamans qui imposeraient à leur fille de porter le foulard. Je suis contre. Je suis opposé à cette imposition de droit par l'État ou de fait par les parents. Et je pense qu'il est contre les droits humains d'imposer à une femme de l'enlever à partir du moment où elle décide de le faire. Que vous décidiez qu'à quinze ans elle n'est pas encore suffisamment mûre et qu'il faut attendre dix-huit ans, je ne vois pas de quel droit. En effet, si en plus vous considérez qu'il y a maturité, il faudrait intervenir dans l'éducation des parents car tout parent a une influence sur l'enfant dès le moment de l'éducation. Éduquer un enfant revient à influer sur son évolution. Pourquoi décideriez-vous que cet enseignement est plus orienté et plus négatif qu'un autre ? Je pense que de ce point de vue-là, il faut laisser les parents pouvoir avancer et l'école pouvoir recevoir. Je ne comprends pas cette idée qu'il faudrait sortir du système de l'État quand on porte le foulard. Si vous voulez qu'il y ait effectivement rencontre, débat, réflexion, évolution, laissez-les entrer, laissez-les dans l'école. C'est là que va se faire le débat. Leur dire d'aller fréquenter des écoles privées n'avancera à rien car au bout du compte que se passera-t-il ? Personnellement, je suis contre le principe de l'école privée musulmane. Je l'ai écrit et dit contre bon nombre de musulmans qui disaient que leur solution était l'école privée. J'ai dit non. Je suis un enfant de l'école laïque genevoise. C'est là que j'ai appris le débat. C'est là que j'ai appris à penser. C'est là que j'ai appris l'ouverture. Pourquoi me le permettriez-vous à moi parce que je suis un homme et ne le permettrions-nous pas à une femme parce qu'à un moment donné elle peut décider, elle, de porter le foulard ? Je pense que ce n'est pas logique. Je pense que l'école doit être un lieu d'accueil et de diversité. Voilà ma position sur ce point. C'est toute l'idée de notre avenir commun, c'est même l'idée de l'école qui va développer une pensée citoyenne de l'ouverture, une pensée avec des hommes et des femmes qui vont se rencontrer dans cet espace scolaire, d'abord, puis dans cet espace académique et enfin dans la société quotidienne. Je pense que c'est bon aussi pour des jeunes qui peuvent être dans des familles où l'on ne parle pas de dieu, dans des familles où l'on ne parle pas de la diversité culturelle, d'être en contact avec des jeunes hommes et des jeunes filles d'autres traditions. On ne peut pas à l'école vouloir rendre invisible sa présence et supposer que le citoyen va gérer la diversité. On ne peut pas vouloir une école où rien ne se voit et une société où il faudrait accepter la diversité de la visibilité, il y a quelque chose qui ne va pas dans ce raisonnement. Il y a quelque chose qui ne correspond pas à ce que doit être l'idée de l'école, qui est un apprentissage au débat, à la diversité, au pluralisme. C'est là que les choses devraient se jouer.

Eddy Caekelberghs:
Monseigneur Harpigny a certainement une idée également sur la question.

Monseigneur Guy Harpigny:
Nous sommes donc partis de la liberté d'expression et on en arrive à la neutralité. La neutralité, cela dépend de ce que l'on entend par ce terme ; si c'est pour ne manifester aucune conviction personnelle, je ne suis pas d'accord. Je suis tout à fait d'accord pour constater que la société dans laquelle nous vivons aujourd'hui n'est pas un couvent où tout le monde va porter le même vêtement. C'est évident. Nous ne sommes pas en Arabie saoudite.

Eddy Caekelberghs:
Je ne suis pas sûr que l'image du couvent s'impose pour l'Arabie saoudite.

Monseigneur Guy Harpigny:
Vous pensez trop au célibat et pas assez au vêtement. Pour ma part je pensais aux vêtements. (Rires)

Eddy Caekelberghs:
Et c'est vous qui me dites ça.

Monseigneur Guy Harpigny:
Forcément, je suis aussi tenu par des règlements que je n'ai pas choisis. (Rires) Nous réfléchissions donc à la neutralité, qui permet, c'est son aspect positif, à chacun de reconnaître que d'autres ne pensent pas comme lui, qu'il faut le respecter et que c'est un plus dans une société où tout le monde se respecte. En revanche, à mon sens, la neutralité signifie aussi que je puisse dire qui je suis. Qu'il y ait des processus à mettre en place en matière d'éducation, nous voulons bien y réfléchir, mais je trouve malgré tout que l'on peut manifester qui l'on est dans la société et je suis aussi persuadé, convaincu, que pour réfléchir à l'avenir d'une société où tout le monde a ses convictions,

il faut pouvoir les exprimer sans les imposer. Je crois que c'est en partageant avec d'autres que l'on peut avancer. Concernant les signes religieux, qui décide qu'ils sont religieux ? Voilà toute la question. Pour moi c'est une croix et un col romain, pour qu'on me reconnaisse. On espère que je suis catholique et je pense que je le suis. Mais d'autres portent les mêmes signes et ils ne sont pas catholiques. Qui décide de cela ? Il faut donc revoir aussi les règlements dans l'espace public, par exemple. Mais quand j'entends affirmer de façon systématique que tout ce qui est signe appartenant à une conscience religieuse ou à une religion est ostentatoire, c'est-à-dire qui s'impose et empêche les autres finalement de penser ce qu'ils pensent, je constate que nous avons encore beaucoup de chemin à faire.

J'ai commencé avec le col romain quand j'ai été nommé évêque. Auparavant, j'étais habillé presque comme tout le monde, même si cela se discute car, quand on parcourt la planète, on constate que les habillements sont très divers. Nous ne sommes pas reconnaissables dans la société. C'est un peu normal qu'il en soit ainsi pour tout le monde. Mais dans le même temps je suis persuadé que quand on réfléchit à l'avenir de la société dans laquelle on vit, dire sa conviction et montrer qui on est, est une excellente chose, y compris, et je vous fais donc encore avancer, à propos de la citoyenneté. Il y aurait matière à réfléchir à la question de la neutralité en lien avec la citoyenneté : ne pas imposer ce que l'on pense et ne pas interdire ce que d'autres font et conçoivent comme bon, alors qu'ils ont une autre opinion. Heureusement, sur certains sujets, je ne vais pas dire grâce à Dieu (rires), depuis deux siècles, tout ce qui concerne le racisme, l'antisémitisme et toutes ces notions qui se terminent par « isme » ...

Eddy Caekelberghs :
Attention au catholicisme alors !

Monseigneur Guy Harpigny :
Mais certains ont été détruits aussi parce qu'ils étaient catholiques ! Il suffit de parcourir la terre. Mais pour tous ceux que l'on détruit à cause de cela depuis deux siècles, les choses ont heureusement évolué dans le bon sens. En Belgique en tout cas, nous pouvons être fiers. Je rappelle simplement que c'est après la période de M. Hasquin, qui est du XVIIIe siècle... (rires)

Eddy Caekelberghs :
Dix-huitiémiste, ou alors il ne fait pas son âge !

Monseigneur Guy Harpigny:

J'ai même lu Joseph II et tous les autres. La Constitution de l'État belge en 1831 a suscité le mécontentement de l'autorité romaine. Elle l'a fait savoir. C'était aussi à cause des libertés prévues par ce texte. On peut dire qu'elles provenaient des libéraux et non pas du parti catholique, mais je ne suis pas un dix-neuviémiste. Je ne connais donc pas très bien l'histoire de cette période particulière. Tout cela pour dire qu'il vaut la peine d'embrasser du regard toute cette évolution que nous avons accomplie en discutant les uns avec les autres, sans être de la même conviction. C'est vraiment un plus. Je reviens à la liberté d'expression, le fait de dire qui on est et ce que l'on pense pour l'avenir. Alors nous sommes en Belgique, admettons qu'il s'agisse de compromis, mais on sait très bien que cela ne dure que quinze jours, donc on recommence parce qu'on ne pense pas encore être arrivés à ce que l'on pense être le terme. Et ça c'est une bonne chose.

Eddy Caekelberghs:

Monseigneur, je vais vous engager comme chroniqueur politique à la RTBF dès demain matin.

Monseigneur Guy Harpigny:

Je n'attends que ça !

Eddy Caekelberghs:

Il nous reste encore un tour de table si vous en acceptez l'augure. J'aurais voulu que nous reprenions cette idée de Kant qui dit, je le cite :

> Certes la liberté de parler ou d'écrire peut nous être retirée par un pouvoir supérieur, mais absolument pas celle de penser. Toutefois, dit Kant, quelles seraient l'ampleur et la justesse de notre pensée si nous ne pensions pas en quelque sorte en communauté avec d'autres à qui nous communiquerions nos pensées et qui nous communiqueraient les leurs ?

Il termine en disant :

> On peut donc dire que ce pouvoir extérieur qui dérobe aux hommes la liberté de communiquer en public leurs pensées leur retire aussi la liberté de penser.

Penser et ne pas pouvoir dire ce que l'on pense ou communiquer ce que l'on pense est en quelque sorte une atteinte grave à la liberté de pensée. À partir de là Monseigneur, puis vous Henri Bartholomeeusen et vous-même Tariq Ramadan, quelles seraient vos réactions ? Je songe aussi évidemment, eu égard à l'actualité, à ceux qui en appellent dans certaines circonstances aujourd'hui à des boycotts, et notamment des boycotts académiques et culturels, affirmant qu'il faut que toute personne, en l'occurrence par exemple en Israël, soit interdite de communication culturelle ou académique avec nos mondes ici parce qu'ils auraient en quelque sorte une pensée unique, celle d'Israël. Est-ce que l'on peut interdire à une personne de dire ce qu'elle pense et donc la condamner au silence ?

Monseigneur Guy Harpigny:

Vous connaissez la réponse. On ne peut pas. À mon avis, mais je peux me tromper, cette réaction est une réaction de peur. J'ai encore connu cette expérience il y a de cela quelques mois. L'évêque de Liège et moi-même étions harcelés de mails parce qu'à l'Université catholique de Louvain, quelqu'un était venu proposer une réflexion sur la théorie du genre. C'est contraire à la doctrine catholique, nous sommes-nous entendu dire. Le jour où l'on me soumettra un texte où la doctrine catholique dit quelque chose de définitif à ce propos, je changerai peut-être d'avis. L'évêque de Liège et moi-même nous échangions ces mails et nous nous demandions quoi faire. Nous n'allions tout de même pas passer nos nuits à lire ce flux de mails. Notre réponse a été que la recherche étant l'un des aspects fondamentaux de l'institution universitaire, il faut laisser la possibilité à quiconque de venir dire ce qu'il pense. Quand quelqu'un vient dire ce qu'il pense, pourquoi penserais-je comme lui, automatiquement, si j'ai une autre conviction ? Si c'est intéressant, je discuterai avec cette personne. Je ne pense pas que ce soit une bonne chose d'ériger des forteresses ou des murs qui empêchent d'être libres d'expliquer ce que l'on a trouvé. Dès lors qu'on pense — et nous pensons tout le temps, notre esprit fonctionne même quand nous dormons — et si nous avons la conviction que cela vaut la peine d'être dit, pourquoi devrait-on en être empêché ? Mis à part tout ce qui concerne le racisme, qu'est-ce qui dans une société m'empêcherait de montrer mes trouvailles sur certains sujets, puisque tout le monde le fait ? Je trouve qu'empêcher les gens de dire ce qu'ils pensent n'est pas correct et c'est aussi arrêter l'évolution de l'humanité. Or nous savons que nous avons encore bien des découvertes devant nous et bien des découvertes à partager. C'est ainsi me semble-t-il que l'on sent ce qu'est l'humanité dans son fond.

Henri Bartholomeeusen:

Je souscris entièrement au propos de Kant. Cela dit, il est assez étonnant qu'en matière de droit de propriété, la loi prévoie la libre jouissance, la paisible jouissance de son droit. En matière de liberté d'expression, il n'y a pas de garantie d'une paisible jouissance de la pensée. Parce que la pensée ne s'approprie pas. La pensée ne vit que parce qu'elle circule, parce que la parole circule. C'est ce qui lui permet d'évoluer, de progresser, d'avoir vraiment une perspective je dirais presque évolutionniste, dans un système quasiment darwinien de la pensée. Donc le choc des idées, le goût de la preuve sont indispensables à l'évolution et au progrès, au perfectionnement. Si vous supprimez pour une pensée la possibilité de se distribuer, de se partager, de se contredire, de se choquer, effectivement vous tuez la pensée. La pensée est donc effectivement un patrimoine commun que personne ne peut s'approprier, qui à chaque instant doit pouvoir être remis sur le métier, à chaque instant doit pouvoir être soumis à l'épreuve de l'expérimentation, de la raison et c'est peut-être ce qui constitue la base même du libre examen, et peut-être du progrès, du partage des connaissances et des savoirs moteurs de l'humanité. L'alternative, si l'on supprime la parole, si on empêche la parole de circuler, ce sont les antagonismes, les luttes, les guerres ou les conversions, forcées j'entends, raisons pour lesquelles, effectivement, le partage de la pensée, cette communication, cette libre expression est un élément absolument indispensable ; c'est la raison pour laquelle on la considère comme un des fondements de la démocratie.

Tariq Ramadan:

De ce point de vue-là, j'aimerais réagir à deux choses, parce que cela me permet de rebondir aussi sur un point qui était lié. Nous avons parlé de la Belgique et de la question du foulard tout à l'heure et j'aimerais vous dire une chose. À un moment donné, j'ai espéré que l'influence française s'arrêterait aux limites de la frontière belge et que quelque chose allait se passer dans le monde francophone, eu égard d'ailleurs à l'histoire de la Belgique, eu égard à sa diversité. Malheureusement aujourd'hui les courants contradictoires et les courants d'extrême droite ont une certaine force dans certaines régions de ce pays, mais j'espérais que dans le monde francophone il se passerait quelque chose. J'ai même pensé sur cette question de la diversité que la Belgique suivrait son chemin, mais il y a trop d'influence de cercles parisiens dans le monde francophone belge. Vous êtes parfois sous influence, pour ne pas dire sous colonisation. (Exclamations dans le public). On peut discuter du fond, mais ne réagissez pas émotionnellement, en vous demandant ce que je suis en train de raconter. Je raconte des choses que je vois, que je sens, que j'entends. Je pense qu'il serait bon que la Belgique se décolonise intellectuellement de l'influence de Paris. De Paris, ai-je dit, même pas de la France. Ne réagissez pas comme ça, je suis très sérieux sur cette question-là, car le potentiel de diversité en Belgique est autrement plus important que ce qui existe dans certains salons parisiens. Vous appauvrissez votre propre culture intellectuelle en prenant des choses qui sont médiatiquement dans l'air du temps, malheureusement. Je suis tout à fait sérieux ; je pense que la dynamique belge gagnerait, même par rapport à certains courants politiques du côté flamand, à avoir une pensée belge francophone solide d'elle-même et non pas sous l'influence d'ailleurs. Vous pouvez penser que je dis n'importe quoi, mais c'est comme ça que je le vois, prenez ces propos comme ceux d'un visiteur aimable. C'est une critique constructive, pas du tout négative. Quant au deuxième élément que je voulais mettre en évidence, je pense que la façon dont vous avez posé la question est très importante, et surtout c'était la bonne façon de poser la question. Peut-on, à partir d'un certain moment, sur le plan du principe, pousser jusqu'au boycott intellectuel ? En ce qui me concerne, je ne soutiens pas le boycott intellectuel. Je soutiens par contre des boycotts. J'ai moi-même été au premier rang, et pendant vingt ans, du boycott à l'endroit de l'Afrique du Sud. J'étais de ceux qui étaient présents, au départ, avec des chanteurs comme Johnny Clegg, au premier rang de cette résistance non violente. J'ai appelé, il y a vingt ans, à un mouvement international de résistance non violent à la politique israélienne, dont certaines dimensions du boycott sont discutables même sur certains plans. Tous ceux qui soutiennent les droits palestiniens ne sont pas d'accord sur la réalité du boycott. Est-ce la bonne façon de procéder ? C'est une stratégie. Boycotter des produits, boycotter des banques, pourquoi pas, mais boycotter la pensée, je ne suis pas d'accord. Je pense qu'il faut qu'on soit dans le débat. Encore une fois, permettez-moi de dire que là où nous gagnerons, nous tous Européens, nous en trouverons la force uniquement dans la cohérence. Je suis un citoyen européen et je vous le dis parce que je le vis depuis vingt ans. Je n'ai jamais pu parler, à l'exception de deux fois où mon nom n'a pas été annoncé, dans une université française. Je ne peux pas y entrer. Il y a boycott de la pensée. Que reste-t-il ensuite ? Il reste la rumeur : « Attention, l'homme est controversé et dangereux. » Depuis vingt-cinq ans, j'entends en France que mon discours peut porter atteinte à l'ordre public. Ce n'est pourtant jamais arrivé. Je suis arrivé en Belgique — et je pensais qu'il y aurait résistance — jusqu'à l'une de vos universités et dans certaines institutions. À partir d'un certain moment, si nous avons envie de vivre ensemble, il faut que cette parole se libère, qu'on laisse les gens s'exprimer. Je dis souvent que je suis au paysage intellectuel francophone, tant belge que français, ce que le minaret était au paysage suisse. Je suis trop visible. Je suis l'arbre qui cache la forêt, parce que derrière tout ceci, ce qui est en train de se passer, est que cette ouverture de la parole que nous encourageons de nos vœux n'a pas lieu pour tous de la même façon. Aujourd'hui, en Belgique comme en France, comme en Occident, il faut que cette parole s'ouvre et qu'on ne mette pas en place une liberté d'expression à géométrie variable. À partir de votre mouvement idéologique, vous devriez être au premier rang de l'application cohérente et égalitaire pour tous de ces droits. Faisons attention à ne pas dire « oui » quand ce sont les nôtres, et « on ne sait pas » quand ce sont les droits des autres. Vous ne pouvez pas vous justifier du fait de ne pas savoir parce que nul n'est censé ignorer la loi, aucun de vos citoyens à laquelle elle s'applique. Nous avons donc un vrai travail à accomplir. Je suis en plein accord avec la tradition kantienne de ce point de vue-là, qui est tout de même l'une des dignités de la pensée occidentale sur la question de la rationalité du droit et surtout de la cohérence et de la justice : il faut l'appliquer justement, c'est-à-dire à tous et de la même façon parce qu'il faut considérer l'être humain comme une fin et non pas comme un moyen — l'être humain, pas certains au détriment d'autres. Mais j'en appelle à mes concitoyens, nous sommes ici dans un débat qui est très important, c'est à chacun d'entre nous de faire aujourd'hui en sorte que la loi, que l'égalité et la justice soient appliquées de façon égalitaire, pour tous et de la même façon, sans discrimination, que ce soit sur la couleur, l'origine, le genre ou la religion. Ne prenez pas ce que je dis comme des propos superficiels. Certains de vos concitoyens, des femmes, des hommes, des gens d'une autre tradition religieuse ou qui n'ont pas de religion, vivent aujourd'hui la réalité de la discrimination. Être assis pour parler de la liberté pour tous, c'est bien. La faire appliquer dans son quotidien, c'est mieux. Cette cohérence, que j'appelle de mes vœux, devrait être la nôtre.

Eddy Caekelberghs :

Je me demandais, puisque vous interpelliez votre voisin, s'il recevait votre proposition.

Henri Bartholomeeusen :

Je pourrais tenir exactement le même discours. Ce qui m'inquiète c'est quand on m'impute l'idée selon laquelle il n'en serait pas ainsi. Je rappelle quand même que la posture laïque — je parle d'une posture parce que c'est quasiment une protophilosophie et elle en autorise une infinité — se veut humaniste et certainement à portée universelle, ce qui inclut naturellement toutes les communautés possibles, quelle que soit la race, l'origine, quelle que soit la religion, la confession. Donc une posture humaniste, universelle est ce qui va chercher d'invariant dans l'être humain. S'il y a quelqu'un de convaincu concernant vos derniers propos, c'est bien moi, par conséquent, mais vous admettrez quand même que la communauté n'autorise pas systématiquement l'intégration d'une posture humaniste et, dirais-je, universelle. C'est là que la singularité peut être richesse, si elle s'expose, si elle est prête à s'exposer et si elle s'exprime librement en acceptant dans le même temps d'être contredite librement ; parce que derrière la liberté d'expression il y a un prix à payer, le prix étant la possibilité d'être contredit sans que ce ne soit une atteinte à la personne, sans que ce soit un délit, sans que ce soit une opprobre. Donc à partir du moment où effectivement vous acceptez à la fois d'être visible dans le domaine public et que vous acceptez la contradiction, vous contribuez probablement à ce progrès de l'humanité. Il faut que les communautés soient des richesses et non pas des exclusions. Il faut que les communautés ne permettent pas le repli identitaire. Il faut que la base commune des hommes soit effectivement ce facteur de citoyenneté, quel que soit le système démocratique dans lequel nous évoluons. Voilà mon propos. Au-delà, bien sûr, je ne peux que souscrire à ce qui vient d'être dit.

Eddy Caekelberghs :
Monseigneur, est-ce que la messe est dite ?

Monseigneur Guy Harpigny :
Et bien dite, elle était même chantée.

Eddy Caekelberghs :
Merci Messieurs.

LA LIBERTÉ SELON KANT ET MILL : PENSER, EXPRIMER, AGIR

PIERRE-FRÉDÉRIC DALED,
Professeur à l'Université libre de Bruxelles — Centre de Recherches Interdisciplinaires en Bioéthique (CRIB)

Nous n'évoquerons que deux grandes références de l'histoire de la philosophie qui se sont positionnées en faveur de la liberté de pensée et d'expression. Elles ont toutefois divergé quant à la moralité de l'action qui doit ou non découler de la concrétisation de la liberté de pensée. Le premier philosophe est l'Allemand Emmanuel Kant (1724-1804), figure de référence des « Lumières » du XVIIIe siècle et dont nous évoquerons principalement un texte de 1786 qui est donc antérieur à la Révolution française de 1789. Le second philosophe est l'Anglais John Stuart Mill (1806-1873), figure de référence de l'utilitarisme du XIXe siècle et dont nous évoquerons un texte de 1859. Le texte de Mill est donc postérieur à la Révolution française et surtout postérieur à la période dite en France de la « Terreur » entre 1792 et 1794.

1. KANT : QU'EST-CE QUE S'ORIENTER DANS LA PENSÉE ? (1786)

L'article de Kant s'intitule « Qu'est-ce que s'orienter dans la pensée ? ». Il fut publié au mois d'octobre 1786 dans le journal du philosophe Johann Erich Biester (1749-1816), *Berlinische Monatsschrift*. Ce texte de Kant est lié à un conflit qui, en cette fin du XVIIIe siècle, eut un « immense retentissement » sur la philosophie allemande : la « querelle du panthéisme » ou *Pantheismusstreit*.

L'origine de cette « querelle » fut une accusation de « spinozisme »[1] qui avait été jetée en 1785 par le philosophe Friedrich Heinrich Jacobi (1743-1819), dans ses *Lettres sur la doctrine de Spinoza*, contre l'écrivain Gotthold Ephraïm Lessing (1729-1781), qui était une des gloires de l'*Aufklärung* ou des Lumières allemandes.

Or, comme dit Alexis Philonenko, « quiconque connaît l'horreur qui s'attache à la pensée de Spinoza au XVIIIe siècle comprendra la gravité de la situation : avec Lessing c'est l'*Aufklärung* tout entière qui est atteinte ». En réalité, comme le rappelle Philonenko, la fin poursuivie par Jacobi était alors de fonder un « irrationalisme » ou, en d'autres termes, de « détruire l'unité de la raison et de la religion », l'unité « de la logique et de la foi » qui était « propre au théisme de l'*Aufklärung* » — dont Kant était aussi un grand représentant. Comme le résume Philonenko, Jacobi invitait à « [dépasser] l'entendement dans un "saut périlleux" ». Ainsi, la « conscience de la liberté et de la moralité » ne pouvait prendre son sens qu'« au-delà de la raison[2] ».

C'est du sein même de cette « querelle du panthéisme » qu'en 1786, Kant fit donc part de son point de vue sur la liberté d'expression et de pensée. Rappelons au préalable que dans un article intitulé « Réponse à la question : Qu'est ce que les Lumières ? », publié en 1784 dans la *Berlinische Monatsschrift*, Kant avait donné la définition suivante des « Lumières » : « C'est pour l'homme sortir d'une minorité qui n'est imputable qu'à lui. La minorité, c'est l'incapacité de se servir de son entendement sans la tutelle d'un autre. [...] Aie le courage de te servir de ton propre entendement : telle est donc la devise des Lumières. [...][3] ».

Ensuite, en 1786, dans l'article « Qu'est-ce que s'orienter dans la pensée ? », Kant rappela, en premier lieu, qu'« à la liberté de penser s'oppose la contrainte civile ». On lui objectait toutefois que « la liberté de parler ou d'écrire peut nous être ôtée par une puissance supérieure, mais non pas la

[1] Baruch d'Espinoza, dit Benedictus de Spinoza (1632-1677) a publié anonymement le *Tractatus theologico-politicus* en 1670. Toute l'Europe « traditionaliste et chrétienne » comprit alors qu'il y avait dans cet œuvre un « 'danger' d'athéisme et une ouverture sur une morale et une politique indépendante ». Ce que confirma la publication posthume en 1677 de son *Éthique démontrée selon la méthode géométrique*. Voir D. Huisman (dir.), *Dictionnaire des philosophes*, Paris, PUF, Coll. « Quadrige dicos poche », 2009, p. 1734.

[2] A. Philonenko, « Introduction », dans E. Kant, *Qu'est-ce que s'orienter dans la pensée ?*, commentaire, traduction, notes et index par A. Philonenko, Paris, Librairie philosophique J. Vrin, Coll. « Bibliothèque des textes philosophiques », 3e éd., 1972, p. 16.

[3] E. Kant, « Réponse à la question : Qu'est-ce que les Lumières ? », dans Société française d'Étude du XVIIIe siècle (éd.), *Emmanuel Kant. Qu'est ce que les Lumières*, choix de textes, traduction, préface et notes de Jean Monot, Saint-Étienne, Publications de l'Université de Saint-Étienne, 1991, p. 74.

liberté de penser ». Argument auquel Kant répondait : « Mais penserions-nous beaucoup et penserions-nous bien, si nous ne pensions pas [...] en commun avec d'autres, qui nous font part de leurs pensées et auxquels nous communiquons les nôtres ? ». Aussi, Kant maintenait que « cette puissance extérieure qui enlève aux hommes la liberté de communiquer publiquement leurs pensées, leur ôte également la liberté de penser ». Bref, pour Kant, liberté de pensée et liberté d'expression étaient indissociables.

En second lieu, Kant soulignait que cette « liberté de penser est [aussi] prise au sens où elle s'oppose à la contrainte exercée sur la conscience [...] ». C'est, expliquait-il, ce qui se passe lorsqu'en matière de religion, des citoyens se posent en « tuteurs » à l'égard d'autres citoyens. Et qu'au lieu de « donner des arguments », ils s'entendent au moyen de « formules de foi obligatoires » et en inspirant la « crainte poignante du danger d'une recherche personnelle » à « bannir tout examen de la raison [...][4] ».

En troisième lieu, selon Kant, il fallait également noter que « la liberté de penser » signifie que « la raison ne se soume[t] à aucune autre loi que celle qu'elle se donne à elle-même ». Et son contraire, c'était donc la « maxime d'un usage sans loi de la raison » afin, disait Kant, d'espérer ainsi « voir plus loin qu'en restant dans les limites de ses lois » — entendons : « dans les limites des lois de la raison ».

Notons bien, ci-dessus, une thèse centrale dans la philosophie de Kant : la « liberté de penser » signifie que la *raison se soumet à une loi*, mais à une loi qu'elle se donne à elle-même. Et Kant précisait à ce propos que « si la raison ne veut point être soumise à la loi qu'elle se donne à elle-même », alors, il fallait qu'elle « s'incline sous le joug des lois qu'un autre lui donne ». Pourquoi ? Car, expliquait Kant, « sans la moindre loi, rien, pas même la plus grande absurdité [...] ne pourrait se maintenir bien longtemps [...] ». En effet, pour Kant, la conséquence inévitable de l'« absence explicite de loi dans la pensée » ou d'un « affranchissement des restrictions imposées par la raison » est que « la liberté de penser y trouve finalement sa perte ».

Une perte qui, pour lui, n'est nullement la « faute d'un malheur quelconque », mais bien, au contraire, la faute d'un « véritable orgueil » (de la raison humaine). Dans ce cas, selon Kant, « la liberté est perdue par étourderie [...] au sens propre de ce terme » (p. 87). Et Kant ajoutait que cette « [...] indépendance de la raison à l'égard de son propre besoin [de loi] » se nommait « incrédulité » ou le fait de « renoncer à la croyance rationnelle ».

Notons qu'il s'agissait pour Kant d'un « état pénible de l'esprit humain ». Pénible car, selon lui, cette incrédulité « ôte aux lois morales [...] toute

4 E. Kant, *Qu'est-ce que s'orienter dans la pensée ?*, *op. cit.*, p. 86.

leur force comme mobile du cœur et [...] toute autorité ». C'est un état « pénible » car cette incrédulité suscite une « façon de penser qu'on appelle impiété, c'est-à-dire : le principe de ne plus admettre aucun devoir ». Et c'est alors, écrivait Kant, que « l'autorité intervient pour empêcher que les affaires civiles ne tombent dans le plus grand désordre ». Et comme, d'après lui, le meilleur moyen est le plus prompt et le plus efficace, alors l'autorité « enlève la liberté de penser et soumet cette affaire comme toutes les autres aux règlements du pays ». Bref, concluait Kant, « la liberté de penser, quand elle va jusqu'à vouloir s'affranchir des lois mêmes de la raison finit par s'anéantir de ses propres mains » (p. 88).

En résumé, comme disait Kant : « Admettez ce qui vous paraîtra le plus digne de foi après un examen attentif et loyal » (p. 88). Mais que votre liberté de penser n'aille pas jusqu'à l'« impiété », c'est-à-dire, dans les termes de Kant, jusqu'à « ne plus admettre aucun devoir » moral dans l'action. Et si tel est le cas, alors, selon Kant, l'autorité doit enlever la liberté de penser et soumettre l'« état pénible de l'esprit humain » qui en résulte aux règlements du pays.

2. MILL : DE LA LIBERTÉ (1859)

L'ouvrage de John Stuart Mill s'intitule *De la liberté*. Il date de 1859. Né en 1806, deux ans après le décès de Kant en 1804, John Stuart Mill appartient à une autre génération que ce dernier. La génération de Mill s'est plus heurtée au « problème de la société post-révolutionnaire[5] ». À savoir, selon le philosophe Pierre Bouretz, à la présence au cœur de la Révolution française du « mécanisme d'une transformation du principe démocratique en structure d'oppression, en raison d'une simple translation du pouvoir maintenu en son absoluité » (p. 18). On relève en effet dans l'œuvre de Mill ce type d'intuition au sujet de la « Terreur comme archétype des dérives possibles de la politique moderne » (p. 29). Ainsi, lorsqu'il aborde en 1859 la question de la liberté, c'est bien cette « tension entre autorité sociale et indépendance individuelle » (p. 31) qui motive ses réflexions.

Dans le chapitre intitulé « De la liberté de pensée et de discussion », Mill invitait donc son lecteur à supposer, *primo*, que « le gouvernement ne fasse qu'un avec le peuple », et à supposer, *secundo*, que ce gouvernement

5 P. Bouretz, « Préface », dans J. S. Mill, *De la liberté*, traduit de l'anglais par Laurence Lenglet à partir de la traduction de Dupond White, Préface de Pierre Bouretz, Paris, Gallimard, coll. Folio Essais, 1990, p. 15.

« ne songe jamais à exercer aucun pouvoir de coercition, à moins d'être en accord avec ce qu'il estime être la voix du peuple ». Objection immédiate de Mill : « Je refuse au peuple le droit d'exercer une telle coercition, que ce soit de lui-même ou par l'intermédiaire de son gouvernement, car ce pouvoir est illégitime[6]. »

En effet, pour Mill — qui défendait la liberté d'expression —, « si tous les hommes moins un partageaient la même opinion, ils n'en auraient pas pour autant le droit d'imposer silence à cette personne, pas plus que celle-ci d'imposer silence aux hommes si elle en avait le pouvoir [...] ». Selon Mill, ce qu'il y avait ici de « particulièrement néfaste » à « imposer silence à l'expression d'une opinion », c'était que cela revenait à « voler l'humanité ». Et ce, précisait-il, davantage encore pour les détracteurs de cette opinion que pour ses détenteurs. Que voulait-il dire par là ?

En effet, expliquait Mill, « si l'opinion est juste, on prive [les détracteurs] de l'occasion d'échanger l'erreur pour la vérité » ; « si elle est fausse, [ses détracteurs] perdent un bénéfice presque aussi considérable : [à savoir] une perception plus claire et une impression plus vive de la vérité que produit sa confrontation avec l'erreur » (p. 85).

Bref, comme disait Mill, dans le chef de certains individus, « refuser d'entendre une opinion sous prétexte qu'ils sont sûrs de sa fausseté, c'est présumer que leur certitude est la certitude absolue ». Ou, pour le dire autrement, « étouffer une discussion, c'est s'arroger l'infaillibilité ». Or, comme le soulignait Mill, « il existe une différence extrême entre présumer vraie une opinion qui a survécu à toutes les réfutations et présumer sa vérité afin de ne pas en permettre la réfutation ». Ainsi, pour Mill, « la liberté complète de contredire et de réfuter notre opinion est la condition même qui nous permet de présumer sa vérité en vue d'agir : c'est là la seule façon rationnelle donnée à un être doué de facultés humaines de s'assurer qu'il est dans le vrai » (p. 89).

Ajoutons que Mill considérait que ce qu'il y a dans la morale privée de « grandeur d'âme », de « dignité personnelle », voire de « sens de l'honneur », ne nous vient pas du « versant religieux » mais du « versant purement humain de notre éducation » (p. 137).

En somme, comme disait Mill : « Je ne prétends pas que l'usage le plus illimité de la liberté d'énoncer toutes les opinions possibles mettrait fin au sectarisme religieux ou philosophique » (p. 138). Mais, cela étant, il maintenait l'idée suivante : « Rien chez un juge n'est plus rare que la faculté de rendre un jugement sensé sur une cause où il n'a entendu plaider qu'un seul

6 J. S. Mill, *De la liberté*, *op. cit.*, p. 84-85.

avocat. » Selon Mill, la « vérité » n'a de chance de se faire jour que dans la mesure où « chacune de ses facettes, chacune des opinions incarnant une fraction de vérité trouve des avocats et les moyens de se faire entendre » (p. 140).

En résumé, Mill soutenait donc la nécessité, pour le « bien-être intellectuel de l'humanité » (p. 140), de la liberté de pensée et de la liberté d'expression, à l'aide des trois raisons suivantes. Premièrement, « une opinion qu'on réduirait au silence peut très bien être vraie : le nier, c'est affirmer sa propre infaillibilité ». Deuxièmement, « même si l'opinion réduite au silence est fausse, elle peut contenir — cela arrive très souvent — une part de vérité ». Et puisque l'opinion générale ou dominante sur n'importe quel sujet n'est que « rarement ou jamais toute la vérité », ce n'est donc que par la « confrontation des opinions adverses » qu'on a une chance de découvrir le reste de la vérité. Troisièmement, si l'opinion reçue s'avère non seulement vraie, mais toute la vérité, on la professerait néanmoins comme une « sorte de préjugé », sans en comprendre ses principes rationnels, si cette vérité ne pouvait être « discutée vigoureusement et loyalement » (p. 141).

3. LA LIBERTÉ D'AGIR SELON SA LIBERTÉ DE PENSÉE

Après sa justification de la liberté de pensée et d'expression, Mill examinait ensuite la question de savoir si les hommes sont « libres d'agir selon leurs opinions », c'est-à-dire, selon leur liberté de pensée. Dans les chapitres intitulés « De l'individualité comme l'un des éléments du bien-être » et « Des limites de l'autorité de la société sur l'individu », la position de Mill est claire : les hommes sont « libres d'appliquer [leurs opinions] à leur vie sans que leurs semblables les en empêchent physiquement ou moralement ». Mais à une condition « naturellement indispensable » : « Tant que leur liberté ne s'exerce qu'à leurs seuls risques et périls ».

Personne, expliquait Mill, ne soutient que « les actions doivent être aussi libres que les opinions » (p. 145). Selon lui, « même les opinions perdent leur immunité lorsqu'on les exprime dans les circonstances telles que leur expression devient une instigation manifeste à quelque méfait[7]. » Bref, pour Mill, « les actes de toute nature qui sans cause justifiable nuisent à autrui

7 Mill donnait l'exemple suivant : « L'idée que ce sont les marchands de blé qui affament les pauvres ou que la propriété privée est un vol ne devrait pas être inquiétée tant qu'elle ne fait que circuler dans la presse ; mais elle peut encourir une juste punition si on l'exprime oralement, au milieu d'un rassemblement de furieux attroupés devant la porte d'un marchand de blé, ou si on la répand dans ce même rassemblement sous forme de placard » (p. 145-146).

peuvent être contrôlés — et dans les cas les plus graves, ils le doivent — par la réprobation et, si nécessaire, par une intervention active des gens ».

Notons dès ici que le point de vue de Mill diffère de celui de Kant. Pour ce dernier, c'est lorsque notre « façon de penser » en vient à ne plus admettre aucun devoir moral que, selon lui, l'autorité doit intervenir afin d'empêcher que les affaires civiles ne tombent dans le plus grand désordre. C'est alors que, d'après lui, l'autorité enlève la liberté de penser.

Tandis que, pour Mill, « la liberté de l'individu doit être contenue dans cette limite : il ne doit pas nuire à autrui ». En effet, expliquait-il, « dès lors qu'[un individu] s'abstient d'importuner les autres et qu'il se contente d'agir suivant son inclination et son jugement dans ce qui ne concerne que lui », dans ce cas, les mêmes raisons qui montrent que « l'opinion doit être libre » prouvent également qu'on devrait pouvoir, sans vexations, « mettre son opinion en pratique à ses propres dépens » (p. 146). Pour le dire autrement, aux yeux de Mill, les « devoirs envers soi-même ne constituent pas une obligation sociale, à moins que les circonstances n'en fassent simultanément des devoirs envers autrui » (p. 182).

Notons que ce rejet par Mill de la notion de « devoirs envers soi-même » est à nouveau opposé à la position kantienne. En effet, pour Kant, nous avons des devoirs envers autrui, mais nous avons aussi des devoirs *envers nous-mêmes*. Dans son ouvrage de 1785 — *Fondements de la métaphysique des mœurs* —, un texte qui est contemporain de son article de 1786 « Qu'est-ce que s'orienter dans la pensée ? », une formulation de l'« impératif catégorique » kantien y est en effet : « Agis de telle sorte que tu traites l'humanité aussi bien dans ta personne que dans la personne de tout autre toujours en même temps comme une fin, et jamais simplement comme un moyen[8]. »

Pour Kant, il y a une morale intrapersonnelle. Nous avons des devoirs envers nous-mêmes : nous devons toujours traiter dans la personne d'autrui, mais *également* dans notre *propre personne*, l'« humanité » comme une fin et jamais simplement comme un moyen. Là où, au contraire, Mill considère que les « devoirs envers soi-même » ne constituent pas une obligation sociale et que « sur lui-même, sur son corps et son esprit, l'individu est souverain » (p. 75). Aussi, « le seul aspect de la conduite d'un individu qui soit du ressort de la société est celui qui concerne les autres » (p. 74-75).

[8] E. Kant, *Fondements de la métaphysique des mœurs*, traduction de Victor Delbos revue par A. Philonenko, Paris, Librairie philosophique J. Vrin, Coll. « Bibliothèque des textes philosophiques », 1980, p. 105.

CONCLUSION PROVISOIRE

Partis d'une même défense de la liberté d'expression chez Kant et chez Mill, nous aboutissons à deux positions contrastées quant à notre liberté d'agir en fonction de notre liberté de pensée. Cela étant, c'est désormais la libre expression et la libre confrontation, rationnellement argumentée, de ces deux positions fondamentales qui devraient faire progresser notre entendement en la matière. Un progrès auquel l'affirmation dogmatique de l'infaillibilité d'une de ces deux options ne pourrait, par contre, absolument pas contribuer. Comme disait Mill, « il existe une différence extrême entre présumer vraie une opinion qui a survécu à toutes les réfutations et présumer sa vérité afin de ne pas en permettre la réfutation ». Ajoutons que cette dernière remarque vaut, bien entendu, autant pour les partisans de la philosophie de Mill que pour les partisans de la philosophie de Kant.

LE POINT GODWIN ET L'OMBRE DU MAL RADICAL

FRANÇOIS DE SMET,
Philosophe, collaborateur scientifique au CIERL — ULB

1. INTRODUCTION[1]

En 1990, sur le réseau Usenet, l'avocat américain Mike Godwin écrit ceci : « Plus une discussion en ligne dure longtemps, plus la probabilité d'y trouver une comparaison impliquant les nazis ou Adolf Hitler s'approche de un. » Sur ce salon virtuel encore modeste des débuts de l'Internet, l'expression fit florès sous la forme consacrée d'un « point Godwin » ou d'une « loi de Godwin ». Devenu slogan, le postulat empirique s'est avéré, avec les années et l'explosion des sites de contact et de conversation, fort bien convenir au caractère rêche des réseaux sociaux. Vingt-cinq années d'utilisation ont en effet largement prouvé la justesse de l'observation : le web a bel et bien constitué un accélérateur et un intensificateur des polémiques sur la liberté d'expression. Il n'est guère étonnant que ce soit par la discussion en ligne que la définition de cette limite du politiquement correct ait été proposée, et que fut ainsi réactivé en version moderne le *Reductio ad Hitlerum* de Leo Strauss, avertissement que le juriste adressait dès 1953 dans son ouvrage *Droit naturel et histoire*. Il faudra prendre garde, disait-il, à ne pas tomber dans le recours facile au reductio ad hitlerum : le fait qu'Hitler ait partagé un argument ne suffit pas à l'invalider[2]. Propos d'autant plus fort qu'il est écrit en 1953, huit ans à peine après la fin de la guerre.

[1] Ce texte reprend et actualise certains développements présents dans mon ouvrage *Reductio ad hitlerum*, Paris, Presses universitaires de France, 2014.

[2] L. STRAUSS, *Natural Right and History*, The University of Chicago Press, 1953, trad. Monique Nathan et Éric De Dampierre, *Droit naturel et histoire*, Paris, Flammarion, 1986, p. 51.

Le point Godwin est la version 2.0 de cet argument, nappé des nouvelles technologies et débordant de celles-ci. L'immédiateté des échanges en ligne inscrite noir sur blanc, fut-ce virtuellement, incite à mettre en avant les arguments les plus percutants et violents. Les propos tenus, réduits à leurs saillies et leur caractère percutant, mettent à nu l'évolution d'une pensée et inscrivent le dialogue et la dialectique comme valant par eux-mêmes, au lieu d'en faire les fruits valorisés d'une réflexion préalable. Cela est dû en grande partie au fait que le web, et les réseaux sociaux en particulier, n'apportent que peu de liant, de langage non-verbal à une conversation. Réduit à ses arguments, l'échange est dépourvu des silences, sourires et espacements qui caractérisent l'ordinaire d'une discussion et qui permettent, en situation de rencontre physique, qu'une conversation se fasse et propose, en creux, aux interlocuteurs des occasions de s'immiscer et de débattre. Favorisant ainsi les « montées dans les tours », la discussion prend facilement et rapidement des couleurs radicales.

L'expression « point Godwin » a débordé du champ informatique pour concerner l'ensemble des conversations : de la politique aux réunions de famille, il n'est guère difficile de relever le surgissement de références régulières aux nazis ou au bestiaire de la Seconde Guerre mondiale en général. Si les lois contre l'incitation à la haine et à la discrimination ou contre le négationnisme balisent la limite légale des propos, il n'en est pas moins attesté que la référence au nazisme et au fascisme, même lorsqu'elle ne franchit pas cette frontière de l'appel à la haine, est considérée comme une limite non acceptable dans le langage courant. Il est symptomatique de constater que la « loi de Godwin », comme on l'a appelée, s'est rapidement déclinée sous la forme interactive d'une ligne de référence dont les usagers des réseaux sociaux, les éditorialistes et finalement un peu tout le monde se firent fort de relever les dépassements par leurs interlocuteurs. Relever un « point Godwin » chez autrui est devenu le moyen de souligner qu'il a franchi un point de non-retour, celui au-delà duquel la conversation ne peut plus être constructive. C'est affirmer qu'il y a abus de langage, et que la comparaison avec les nazis ne peut être osée avec n'importe quoi... À vrai dire, elle implique même qu'elle ne peut être proposée avec rien. Par la polysémie du mot « point », le point Godwin devient une mauvaise note attribuée à celui qui abuse des règles de langages en court-circuitant la conversation par une comparaison qui ne peut que le disqualifier, et qui a largement débordé du seul champ des réseaux sociaux pour toucher l'ensemble du cénacle politique et médiatique. C'est pour cela que, les réseaux sociaux et le web devenant de plus en plus populaires et perméables au monde réel, l'expression a débordé du cadre des échanges en ligne pour s'imposer dans le langage courant. Les points Godwin ne s'attribuent pas aux seuls internautes vindicatifs, mais à tout personnage disposant d'une parole publique et qui se permet d'invoquer de près ou de loin le Troisième Reich pour y puiser un commentaire d'actualité.

De quoi ces points Godwin sont-ils en vérité le nom ? Le point Godwin n'est pas un simple gadget rhétorique. Il s'agit d'un signet moralisateur dont la signification renvoie à un refoulement singulier : celui de l'esprit de meute. Esprit de meute qui, avec la volonté de puissance, se loge dans ce marqueur de notre époque qu'est la Seconde Guerre mondiale, qui constitue, toujours aujourd'hui, notre principal horizon culturel de valeurs entre bien et mal.

2. LIBERTÉ D'EXPRESSION, DERNIÈRE CERTITUDE DÉMOCRATIQUE

La liberté d'expression est au cœur de nos débats les plus sensibles, notamment parce qu'elle constitue l'une des dernières certitudes démocratiques modernes. Lieu par essence de la contradiction organisée, la démocratie est régulièrement contestée dans ses modes d'organisation, voire considérée comme essoufflée ou enrayée[3]. La *disputatio*, typiquement, porte sur la question du mode de scrutin et la représentativité de manière générale : entre démocrates eux-mêmes, la tuyauterie fait l'objet de discussions récurrentes. En revanche, lorsqu'il s'agit de différencier sans ambiguïtés une démocratie d'une dictature, chacun reconnaîtra aisément que l'on peut s'exprimer librement dans la première alors qu'on risque régulièrement la prison dès que l'on partage ses idées dans la seconde.

De fait émerge, au sein du discours public, un combat dialectique entre des postures antagonistes : la « bien-pensance » d'une part et le « racisme honteux » d'autre part. Il y aurait une opposition entre d'une part des individus qui estiment qu'« on ne peut plus rien dire », que le discours public est enferré dans un monde du politiquement correct oppressant, et d'autre part ceux qui estiment qu'existe une pensée populiste à relents racistes et xénophobes. Dans les deux cas, nous sommes en présence de postures : c'est toujours « l'autre », finalement, qui est bien-pensant, de même que c'est toujours l'autre qui est raciste. En vérité, la pensée et le discours n'ont jamais été aussi libres qu'en ce début de XXIe siècle. Chacun peut dire pratiquement tout ce qu'il veut, et jamais les médias disponibles pour exprimer une pensée

3 Voir à ce sujet les actes du colloque « La démocratie, enrayée ? » (mai 2013) publiés aux éditions de l'Académie royale de Belgique, 2013.

n'ont été aussi nombreux. L'univers panmédiatique caractéristique du monde contemporain, fait de réseaux sociaux où chacun peut s'exprimer en temps réel sur tout et n'importe quoi, était largement fantasmé jadis comme un idéal démocratique, comme si du choc et de la confrontation des idées naîtrait forcément la lumière. On peut aisément se rendre compte aujourd'hui que ce n'est pas si simple et que la médiocrité l'emporte bien plus souvent sur le génie au sein des expressions spontanées que l'on peut recenser sur la toile.

Devant les dérapages réguliers, il est pratique de sortir l'argument légal des lois antiracistes et antidiscriminatoires. Il y a, à dire vrai, une grande incompréhension sur ce qu'est le racisme, et sans doute est-il utile de se demander pourquoi certains propos sont punissables. *Grosso modo*, la liberté d'expression est absolue, en ce compris pour les opinions qui dérangent, blessent ou gênent, sauf dans des cas devant être prévus par la loi, considérés comme nécessaires dans une société démocratique, pour reprendre la célèbre jurisprudence de la Cour européenne des droits de l'homme (arrêt Handyside[4]). Ces restrictions à la liberté d'expression n'existent pas partout. Dans le monde anglo-saxon, comme aux États-Unis soumis au célèbre 1er Amendement, le fait de condamner certains propos par la loi apparaît plus étrange, alors que sur le continent européen de telles restrictions apparaissent comme légitimes — peut-être le poids d'une histoire différente. En Europe, la liberté d'expression reste néanmoins très large. Rappelons que les lois réprimant la haine ou la discrimination n'interdisent pas le racisme ou la xénophobie en tant que tels. Vous pouvez penser qu'il faut jeter les Juifs ou les Arabes à la mer. Vous pouvez même le dire dans un cadre privé — somme toute, la liberté de conscience étant absolue, on ne peut guère interdire davantage d'être raciste que d'être idiot. Ce qui est interdit par la loi, c'est d'appeler publiquement à la haine ou à la discrimination. C'est tout — si on peut dire. Poussons à ce propos un peu plus en avant la réflexion. Pourquoi, après tout, faut-il interdire ces propos puisqu'on ne blesse physiquement personne ? Si on a le droit de penser du mal d'une communauté ou d'être raciste, pourquoi n'aurait-on pas le droit de le dire publiquement ? On se pose rarement cette question — on s'arrête généralement au constat que le racisme ou la discrimination, c'est mal, point final — et c'est pourtant l'élément capital. Si la sensibilité des « cibles » devient un argument, ne pourrait-on pas interdire tout propos potentiellement blessant envers qui que ce soit, et vider ainsi de son sens de tels dispositifs ? Si on interdit les propos publics haineux c'est, fort probablement, parce que le Législateur a inconsciemment fait le postulat que l'esprit humain est malléable et facilement gagnable par l'effet de meute,

4 CEDH, *Handyside c. Royaume-Uni*, 7 décembre 1976.

aisément manipulable dès qu'on lui désigne une cible. L'effet d'emballement qu'on observe, par exemple, sur les forums des journaux suite à la moindre affaire impliquant de près ou de loin la liberté d'expression tend à donner corps à cette hypothèse ; lorsqu'un bouchon saute et que se propage le sentiment qu'un écrivain polémiste ou un humoriste aurait franchi la ligne, le bon peuple entend se faire entendre comme s'il vivait d'ordinaire dans une demi-dictature où il serait privé de parole. Il convient néanmoins d'aller plus loin et d'énoncer les choses clairement : si on considère que la promotion d'idées xénophobes pose problème dans la société, c'est en réalité parce qu'on craint *le passage à l'acte* ! On craint que des préjugés xénophobes mille fois répétés finissent par se retrouver légitimés par leur diffusion multipliée et acceptée, risque d'autant plus grand lorsque c'est une figure populaire et médiatique qui se fait le véhicule de cette propagation. On craint que les idées se contaminent et permettent qu'on s'en prenne plus facilement dans les faits à des individus en raison de leur origine, couleur, religion, orientation sexuelle, etc. Les lois pénalisant les propos d'incitation à la haine, en réalité, nous protègent *physiquement* en entendant limiter les processus de justification que leur diffusion permettrait, et qui altérerait le mécanisme d'autocensure chez les individus.

La qualité de ces lois est donc de proposer un discours fort aux fins de protection des individus ; leur défaut est de prendre pour postulat que l'humain est par nature un être misérable, manipulable et qui se laisse facilement envahir par l'effet de meute — constat peu enthousiaste éludé continuellement par la condamnation morale des idées racistes sans autre procès. C'est là que le bât blesse, si on se repose sur le seul pouvoir de la loi comme parole d'Évangile. Car l'homme n'est ni bon ni mauvais par nature, et ces lois par elles-mêmes n'ont pas de vertu pédagogique ; elles tendent même, par un effet pervers et inattendu, à cliver et radicaliser des positions qui l'invoquent rapidement de part et d'autre. Elles tendent également à crisper une partie importante de la population qui estime être bâillonnée par le politiquement correct, et qui ignore généralement à quel point sa jurisprudence est limitée et encadrée. Du coup ces lois apparaissent comme terriblement moralisatrices et décalées, au lieu d'être intégrées comme un outil de protection des uns et des autres.

Bref, si les lois contre le racisme et la discrimination restent nécessaires à la lutte contre les discriminations, il apparaît plus que jamais que la bataille antiraciste ne pourra pas se gagner par ce seul biais. Cette bataille ne peut se remporter que par la mixité sociale, la fin de la ghettoïsation des quartiers, la victoire de la bataille de l'emploi, le mélange des citoyens, l'apprentissage des cultures, philosophies et religions de tous par tous. Ce n'est que de cette manière que la lutte contre le racisme pourra sortir de l'ornière moralisatrice et décalée dans laquelle elle se trouve aujourd'hui embourbée. Sans tomber dans le modèle anglo-saxon d'une liberté d'expression sans limite, les lois qui prescrivent sont préférables aux lois qui proscrivent. Les lois telles qu'elles existent en France ou en Belgique sont satisfaisantes sur le fond, mais pourraient aisément supporter davantage de pédagogie dans leur emploi et leur justification. Un propos doit être combattu lorsqu'il incite à la haine. Tant que cette limite n'est pas franchie, il est vital de permettre les propos qui choquent, inquiètent ou dérangent.

Il existe, en outre, un autre plan où davantage de pédagogique serait utile : la confusion devenue courante entre droit et opportunité. Lorsque règne le climat assimilant politiquement correct et transgression, les deux registres se trouvent durablement amalgamés. L'émotion ou le sentiment d'offense ressenti devient à tort, pour celui qui se sent offensé, la juste boussole du discours admis et légitime. Or, outre le fait que tel n'est pas le sens de la législation — il est permis, dans une démocratie, de choquer — la question soulève une difficulté véritable : la liberté d'expression devient une revendication en tant que telle, au-delà de la validité et de la pertinence du contenu. Or ce n'est pas parce que j'ai le droit de dire quelque chose que c'est à chaque fois l'idée du siècle de le dire. La liberté d'expression ne dispense pas de se poser la question : « Ce que je vais dire va-t-il apporter une plus-value au débat, ou le dis-je juste parce que j'ai envie de le dire ? » La presse satirique, dans ce registre, fait de la liberté d'expression son terrain de jeu en explorant et exploitant ses limites — et elle est dans son rôle. Cela n'empêche pas d'interroger le lien entre droit et opportunité selon une grille de responsabilisation individuelle.

3. LES NAZIS, BOUSSOLE DU MAL

Il est ensuite légitime de se poser la question de la prédominance des nazis comme référent culturel du mal.

Le postulat sous-jacent à la « loi » de Godwin lorsqu'elle se transforme en « point » est que toute invocation d'Hitler et des nazis dans une discussion est inappropriée par définition, car rien ne peut valablement se comparer au Troisième Reich et au poids maléfique que celui-ci fait durablement peser dans la conscience collective. Or ceci peut être raisonnablement contesté. D'une part rien n'empêche d'envisager qu'il puisse se révéler valide de comparer aux nazis des individus qui leur sont ouvertement et honnêtement comparables — force est de convenir qu'il n'y a rien d'inconvenant à traiter de « nazis » les nazis eux-mêmes. D'autre part, et surtout, il est permis de se demander pourquoi il serait si inconvenant de disqualifier les références à Hitler et aux nazis, et de les rejeter avec autant de vigueur hors du discours ambiant. Il faut gratter ce qui gêne réellement dans la comparaison avec le nazisme. La comparaison avec le Troisième Reich possède ceci de particulier qu'elle disqualifie son auteur avec bien davantage d'irrévocabilité que d'autres références possibles telle l'Union soviétique de Staline, l'Italie fasciste de Mussolini ou l'Espagne de Franco. La différence est simple à établir : aucun de ces trois autres régimes ne porte la responsabilité de la Solution finale, reconnue et condamnée en tant que telle. L'absence de la Shoah n'aurait certes pas rendu le nazisme honorable pour autant ; mais ce crime unique et sans précédent compromet moralement et universellement le Troisième Reich. C'est bel et bien l'ombre de la *Solution finale* qui se profile lorsque s'attribuent des points Godwin et que le nazisme est amené au premier plan d'une conversation, parce qu'avec cette référence se rappelle au souvenir de la mémoire collective dont nous sommes tous les héritiers le *processus* qu'a été celui du génocide des Juifs. Et si la Solution finale comporte, même indirectement, un impact performatif si puissant et si apte à déchaîner les passions, c'est pour deux raisons : son caractère progressif et son nihilisme ontologique.

Le premier élément, le caractère progressif, s'atteste par le souvenir que la Shoah fut l'aboutissement d'un long processus. Durant toute la décennie qui a précédé la guerre, le peuple allemand et tous les rouages du Reich ont été noyés dans une propagande antisémite massive, destinée à lui faire progressivement accepter la déportation des Juifs. La Solution « finale » est l'aboutissement d'une évolution graduelle visant à priver les Juifs de leurs droits nationaux, puis de leurs droits internationaux, puis de leurs droits d'êtres humains. Comme le souligne Stanley Milgram[5], cette méthode de dévalorisation lente et croissante de la victime permet de justifier sur le plan psychologique la cruauté exercée à son endroit ; ce *modus vivendi* est constamment utilisé dans les guerres, massacres et pogroms. Le régime nazi a très progressivement déchu les Juifs de leurs droits puis de leur dignité, avant de les réduire à néant par la destruction de leurs personnalités… et en poussant enfin, via les fours crématoires, l'entreprise d'annihilation jusqu'à l'anéantissement de leurs cadavres. La Solution « finale » n'aurait jamais pu

5 S. Milgram, *Obedience to Authority*, New York, Harper & Row, 1974, trad. par Emy Molinié, *Soumission à l'autorité*, Paris, Calmann-Lévy, 1974, p. 27.

être implémentée, suivie et exécutée avec la logistique extraordinaire qu'elle requerrait si elle n'avait pas été amenée graduellement, pas à pas. Même si l'antisémitisme d'Hitler était transparent dès *Mein Kampf*, peu de ses électeurs avaient sans doute imaginé cautionner par leur vote les futures chambres à gaz, créations si monstrueuses qu'elles défient l'imagination aujourd'hui encore ; si un négationnisme concernant leur réalité peut encore subsister, c'est parce que leur simple existence est en effet *incroyable*. Or tel est bien le premier refoulement qui explique le caractère absolu et non négociable de la disqualification du régime nazi : la Solution finale est l'aboutissement d'un processus qui ne s'est pas présenté comme tel, mais dont les germes étaient décelables dans la suite logique des déclarations, intentions et extrapolations qu'il était possible de décliner par un travail d'observation.

Le sujet est donc anxiogène pour tout être humain car il renvoie à une vigilance constante à repérer les racines des cataclysmes à venir. Tout ce qui peut rappeler le processus de ce dont la Solution finale fut l'aboutissement peut être donc suspect, les mêmes causes engendrant, se dit-on, les mêmes effets. La causalité inhérente à la rationalité occidentale fournit le cadre conceptuel qui permet, au départ de l'histoire, d'alimenter l'anxiété face à l'avenir. Le caractère préparé, laborieux, organisé et surtout très progressif de la Shoah installe donc dans les consciences une peur dialectique induisant à tenter de repérer des occurrences relevantes avec ce même processus pour prévenir qu'il puisse se répéter. Le point Godwin, les slogans du type « Plus jamais ça ! » ainsi que, de manière générale, l'ensemble de la liturgie antiraciste et antifasciste développée depuis cinquante ans reposent entièrement sur cette vigilance exigeant de repérer les traces annonciatrices d'une répétition de l'Apocalypse — nom donné, dans le même état d'esprit, à une célèbre série documentaire sur la Seconde Guerre mondiale. Il faut repérer le nazi avant qu'il ne puisse frapper, même lorsqu'il dément être nazi — voire, pourquoi pas, avant qu'il ne comprenne lui-même qu'il est nazi ! Comme le danger qu'il représente est gigantesquement funeste, il est légitime d'entretenir envers la menace en germe une méfiance et une sévérité exemplaire, quitte à prendre des largesses avec les principes démocratiques — par exemple lorsqu'on entreprend d'interdire un parti ou de brider la liberté d'expression. On aperçoit d'emblée les effets pervers de ce positionnement ; tout comme l'extrémisme radical, le progressisme bien-pensant néglige le flux perpétuel des individus et des idées, et élude que, comme l'a écrit Héraclite, « on ne se baigne jamais deux fois dans le même fleuve ». Si la vigilance s'appuie sur le postulat que le nazi avance masqué et qu'il est légitime de frapper le crime en puissance et non le crime en acte, elle peut rapidement autoriser d'abattre le glaive sur des intentions et non sur des actes. Or en droit, on est responsable de ses actes et non de ses intentions. La répression des propos racistes, discriminants ou négationnistes, polarise les tensions parce qu'elle incarne le carrefour entre intentions et actes : l'intention exprimée vaut acte, considère-t-on, parce que le poids performatif des discours de haine est susceptible d'entraîner la contamination des esprits et le passage à l'acte. On comprend dès lors que ce qui est fui, refoulé, mis à l'écart par de telles législations et par des normes du langage correct telle la loi de Godwin, peut être identifié comme le *syndrome de la réaction en chaîne* : la crainte de voir se réitérer un processus qu'une expérience historique récente nous enseigne comme funeste. L'ampleur des conséquences — considérable — justifie en proportion l'ampleur de la vigilance et ses antagonismes avec d'autres principes, telle la liberté d'expression. Or l'intention ne suffit pas à se transformer en acte, et ne constitue en rien l'indice suffisant qu'une pensée criminelle va se transformer en crime — et il existe à l'inverse des crimes qui n'ont pas été précédés de préméditation ourdie. Pire : la stigmatisation de la pensée raciste, discriminante ou négationniste en tant qu'intention criminelle en puissance par l'universel de la loi et de la conscience morale collective peut s'avérer contre-productive en isolant et radicalisant les auteurs de telles pensées ; montrés du doigt, ramenés au schéma nazi ou fasciste passé, ces individus seront incités à développer une résistance à ce qu'ils ressentiront comme une dictature de la pensée élitiste, à se fermer à toute opinion contraire pour nourrir leur haine et leur frustration en ghettos mentaux repliés sur eux-mêmes, et peuvent dès lors se rapprocher de la possibilité du passage à l'acte en tant que désir de résistance et d'affirmation de l'un contre l'universel.

Le second élément qui fait de la Solution finale l'événement indépassable qui disqualifie moralement le régime nazi à un degré plus profond que les autres autoritarismes et totalitarismes est davantage connu : son nihilisme ontologique. Ce qui fait de la Shoah un événement sans précédent, dans une histoire pourtant parsemée de massacres et d'horreurs de toutes échelles, c'est l'entreprise de destruction dont elle est le fruit. Il ne s'agissait pas d'éliminer des opposants politiques ou de vider un territoire de sa population pour se l'approprier : il s'agissait de détruire pour détruire, dans l'absolu, pour annihiler ce qui était identifié comme une race d'êtres humains. Son originalité réside dans le néant qui caractérise sa visée. La Solution finale n'est pas seulement un génocide ; c'est le crime nihiliste dans toute sa vacuité. Elle est vide d'un sens qui pourrait lui donner la moindre apparence de justification. Elle incarne la manifestation la plus extrême de ce que la volonté de puissance peut engendrer et que rien ne peut justifier. À telle enseigne que la

Shoah subsiste dans la mémoire collective comme l'action visant à détruire pour *montrer* qu'on peut détruire. Cette nécessité s'avère irréductiblement liée à la guerre. Comme l'observe fort justement le journaliste Jean Hatzfeld, qui a longuement étudié le génocide des Tutsis au Rwanda commis en 1994, les entreprises de destructions totales que sont les génocides contemporains sont toujours advenues en pleine guerre : « Non qu'ils en soient les causes ou les conséquences, mais parce que la guerre crée un état de non-droit, elle régularise la mort, normalise la barbarie, entretient la peur et les fantasmagories, ravive les vieux démons, ébranle la morale et l'humanisme. Elle affaiblit les ultimes défenses psychologiques chez les futurs acteurs du génocide[6]. » La guerre est la condition qui permet la suspension des lois fondamentales et des consciences, qui ouvre une parenthèse terrifiante, dont la perception du caractère exceptionnel peut armer les consciences comme des outils de meurtres de masse.

Cette velléité de destruction, contenue dans l'univers concentrationnaire et les chambres à gaz de la Solution finale, est l'autre élément refoulé et mis à distance par la loi et le discours, parce qu'elle met l'homme en face d'une bien cruelle réalité : son aptitude à faire le mal sans motif, par seule volonté de puissance. Cela renvoie à des instincts profonds, primitifs, ancestraux, dans des univers pré-sociétaux dominés par la loi du plus fort. C'est la négation pure et simple de toute civilisation et le rappel désagréable aux hommes de leur propre faiblesse. Ce motif est plus dérangeant encore que le syndrome de la réaction en chaîne, car il contribue à expliquer également, de manière morbide, le magnétisme qu'a exercé le Troisième Reich et qu'il exerce toujours aujourd'hui. Si les ouvrages, films ou documentaires consacrés aux nazis rencontrent un tel succès, c'est parce que la fascination est la compagne de l'horreur, et que la totalité incarnée par le nazisme subjugue autant qu'elle terrorise. Les fictions, en particulier, tentent de contourner la barrière de l'*irreprésentable* en imprimant dans leur récit une morale de l'histoire dont la Shoah est pourtant, par la définition de son nihilisme intrinsèque, dépourvue. Ainsi, il est propre à la plupart de ces œuvres de tenter de dépasser le nihilisme profond de la Solution finale et de présenter cette dernière par le biais d'un prisme permettant de ménager une issue favorable au genre humain, fut-ce contre toute évidence. C'est le cas dans *La Liste de Schindler* de Steven Spielberg (1994), qui se clôt sur le manteau rouge de la petite fille du ghetto, comme si elle avait survécu. C'est le cas aussi du *Journal d'Anne Franck*, traduit en film et en pièce, et qui doit son immense succès à son amalgame de l'intimité d'une famille continuant à vivre normalement avec l'horreur de la

6 J. Hatzfeld, *Une saison de machettes*, Paris, Éd. du Seuil, coll. Récits, 2003, p. 62.

réalité du génocide — puisque le lecteur-spectateur sait qu'elle sera tuée. Une émotion esthétique suscitée chez le spectateur pour aborder le génocide sans tuer l'espoir, et qui est pourtant trompeuse, juge Bruno Bettelheim concernant *Anne Franck* : « On veut nous faire croire que dans la lutte entre la terreur nazie et la continuation de la vie de famille, c'est cette dernière qui a triomphé : c'est Anne, en effet, qui a le dernier mot. C'est tout simplement le contraire de la vérité car elle a bel et bien été tuée. Sa survie apparente, manifestée par ses paroles sur la générosité des hommes, nous soulage effectivement du besoin de faire face aux problèmes posés par Auschwitz. Cela explique aussi pourquoi des millions de personnes ont aimé la pièce et le film ; en même temps qu'ils nous montrent qu'Auschwitz a existé, ils nous encouragent à ignorer l'ensemble de ses implications. Si tous les humains sont foncièrement bons, tout se passe comme si Auschwitz n'avait jamais existé ; et il est absolument impossible qu'Auschwitz puisse se reproduire[7]. » Or rien n'est plus faux ; si la mémoire des génocides hante l'humanité bien au-delà des guerres qui leur ont servi de marigots, c'est parce que le nihilisme terrifiant de l'entreprise de destruction réside dans l'*intention* de tuer, même lorsqu'elle n'a pas été accomplie jusqu'au bout. Christine Nyiransabimana, une cultivatrice rwandaise rencontrée par Hatzfeld, énonce cela avec une simplicité redoutable : « Le génocide surpasse la guerre, parce que l'intention dure pour toujours, même si elle n'est pas couronnée de succès[8]. » La réalité de cette intention éternelle est insupportable, et engendre logiquement des tentatives de contournement, de refoulement ou de dépassement, dans lesquelles le registre de la fiction prend naturellement une part décisive.

Il est devenu banal de le dire, mais notre époque est en effet celle d'une démonétisation massive des idéologies et de la perte métaphysique du religieux — ce qui ne veut pas dire que les individus n'ont pas soif de croyances. Dès lors, dans un chaos où ne subsiste plus de candidat au bien ou au juste apte à faire consensus, il est normal que la boussole du mal que constituent les nazis fasse recette ; elle est notre dernière certitude, car elle est forgée dans l'irréductibilité de l'expérience. C'est parce que nous croyons moins à l'évanescence des idées qu'à l'âpreté des faits qu'Hitler a pu revêtir un costume d'Antéchrist du mal fort commode à une époque dépourvue de consensus sur le bien. Nous n'avons plus de boussole du bien en stock, ce qui explique en bonne partie le brouhaha idéologique actuel. En revanche nous disposons d'une certitude du mal, ancrée dans l'expérience. Le point Godwin, au bout

7 B. Bettleheim, *Survivre*, trad. par Théo Carlier, Paris, Robert Laffont, 1979, p. 26, cité par A. Wieviorka, *L'ère du témoin*, Paris, Plon, 1998, p. 155.

8 J. Hatzfeld, *op. cit.*, p. 121.

du compte, est symptomatique de la reconnaissance de la contingence des valeurs et du fait reconnaît qu'il n'y aura plus d'autre gouvernail du bien et du mal que celui de valeurs conventionnelles telles que les droits de l'homme.

Avec le nazisme, on est dans une transgression supplémentaire, plus enfouie et plus inavouable : l'amour de la force et de la consistance, la volonté de puissance s'imposant au conformisme des faibles, et, en funestes filigranes, l'ombre de la Solution finale, c'est-à-dire le paroxysme culturel et historique du crime de l'homme contre l'homme. Le nazi, c'est le « méchant » universel qui fascine autant qu'il horrifie, parce qu'il incarne l'icône de la consistance et de l'homogénéité, que l'être humain admire avec honte et refoulement. Nous sommes bien au-delà d'un antagonisme classique entre réactionnaires et progressistes, ou d'un anathème désignant le supposé intégrisme d'un opposant politique. L'attrait pour le sacré est omniprésent dans la promesse totalitaire qu'est le nazisme, construit qui plus est sur une personnalité « providentielle ». Le recours pavlovien aux nazis est le signe d'une victoire de cette idéologie dans les esprits, et qui est liée à sa réussite à faire croire qu'il était possible de modeler le monde autour de la pureté et de la force. Les nazis ont pour eux les attributs d'une fascination morbide et rituelle qui a pu galvaniser les foules : uniformes, marches aux flambeaux, chants, gestuelles, saluts... tout cela mobilisé au nom d'une idéologie basée sans complexe sur la haine et la puissance. Je crains que ce soit cela qui fasse résonner le nazisme comme la représentation directe et simple de l'insulte infâmante, parce qu'elle incarne l'angoisse contre laquelle se construit notre civilisation : que le fort écrase le faible et que le monde le permette.

4. CONFORMISME DE LA PENSÉE ET ESPRIT DE MEUTE

Quel est, au bout du compte, ce mal politique que le nazisme a incarné comme paroxysme et dont nous tentons de nous protéger depuis lors, au point que le Troisième Reich reste notre meilleur épouvantail moral ? Quelle est cette maladie laborieusement refoulée dont la loi de Godwin apparaît comme le symptôme endémique ? Le mal est avant tout une conception morale, ancrée dans des systèmes de valeurs éthiques. On ne peut pourtant que s'émouvoir du magnétisme qu'ont pu développer les totalitarismes les plus meurtriers, jusqu'à emmener leurs agents vers la privation de conscience propre leur permettant d'obéir aux ordres les plus inhumains. La fascination qu'exerce toujours le régime nazi aujourd'hui a de quoi inquiéter, non pas tant par peur d'une résurgence politique que par le fait que la force, la consistance, le rituel, le décorum — bref tout ce qui faisait du nazisme une force mobilisant les tripes de millions de citoyens — exercent toujours une haute faculté d'attraction.

C'est en cela qu'il faut pouvoir interroger le totalitarisme et ses funestes conséquences comme l'« enfant maudit » et non reconnu de la modernité. Si nous souhaitons regarder au-delà de la croix gammée et des marches aux flambeaux, il faut nous pencher sur la nature des régimes totalitaires et comprendre ce qui fascine dans leur structure et leur propagande pour permettre un ralliement si soudain ; ce n'est qu'à ce prix qu'on pourra percevoir en quoi les prochaines menaces méritant d'être qualifiées de « mal » n'auront en rien la couleur ou l'odeur du nazisme ou du fascisme, mais en porteront toutefois les germes destructeurs : ceux qui parviennent à entraîner une masse vers l'abîme.

La force d'attraction du régime nazi est le corollaire d'un processus d'abandon dans le chef des exécutants et du peuple allemand lui-même. Cet abandon est du reste indispensable pour permettre l'absence de remords. Comme le relève Corinna Coulmas, on sait aujourd'hui que la plupart des criminels de guerre nazis n'éprouvaient aucun sentiment de culpabilité, soit parce qu'ils ne considéraient pas du tout avoir fait de mal, soit parce qu'ils estimaient n'avoir que suivi les ordres. Cela demandait qu'un espace vide soit laissé, apte à être rempli par l'idéologie nazie : « Nous savons, écrit-elle, qu'en Allemagne nazie, cette idéologie a remplacé, en quelques années seulement, et dans la plupart des milieux sans résistance majeure, les anciennes valeurs religieuses et humanistes. Et même si elle n'a pas été accueillie avec enthousiasme partout, elle a été partout mise en pratique. L'incroyable force du régime national-socialiste résidait dans sa pratique, non dans sa 'pensée'. Il a fallu très peu de temps pour exclure les Juifs de la société allemande, de façon si complète que leur déportation vers l'Est parut comme l'aboutissement logique d'une évolution 'nécessaire'[9]. » L'abandon volontaire a fait des criminels de guerre, sous leur banalité d'apparence, des êtres « vides comme des costumes sur des cintres. » Cette capacité, propre au régime nazi, de substituer l'action à la pensée doit être examinée plus avant. Albert Camus y fait également référence dans *L'Homme révolté* : « Le paradoxe insoutenable de Hitler a été justement de vouloir fonder un ordre stable sur un mouvement perpétuel et une négation[10] ». L'approche est inspirante ; le Troisième Reich fait penser à une toupie géante écrasant tout sur son passage, lancée

9 C. Coulmas, « Victimes et *Täter* », dans M.-I. Brudny et J.-M. Winkler (dir.), *Destins de la « banalité du mal »*, Paris, L'Éclat, coll. Bibliothèque des fondations, 2011, p. 46.

10 A. Camus, *L'homme révolté*, Paris, Gallimard, coll. Folio Essais, 1951, p. 229.

dans le mouvement constant mais prétendant se poser contre ce mouvement. Il prend dès lors la forme d'un tourbillon perpétuel d'action sans autre but idéologique véritable que la « lutte contre l'ennemi », au sens de Carl Schmitt, alignant les adversaires comme autant de viatiques permettant de faire tourner une machine sans tête. Encore faut-il insister sur le fait qu'en dépit de cette dynamique, le régime nazi possède bel et bien un corpus statique d'une pesanteur si forte qu'il prétend pouvoir formater le moment présent selon des lois de pureté. Si ce positionnement est aussi vain que la prétention d'arrêter la roue du temps, il n'en incarne pas moins un profond pouvoir d'entraînement propre aux régimes totalitaires. Qu'il soit nazi ou stalinien, un tel régime recèle une promesse de paradis sur terre. Comme tout totalitarisme, le nazisme s'axe sur la promesse de l'avenir et non sur la référence au passé. Le discours totalitaire mobilise dès lors une eschatologie inscrivant l'histoire dans le flux de forces faisant du système l'aboutissement d'un processus réconciliant l'individu et le sens de l'existence. Il en découle une exigence surnaturelle de cohérence et de pureté, qui se traduira sur tous les plans ; la purification de la race aryenne en est la plus spectaculaire démonstration. La promesse de totalité est le propre du régime totalitaire ; cela renvoie anthropologiquement vers un désir profondément enfoui d'homogénéité, de continuité et de mise en forme du chaos.

L'être humain dispose donc d'un cerveau qui surfe en permanence entre deux écueils : mettre ses croyances en adéquation avec l'univers qui l'entoure et intégrer le flux du temps qui modifie perpétuellement cet univers. Comme nous l'évoquions ci-dessus en référence aux polémiques contemporaines mettant en jeu la liberté d'expression sur les réseaux sociaux, il en résulte que non seulement l'homme est capable d'intégrer plusieurs idées contradictoires entre elles, mais en plus qu'un tel état d'incohérence est très certainement l'état « normal » du cerveau humain ; il serait impossible de se doter d'idées exclusivement compatibles entre elles, ou qui ne seraient pas susceptibles de devenir incompatibles par le jeu du flux temporel. Ce « bol alimentaire » permanent d'idées possède même un avantage : celui de nous rendre vigilants *a priori* contre toute prétention à la vérité. Hannah Arendt, dans *La Vie de l'Esprit*, livre de cette préoccupation une définition assez proche, liant la pensée à un dialogue intérieur. Revenant sur la polémique ayant accompagné son essai *Eichmann à Jérusalem* et sa proposition descriptive de « banalité du mal » pour décrire ce fonctionnaire sans envergure devenu acteur de la Solution finale qu'était Adolf Eichmann, la philosophe revient sur l'idée que le mal serait le fruit d'une *abstention volontaire de penser* : « La question impossible à éluder était celle-ci, résume Arendt : l'activité de penser en elle-même, l'habitude d'examiner tout ce qui vient à se produire ou attire l'attention, sans préjuger du contenu scientifique ou des conséquences, cette activité fait-elle partie des conditions qui poussent l'homme à éviter le mal et même le conditionnent négativement à son égard[11] ? » Cette question invite à considérer la pensée comme le fruit d'un dialogue intérieur, requérant un espace vide, une pause, une sérénité. Elle met aussi en exergue que penser revient à vouloir résolument échapper à un flux : celui du chaos du monde, qui fait sien l'esprit de l'homme et peut l'y engloutir. La pensée requiert des points d'ancrage pour ne pas glisser dans le flux du temps, si apte à relativiser les plus fortes évidences. Ces points doivent eux-mêmes se visser dans la réalité physique, historique, concrète pour arrimer l'esprit. Les points Godwin constituent de tels socles d'arrimage : ils incarnent une limite qu'on ne peut franchir sans faire offense à une vision acceptée et attestée de l'Histoire, sans engendrer un processus psychologique de culpabilisation.

Il paraît donc permis de postuler que le conformisme de l'être humain est une compétence de base de l'homme en tant qu'animal social et individualisé psychologiquement, qui lui est nécessaire comme outil de résistance face au chaos qui l'entoure et menace de le submerger. Bien sûr, le conformisme ne se manifeste pas que dans la guerre. Force est toutefois de reconnaître que la Seconde Guerre mondiale a offert la mise en scène la plus percutante de la malléabilité humaine de l'Histoire, par son retentissement et ses circonstances exceptionnelles — cette démonstration des conséquences funestes de l'obéissance a poussé ensuite l'homme à tirer les conclusions de ses excès. La Solution finale en particulier a confronté des exécutants ordinaires face à des actes extraordinaires de cruauté. Au-delà du cas des dignitaires tel Adolf Eichmann, qui portent la responsabilité logistique tout en n'ayant tué personne de leurs mains, il est essentiel d'observer comment, dans un groupe donné d'exécutants, l'obéissance s'immerge facilement dans le groupe en action, lorsque l'effort à produire pour s'extraire du groupe est plus violent que pour le suivre. Ainsi, les crimes de génocide perpétrés par des individus considérés comme ordinaires, tels que les exécutants de la Shoah ou les jeunes Hutus rwandais durant le génocide de 1994, ont pu être commis grâce à un conformisme de groupe facilité par le souci, pour les consciences individuelles, de préserver une *image de soi* directement dépendante du groupe où l'on se trouve ; la loyauté devient l'unité de mesure de l'estime de soi. Ce sont les travaux mettant en exergue les témoignages des exécutants qui démontrent cette mécanique. L'historien Christopher Browning a ainsi

11 H. Arendt, *The Life of the Mind, Volume One, Thinking*, 1971, trad. par Lucienne Lotringer, *La vie de l'esprit*, Paris, PUF, coll. « Quadrige », 2013, p. 22.

pu consulter les témoignages de 125 policiers du 101e bataillon de la police allemande (*Ordnungspolizei*), réquisitionné par Himmler pour participer à la *Shoah par balles* perpétrée à l'Est et les a rassemblés dans son ouvrage *Des hommes ordinaires*[12]. L'intérêt de l'ouvrage est d'entrer dans le quotidien d'hommes qui étaient policiers de métier, non fanatisés, et dont plusieurs ont eu l'occasion de se défiler face au massacre dont ils devaient être les exécutants. Browning montre combien le conformisme de groupe engendre une responsabilité commune face à laquelle l'horreur à accomplir, loin de désolidariser les troupes, a tendance à générer un facteur de cohésion nécessaire pour ne laisser personne seul face à sa conscience. À quarante années de distance, l'écrivain Jean Hatzfeld a pu tirer des conclusions comparables de son impressionnante récolte de témoignages de génocidaires rwandais rassemblée dans son ouvrage *Une saison de machettes*. Les justifications font appel au groupe d'une manière systématique. La guerre n'est pourtant que le contexte extrême de dispositions à l'obéissance qui se manifestent aussi en d'autres circonstances, et même en laboratoire lorsqu'on en reproduit les conditions. Au début des années 50, ce conformisme a ainsi été appréhendé par le psychologue social Solomon Asch, dont les expériences ont permis de mettre en lumière une forte disposition de l'homme à se conformer *a priori* aux événements. L'explication de cette obéissance empiriquement prouvée réside essentiellement, selon les auteurs de ces études, dans la nécessité anthropologique de gérer la tension interne entre acceptation d'une situation et éthique personnelle : l'inconfort psychique consécutif à la soumission de l'éthique propre à l'événement serait moins grand que l'inconfort psychique généré par la rébellion contre une situation se présentant comme elle semble l'être. Dans la célèbre expérience sur l'autorité diligentée quelques années plus tard par un élève de Asch, Stanley Milgram, la plupart des volontaires ayant obéi ne renonçaient pas à leur éthique, mais en désaxaient les paramètres vers un principe de loyauté envers les scientifiques organisateurs de l'expérience[13]. Là encore, la faculté de l'être humain de se calquer sur le contexte qui l'entoure apparaît comme une condition propre de son développement psychologique voire — ce qui n'est pas le moindre des paradoxes — de son individuation.

Par ailleurs, la meute comme phénomène a été appréhendée sur le registre de la psychologie des foules ; la masse révèle sa violence non seulement dans la guerre, mais aussi dans les faits divers. Le village de Hautefaye, en

12 C. Browning, *Des Hommes ordinaires*, Paris, Les Belles Lettres, 1992 ; Paris, Taillandier, coll. « Texto », 2007.

13 S. Milgram, *op. cit.*, p. 25.

Dordogne, en a été le théâtre symptomatique et funeste. En août 1870, lors de la foire aux bestiaux, au tout début d'une guerre franco-prussienne dont les premiers échos étaient catastrophiques pour l'armée de Napoléon III, une trentaine de villageois a proprement lynché, au fil d'une longue journée de calvaire, un noblion issu d'un village voisin pris pour un espion ou, alternativement, pour un Prussien. L'affaire marqua grandement la région par la barbarie de l'exécution. L'aveuglement volontaire de la foule, qui avait besoin du ressort psychologique consistant à identifier sa victime comme ennemi, a pu se déployer dans un contexte d'angoisse liée à la guerre et de concours de virilité ; ce cocktail détonnant a permis à la *meute* de pleinement se constituer dans son éphémère mouvement et de se déployer dans un déchaînement de violence libéré des conventions, avec le concours passif d'autorités démissionnaires. Cette meute capable de s'embraser à la vitesse de l'éclair possède une nature sombre qui se dérobe régulièrement à l'analyse. En elle résident toutes les peurs concentrées que l'homme peut éprouver vis-à-vis de son semblable. Le psychologue Gustave Le Bon, auteur d'une *Psychologie des foules* qui inspira Gabriel Tarde comme Sigmund Freud, a pu souligner dès 1895 combien le confort de la foule permet à l'individu de commettre des actes et des pensées en se soumettant à la simplicité de la force. Le philosophe Hermann Broch, quant à lui, débute en 1939 sa considérable et inachevée *Théorie de la folie des masses* en constatant que, qu'on la nomme *foule*, *masse* ou *meute*, cet agrégat représente une menace perpétuelle dont il est capital de mieux comprendre les ressorts : « Chacun sait quelle folie s'est aujourd'hui emparée du monde, chacun sait qu'il participe lui-même à cette folie, comme victime active ou passive, chacun sait donc à quel formidable danger il se trouve exposé, mais personne n'est capable de localiser la menace, personne ne sait d'où elle s'apprête à fondre sur lui, personne n'est capable de la regarder vraiment en face, ni de s'en préserver efficacement. L'homme est prêt à tomber dans un égarement collectif, ce n'est un secret pour personne et ce devrait donc être un problème pour tout le monde. La contamination psychique des masses n'est certainement pas moins pernicieuse pour l'humanité que le développement des maladies cancéreuses, et devrait être combattue avec au moins la même énergie que celui-ci[14]. » La foule, bien sûr, n'est que rarement cette masse meurtrière qui lynche un individu ; elle est plus ordinairement la multitude bêlante qui acclame un tyran, un footballeur ou une rock star. Mais la « boule de neige » sentimentale qu'elle représente une fois en action permet

14 H. Broch, *Die Massenwahntheorie*, Francfort-sur-le-Main, Suhkamp Verlag, 1979, trad. Pierre Rusch et Didier Renault, *Théorie de la folie des masses*, Paris-Tel-Aviv, L'Éclat, « Philosophie imaginaire », 2008, p. 13.

à l'homme isolé et faible noyé dans la masse, pour une fois, de se sentir fort — et le fort, tôt ou tard, abuse du faible. Le simple constat que Milgram n'eût aucun mal à recréer ce sentiment de force et d'impunité en laboratoire, en substituant à l'autorité de la foule celle de l'*expérience* scientifique, démontre que le confort de la meute est une réalité redoutable, capable de s'imposer à l'individu sans grand besoin d'être incorporé à une masse en mouvement armée de fourches, de slogans révolutionnaires ou de flambeaux.

La meute, ainsi, est éternelle tentation. Tentation de l'agneau de revêtir une peau de loup. Tentation du faible de se sentir fort. Tentation de l'abandon de l'individualité laborieuse et isolée pour l'égrégore fortifiant et tumultueux. Car refuser la meute, c'est revendiquer une forme de solitude qui, pour le commun des mortels, se révèle pénible à assumer. Choisir l'isolement vis-à-vis du groupe, c'est accepter d'observer le chaos du monde sans amortisseurs et sans lunettes de confort — or, se noyer dans le chaos peut être désespérant. Accepter l'absence de cohésion du monde revient à admettre la possibilité de son absence de sens. Même pour le plus équilibré des individus, il y a là un deuil à faire. Deuil de la Cité idéale, deuil de l'âme sœur, deuil de l'idée que notre vie sur terre est le brouillon imparfait d'une vie à venir… Deuil d'autant plus incommode à dépasser qu'il demande un effort violemment contre-intuitif, dans la mesure où l'évolution a forgé le cerveau humain pour qu'il privilégie une certaine cohésion, gage d'un raisonnement hypothético-déductif le poussant à rechercher des causes aux évènements et, donc, à se protéger des prédateurs de toutes sortes. Cette déconnexion est difficile à accepter pour l'esprit humain ordinaire ; elle devient insupportable à tolérer pour les schémas de pensée radicale qui font le lit des extrémistes de tous bords et mènent certains pays droit vers le gouffre lorsque ces esprits radicaux sont au pouvoir, comme c'est le cas dans les régimes totalitaires. Car le paradis promis sur Terre ne peut bien entendu se réaliser ; l'eschatologie de la Cohérence est condamnée à se fracasser sur la contingence de la réalité. Le problème de la propagande totalitaire, c'est qu'elle « ne peut satisfaire le désir qu'ont les masses d'un monde complètement cohérent, compréhensible et prévisible, sans heurter gravement le sens commun[15]. » Devant une « coïncidence » devenue législation suprême, les masses n'ont guère d'autre choix psychique que de fuir la réalité et la nier, car il est impossible d'admettre la coexistence de cette réalité avec la promesse incarnée

15 H. Arendt, *Le Système totalitaire*, p. 108.

par l'État totalitaire[16]. Nous trouvons là le nœud qui permet de comprendre pourquoi l'État totalitaire est l'écrin par excellence du conformisme humain ; il promeut et favorise la faculté d'arrêter de penser — telle que l'a analysée Arendt dans le procès Eichmann — en tant que trait de réussite de l'individu au sein du système. Bien qu'évoluant dans une commensurabilité mentale qui rend possible la coexistence d'idées contraires entre elles au sein de l'esprit, la contradiction doit être maintenue dans l'inconscient de l'homme pour être admise. Or, confrontée à un monde extérieur qui exige une adhésion sans réserve à des idéologies homogènes et porte au pinacle la loyauté et la consistance comme des qualités essentielles, la contradiction ne peut se maintenir et s'exprimer. Car bien que constituant la règle de leur inconscient, les êtres humains évitent la contradiction dans le monde conscient ; celle-ci est désagréable et laborieuse à vivre, en ce compris lorsqu'il est nécessaire de l'affronter pour intégrer les évidences scientifiques les plus abouties telles que la théorie de l'évolution. *A fortiori*, le système totalitaire permet au cerveau humain de se reposer, de se priver voire de s'effacer en épousant toutes les formes qui lui sont offertes et où il n'a qu'à exécuter les ordres pour maintenir la cohésion intrinsèque du système.

5. CONCLUSION

En modernité, ce qu'on nomme « mal » n'est rien d'autre qu'un abandon des volontés habillé des oripeaux effrayants que le décorum de l'Histoire offre aux puissants : un abandon au chef, à la force, à la meute. Un abandon dont le point Godwin ne fait que traduire, avec d'autres symptômes, le refoulement laborieux. Un abandon qui rassure contre le chaos extérieur en fournissant au cerveau de l'homme ordre et cohésion, et par voie de conséquence, valorisation. Un abandon qui offre sens à l'existence. Un abandon qui grise l'esprit humain le plus docile en lui faisant croire, par imagination ou par procuration, qu'il serait lui aussi s'il le voulait un chef, un fort, une tête de meute. Quelle terrible révélation la modernité a-t-elle offerte aux hommes, en les confrontant à leur insupportable faiblesse que seul pouvait mettre en lumière ce monde où ils sont forcés de vivre ensemble libres et égaux. Quelle déconvenue de se découvrir non pas tous bourreaux en puissance, mais tous

16 « La fuite des masses devant la réalité est une condamnation du monde dans lequel elles sont contraintes de vivre et ne peuvent subsister, puisque la coïncidence est devenue la loi suprême et que les êtres humains ont besoin de transformer constamment les conditions chaotiques et accidentelles en un schéma humain d'une relative cohérence » (H. Arendt, *ibid.*, p. 108).

faibles en actes. Cette insupportable révélation ne pouvait être encaissée telle quelle avec la défaite d'Hitler et la découverte des camps. Elle devait nécessairement se traduire par un refoulement discursif et légaliste vers le mal comme essence. C'est ainsi que l'ère moderne devint le lieu où la fascination de la monstruosité dût se cantonner dans un espace où il pouvait continuer à alimenter notre subconscient avide de violence et de puissance sans en payer le prix totalitaire, c'est-à-dire par l'évasion dans la fiction et la reconstruction de la mémoire, ou dans le recours à des figures idéalisées pouvant nous réconcilier avec la nécessité. Par la grâce des films, des romans et des séries télévisées nous devenons mauvais par procuration, nous imposons virtuellement notre volonté de puissance à plus faible que nous. C'est très bien, sans doute, tant que cette *catharsis* ne nous incite pas à traverser l'écran.

Le point Godwin n'a rien d'une fatalité ; c'est le simple indicateur de la fragilité humaine, de sa dépendance contingente à l'expérience du mal inscrite dans les plaies de l'Histoire, et de la nécessaire reliance au devoir de mémoire que conserve l'humanité moderne pour continuer à différencier rapidement et nettement le bien du mal. Sa récurrence provient de la démonétisation massive des idéologies et des religions propre à la Modernité, qui fait de celle-ci une époque axée essentiellement autour d'une contingence contrainte, pour puiser des certitudes, à rechercher dans les plaies de l'histoire de quoi qualifier le mal qu'elle rencontre et affronte. Ce recours en lui-même est un fait ; il ne pose problème que si le signifiant et le signifié en viennent à se confondre, et que s'oublie lentement le motif de renvoi. Pour que traiter son adversaire de « nazi » demain soit toujours pertinent, il faut garder en mémoire ce dont le nazisme était le nom : un mélange détonant de volonté de puissance, de sacré, de destruction et de célébration de la pureté au bénéfice d'une meute écrasant l'informe et le faible. Ce souvenir-là n'est pas seulement le meilleur hommage que l'on doit aux victimes de la barbarie ; c'est aussi le seul outil disponible pour éviter que la référence au Troisième Reich, dans le discours public, se vide lentement de son sens au fur et à mesure de son utilisation compulsive comme slogan.

DISCOURS, VIOLENCE, CIVILITÉ

ÉDOUARD DELRUELLE,
Professeur de philosophie à l'Université de Liège

Au risque de paraître discourtois envers les organisateurs de ce colloque, qui ont fait preuve à mon égard de la plus parfaite bienveillance, je dois commencer par exprimer mon désaccord sur la façon dont ce colloque est construit sur le plan intellectuel — ou plutôt sur le plan *idéologique*. Ce qui caractérise une idéologie, ce n'est pas qu'elle cherche à imposer un point de vue plutôt qu'un autre, mais qu'elle fixe par avance, sur le mode de l'évidence, comment la question doit être posée et ce dont il est pertinent de parler ou non. Le titre de ce colloque, *La liberté d'expression, menacée ou menaçante ?*, est un cas d'école. Car qui serait assez niais pour dire que la liberté d'expression est « menaçante », que la pensée et la parole sont des choses dangereuses qui doivent être censurées ? Cette fausse symétrie suggère en vérité que la liberté d'expression est *menacée* ; on lit même dans le programme qu'« il ne se passe plus une journée [*sic*] sans que la question sur ce qui est légitime de dire ou de laisser dire ne soit posée ».

Ce qui est présenté comme une évidence, ce sont aussi les sujets dont, paraît-il, nous ne pourrions plus parler librement : « religion », « racisme », « identité ». « Il ne se passe plus une journée » sans que la police de la pensée ne nous empêche de débattre de l'islam, des immigrés, de la délinquance dans les quartiers, etc. Ce qui fait problème aujourd'hui, ce n'est donc pas le racisme mais l'antiracisme et l'insupportable chape de plomb qu'il impose au débat public. Heureusement, il existe des résistants courageux, des vigiles intrépides de la liberté d'expression. Eux osent dire tout haut ce que les autres pensent tout bas. Leur noble combat contre l'antiracisme officiel en Belgique ou en France ne mérite-t-il d'ailleurs pas d'être comparé à celui contre la dictature ou l'islamisme en Tunisie ou en Algérie ? Une idéologie, c'est donc aussi une manière subreptice de distribuer les rôles : d'un côté, les conformistes pétris de bonnes intentions, apôtres du « politiquement correct » ; de l'autre les sentinelles héroïques des libertés publiques, à contre-courant du discours dominant...

L'évidence présumée de ce triptyque « religion », « identité », « racisme » a aussi pour effet d'écarter, de forclore toutes sortes de questions dont on a silencieusement décrété qu'elles étaient sans rapport avec la question de la liberté d'expression : forclose, par exemple, la question de la liberté d'expression des travailleurs dans les entreprises — des atteintes aux libertés syndicales ou au droit de grève, mais aussi des techniques de management et de contrôle sur ce que disent et pensent les employés de leur travail même (jusqu'à l'interdiction de s'exprimer sur la qualité de ce qu'ils font, ou sur les menaces d'hygiène ou de sécurité que font peser des objectifs de rendement aberrants[1]) ; forclose également, la question de la liberté d'expression des malades mentaux (des « fous » si l'on veut), qui a marqué les années 60 et 70, et qui reste un combat majeur sur le plan des libertés. Et qu'en est-il de la liberté d'expression des détenus, des migrants en situation irrégulière, des précaires, etc. — bref de tous ceux à qui est souvent déniée la *capacité* même de penser, de parler, d'écrire ? Je mesure l'incongruité qu'il y a à venir polluer la si noble cause de la liberté d'expression avec tous ces importuns qu'il semble si « naturel », si « évident » d'écarter des « vrais » débats...

Mais mon désaccord le plus fondamental touche à l'idée selon laquelle la question de la liberté d'expression se poserait naturellement en termes de « limites » : « jusqu'où peut-on penser, parler, écrire librement ? » Cette idée découle en fait des prémisses de l'idéologie libérale, qui assimile *liberté* et *propriété* : je suis libre comme je suis propriétaire — de mon corps, de mes biens, et donc aussi des pensées et des paroles que j'ai « librement » produites. La liberté se conçoit ici comme non-interférence (ce que I. Berlin appelle la « liberté négative[2] ») : ni autrui ni l'État ne peuvent interférer dans ma sphère d'actions, et réciproquement : « ma liberté s'arrête là où commence celle d'autrui ». De ces prémisses, il découle que dans l'ordre physique des *corps et des actions*, il faut bien poser des limites, des règles du

[1] Le psychanalyste Christophe Dejours montre le déni de parole où se trouvent de nombreux travailleurs quand ils observent une anomalie de montage, des défectuosités, le cahier des charges ou le planning non remplis, etc., du fait de mécanismes de censure et de surveillance mis en place par un management coupé de toute réalité, obnubilé par les objectifs et les chiffres. Ch. Dejours, *Le Facteur humain*, Paris, PUF, coll. Que sais-je ?, 2004 ; *Travail, usure mentale — De la psychopathologie à la psycho-dynamique du travail*, Paris, Bayard éditions, 2000.

[2] I. Berlin, « Deux conceptions de la liberté », dans *Éloge de la liberté* (1969), Paris, Calmann-Lévy, 1988.

jeu minimales (le fameux code de la route cher aux idéologues libéraux) ; mais que dans l'ordre des *pensées et des paroles*, il n'y a pas à proprement parler de limites, puisque pensées et paroles n'interfèrent pas dans la sphère d'autrui — sauf à le choquer ou le blesser sur le plan psychique (mais précisément pour un « vrai » libéral, c'est un désagrément qu'il faut accepter de souffrir). Cette conception étriquée de la « liberté négative[3] » (basée sur une opposition métaphysique douteuse entre le corps et l'esprit) induit ainsi « l'évidence » que toute limite à la liberté d'exprimer ses idées et ses opinions est contestable sur le plan même des principes...

Cette façon de poser le problème est une construction idéologique. Car si le libéralisme s'obnubile sur la question des *limites* de la liberté, c'est pour ne pas avoir à envisager la question de ses *conditions de possibilité*. Le libéralisme ne veut pas d'une réflexion transcendantale sur les conditions de la liberté, car une telle réflexion conduirait à un examen critique des conditions historiques présentes, celles du marché capitaliste, des inégalités sociales structurelles, des formes de domination et d'idéologie qui les reproduisent, etc. Pour ne pas avoir à se demander « à quelles conditions la liberté d'expression est possible », on se demande « quelles en sont les limites » — comme si tout le monde se trouvait « naturellement » dans les mêmes conditions de s'exprimer librement !

La question philosophique et politique pertinente est celle des conditions, pas des limites. Il n'y a d'ailleurs pas grand intérêt à cette question de soi-disant « limites » à la liberté d'expression : il est évident qu'il ne devrait pas y en avoir, et qu'il faut en tout cas repousser le plus loin toutes celles qui existent. Je n'oppose quant à moi aucune valeur, aucune norme supérieures à la liberté d'expression. Rien n'est sacré, aucun fondement religieux, moral ou autre ne s'impose à la création d'idées ou d'opinions. Toutes doivent pouvoir être pensées et exprimées[4]. La véritable question est : quelles sont les conditions pour que la liberté d'expression soit une liberté *effective pour tous* — pour l'athée comme pour le croyant, l'employé comme l'employeur, l'allochtone comme l'autochtone, le fou comme le sain d'esprit, le chômeur comme le professeur d'Université, etc. ?

3 Pour une conception plus large de la liberté (dépassant la « liberté *négative* » en direction de la « liberté *positive* » et de la « liberté *radicale* ») je me permets de renvoyer à É. Delruelle, *De l'homme et du citoyen. Une introduction à la philosophie politique*, Bruxelles, De Boeck, 2014.

4 Ceci n'est pas une posture de circonstance. Il y a une vingtaine d'années, dans *L'humanisme inutile et incertain?* (Bruxelles, Labor, 1993), je critiquais l'idéologie humaniste et droit-de-l'hommiste en ce qu'elle me semblait constituer une sorte de sacré, de religion de substitution (comme si l'Homme était appelé à prendre la place de Dieu comme fondement moral ultime).

Il me semble que ces conditions de possibilité (et donc, en négatif, d'impossibilité) sont au nombre de deux :

1. la première condition de la liberté est l'égalité (donc la première condition d'impossibilité de la liberté, c'est l'inégalité ou la discrimination). Il est conceptuellement absurde de dissocier liberté et égalité : en effet, je ne peux pas être libre de discriminer ou d'assujettir autrui, car alors ma liberté est pour lui non-liberté, ce qui est contradictoire. Inversement, l'égalité n'est rien d'autre que la liberté : l'égalité femme-homme, c'est la libération de la femme de la domination masculine. Poser la question de la liberté d'expression, c'est poser la question de l'égalité de parole, du droit égal à s'exprimer, de l'accès égal aux espaces d'expression. Prétendre défendre la liberté d'expression et tolérer, par exemple, qu'un employeur puisse discriminer telle catégorie de travailleurs est parfaitement incohérent ;
2. la seconde condition de la liberté, c'est la non-violence. La liberté d'expression étant une liberté de rapport, de communication (dans le désert, je n'ai aucune liberté de m'exprimer), la violence (physique et psychique) est ce qui rend impossible la communication, donc l'expression de nos opinions. Suivant les travaux de Norbert Elias[5], de Jean-Marc Ferry[6] ou d'Étienne Balibar[7], j'appelle « civilité » non pas la non-violence (une pure absence de violence dans les relations humaines est impossible), mais la *moindre violence.* Les règles de la civilité démocratique apparaissent en Europe en même temps que les individus s'émancipent de leurs « encastrements » dans les statuts et les communautés d'appartenance. La civilité est contemporaine de l'égalisation des conditions. Car à partir du moment où vous vous trouvez face à un individu dont vous ignorez le « rang », voire l'identité, il faut d'autres modes de socialisation que la hiérarchie et l'*auctoritas* ; il faut des codes basés sur une certaine distanciation ou neutralité, en même temps qu'une attention envers toute personne, indépendamment de son statut social ou de sa position de pouvoir. Aucune liberté d'expression n'est possible dans un contexte où règnent le magistère, l'intimidation, *a fortiori* le mensonge, l'insulte, la menace, etc. Un grand nombre des règles de civilité sont intériorisées ou implicites (comme celles qui président aux colloques scientifiques : la civilité académique

[5] N. Elias, *La Civilisation des mœurs* (1973), trad. P. Kamnitzer, Paris, Pocket, 2002 ; *La Dynamique de l'Occident*, (1975), trad. P. Kamnitzer, Paris, Pocket, 2003.

[6] J.-M. Ferry, *De la Civilisation. Civilité, Légalité, Publicité*, Paris, Éditions du Cerf, 2001.

[7] É. Balibar, *Violence et civilité*, Paris, Galilée, 2010.

n'a d'autre fin que de permettre à tous de s'exprimer librement, sur pied d'égalité) ; d'autres sont explicitées dans la législation.

Les deux conditions d'*impossibilité* de la liberté d'expression sont donc (1) la discrimination qui rend impossible une égale liberté d'expression, (2) la violence ou l'incivilité qui rendent impossible la communication même de ce que je pense.

Les législations anti-discrimination en vigueur en Belgique[8], loin de constituer quelque forme de limitation de la liberté d'expression, en sont au contraire la condition même de possibilité. Que disent en effet ces législations ?

1. qu'il est interdit de discriminer, c'est-à-dire de traiter de façon moins favorable une personne sans justification objective et raisonnable : la liberté n'existe que comme égale liberté ;
2. que dans le cas de crimes ou de délits (le harcèlement étant, en l'espèce, le plus répandu) commis en raison d'un « mobile abject » (racisme, homophobie, etc.), la peine infligée sera augmentée ;
3. qu'il est interdit d'inciter à la haine, à la violence ou à la discrimination.

Comme on le voit, les volets (1) et (2) touchent précisément aux deux conditions d'égalité et de civilité. L'égale liberté d'expression appelle la non-discrimination d'une part, la moindre violence, d'autre part. Quant à l'interdiction de l'incitation à la haine, à la violence ou à la discrimination, elle se distingue des deux autres dispositions en ce qu'elle vise, non pas la relation entre un ego et un autrui, mais l'espace public de communication entre un ego, un autrui *et un tiers*. Cette « triangulation » est consubstantielle à l'infraction visée ici. Il s'agit donc bien d'une disposition qui, comme les deux autres, *rend possible* la liberté d'expression, et ne la limite en rien.

Entre les discriminations et les discours de haine, il y a une différence notable sur le plan de l'application de la norme :

- dans le cas des discriminations, le principe général est l'*égalité de traitement*. En principe, on ne peut jamais traiter de façon différente deux catégories de personnes, sauf s'il y a « justification objective et raisonnable ». Sur cette base, il est possible de sanctionner les inégalités de traitement de manière très large, qu'elles soient directes ou indirectes, intentionnelles ou non-intentionnelles (c'est pourquoi ces lois, en Belgique, ont un volet civil) ;

8 Je ne parlerai ici que de ce que je connais, à savoir les lois anti-discrimination et antiracisme du 10 mai 2007 (législations qui procèdent elles-mêmes, rappelons-le, de Directives européennes), ainsi que la loi de 1995 pénalisant le négationnisme.

– dans le cas des propos qui incitent à la haine, à la discrimination ou à la violence (ou qui nient, banalisent ou minimisent grossièrement les crimes nazis), par contre, le principe général est la *liberté d'expression*. En principe, on peut tout dire, seuls pouvant être incriminés (toujours *a posteriori*) les propos qui incitent à la haine, à la discrimination ou à la violence, et qui sont motivés par une intention spécifique, méchante et caractérisée. La nécessité pour l'accusation de devoir avérer ce qu'on appelle « le dol spécial » est évidemment une garantie juridique supplémentaire en faveur de la liberté d'expression. L'intention n'est jamais facile à établir, mais cela est vrai pour l'ensemble des infractions dans le champ pénal.

Comme on le voit, les outils de lutte contre les discriminations et ceux contre les discours de haine répondent à des logiques juridiques « inverses » : dans un cas, l'égalité de traitement prime, et c'est la différence de traitement qui est l'exception ; dans l'autre cas, c'est la liberté d'expression qui prime, et c'est l'incitation à la haine qui est l'exception. La Cour européenne des droits de l'Homme a d'ailleurs produit une jurisprudence importante sur la question, concluant par exemple à l'absence de discours de haine dès lors qu'un propos, même virulent, présente quelque intérêt pour l'opinion publique[9] ; que son contenu est une source d'information qui permet au public de comprendre la situation[10] et tant qu'il n'y est pas fait d'apologie de la violence[11] ou d'appel au soulèvement ou à la prise des armes[12].

On fait donc une erreur grossière en envisageant ces législations comme une manière de *limiter* l'expression d'idées ou d'opinions qui seraient « trop » dérangeantes, comme s'il s'agissait d'une question de « contenu » de pensée ou de parole. Comme si la question était : quels *types de discours* faut-il exclure de l'espace public (par exemple le discours de l'extrême-droite, ou celui de l'extrême-gauche, ou le discours islamiste, ou islamophobe, ou les deux, etc.) ? La plupart des protagonistes, dans quelque « camp » qu'ils se situent, croient que ce qui est en jeu est le tracé de ces opinions « excessives » qui dépasseraient on ne sait quelle limite. Mais ils se trompent. Beaucoup en dissertent, il est vrai, sans avoir jamais pris connaissance des textes de lois ni de la jurisprudence...

9 *Incal c. Turquie*, arrêt du 9 juin 1998.

10 *Sürek Özdemir c. Turquie*, trois arrêts (GC) du 8 juillet 1999.

11 *Faruk Temel c. Turquie*, arrêt du 1er février 2011.

12 *Erdal Tas c. Turquie*, arrêt du 19 décembre 2006.

Regardons-y quelques minutes. En réalité, ce qui peut faire l'objet de sanctions en Belgique, ce n'est jamais une idée ou une opinion, mais toujours un *acte*, un *comportement*. Ce que le juge saisi d'une plainte pour incitation à la violence ou à la discrimination va examiner, ce n'est pas l'opinion en tant que telle (aussi choquante soit-elle), mais le comportement en quoi consiste ce qui a été dit. Le juge va essayer de déterminer quelle était l'*intention* du locuteur et le *contexte* dans lequel il s'est exprimé ; autrement dit il va se pencher non sur la dimension *sémantique* des propos exprimés (ce qu'il a voulu *dire*), mais sur leur dimension *pragmatique* (ce qu'il a voulu *faire*).

La pragmatique du langage étudie le langage en tant que *discours* : acte, action. Comme nous le savons, tout discours peut être *constatif* (quand il sert à décrire le monde, à communiquer une opinion, un sentiment sur l'état des choses qui m'entourent), mais il peut aussi être *performatif* (quand il sert à changer l'état du monde, à modifier, influencer mon environnement). Un performatif, c'est donc quand je fais quelque chose en m'exprimant : promettre, prêter serment, féliciter, blâmer, ordonner, inciter, demander, mentir, convaincre, etc. *Toutes* les dispositions juridiques portant sur le discours (diffamation, injure, incitation, publicité mensongère, etc.) portent sur cette dimension pragmatique du langage.

Une incitation à la haine, à la violence ou à la discrimination est donc un *performatif* par lequel le locuteur accomplit un certain acte de langage dont l'intention est de faire faire quelque chose (violence, discrimination ou acte de haine) à quelqu'un contre un tiers. Le juge belge, sans avoir fait une heure de linguistique de sa vie, va distinguer ce qui, dans un discours, relève de sa dimension *représentative* (l'opinion selon laquelle, par exemple, les « arabes » sont trop nombreux en Belgique, profiteurs, source d'insécurité, etc. — opinion qui, aussi idiote soit-elle, ressortit à la liberté d'expression) et ce qui relève de sa dimension *performative* (formuler la même opinion dans des tracts assortis de caricatures, de chiffres qu'on sait être faux, de mots d'ordre tels que « On va s'en débarrasser ! », et cela à travers un discours répété, systématique, en ciblant sciemment les quartiers où il y a de fortes tensions entre populations, etc.) Dans la condamnation du Vlaams Blok pour incitation à la haine raciale en 2006, ce n'est donc pas le caractère excessif, « extrémiste » du discours qui a été sanctionné, mais la tentative délibérée d'inciter autrui à la violence ou la discrimination envers les « immigrés », et donc de dégrader, de mutiler les conditions d'égalité et de civilité sans lesquelles aucune liberté d'expression n'est possible.

La loi de 1995 pénalisant le négationnisme relève de la même logique pragmatique. Il ne s'agit en rien, comme on le dit partout, d'une « loi mémorielle » cherchant à imposer une certaine vérité historique officielle et/ou à protéger la mémoire identitaire de la communauté juive. En fait, le propos négationniste ajoute au « simple » antisémitisme un élément pragmatique spécifique : l'allégation, avec mauvaise foi, de faits erronés (ce qui relève à l'évidence du performatif). On peut le comparer au cas d'un individu criant « Au feu ! » dans une salle bondée dans l'intention de créer un mouvement de panique. Un énoncé proféré dans ces conditions n'a évidemment pas de rapport avec la liberté d'expression, et tout le monde conviendra que cet individu doit être sanctionné. Or, dans ce cas-ci comme dans celui du discours négationniste, nous avons affaire à un dommage causé par l'allégation fausse d'un fait, procédant d'une intention de nuire évidente[13]. Le négationniste nie la réalité, ou la déforme grossièrement, *en simulant* le discours historique dans le but d'innocenter le nazisme et d'accuser le peuple juif de mensonge et de falsification. La loi de 1995, loin de menacer la recherche historique, la protège au contraire, en veillant à ce qu'on n'abuse pas d'elle à des fins nuisibles. Aucun historien n'a jamais été condamné ni inquiété ; la jurisprudence fait état de condamnations à l'encontre d'élus ou de jeunes imbéciles faisant le salut hitlérien en public, ou suite à la publication de tracts ou de textes de militants d'extrême-droite ou (aujourd'hui, de plus en plus) de groupes islamistes radicaux.

Preuve que ceux qui brocardent ces lois n'y comprennent généralement rien : ils se croient souvent malins en épinglant telle ou telle citation de Hegel à propos des Africains, de Nietzsche au sujet des femmes, de Marx au sujet des Juifs, ou les innombrables appels à la violence que l'on trouve dans la Bible ou le Coran, et en demandant ironiquement pourquoi tous ces textes ne sont pas interdits. Il s'en trouve même, encore moins malins, pour vouloir les interdire, au premier degré, comme ceux qui exigent l'interdiction de *Tintin au Congo* ou du « Père Fouettard ». Ces « exemples » sont frappés de nullité, puisque décontextualisés, donc vidés de toute portée pragmatique. Par contre, si je lance « mort aux Juifs » ou si je menace « pas d'Arabes dans ce colloque », je n'énonce aucune *opinion* à propos des Juifs ou des Arabes, je fais quelque chose, plus exactement je fais faire quelque chose à un tiers. *Aucun énoncé n'est donc en soi, isolé de son contexte pragmatique, une incitation à la haine, à la violence ou à la discrimination.* Les paroles ne sont passibles de poursuites qu'en tant qu'elles sont des performatifs, et toujours *a posteriori* : la censure *a priori* n'est qu'une pratique d'Ancien Régime, étrangère à la logique des lois anti-discrimination et à la pratique d'une institution comme le Centre.

13 M. Troper, « La loi Gayssot et la Constitution », in *Annales, HSS*, 54(6), nov.-déc. 1999.

Deuxième argument rituellement opposé aux législations anti-discrimination : elles nous obligent à lisser notre langage, car il serait interdit de choquer ou de blesser telle communauté, telle ethnie, telle religion, etc. C'est juridiquement faux. Comme le dit un arrêt célèbre de la Cour européenne des droits de l'Homme, la liberté d'expression s'étend aux « propos qui blessent, qui choquent ou qui inquiètent autrui ou l'État ». Autrement dit, la blessure psychique provoquée par le message dénigrant ou insultant d'un ego sur un autrui n'est pas un critère de sanction[14]. Ce qui est visé par la loi, c'est le comportement de cet ego à l'égard d'un *tiers* qu'il va inciter à la violence ou à la discrimination envers autrui, et non son attitude morale envers cet autrui même — attitude qui relève simplement de la correction, du respect. Mais la confusion des deux plans est un des « grands classiques » de l'argumentaire anti-antiraciste, qui lui permet d'instiller l'idée que nous vivons sous le terrorisme victimaire des minorités.

Certains opposants aux législations anti-discrimination adoptent alors parfois une position de repli : ils vont admettre qu'on peut sanctionner un acte de langage, mais à la condition que les victimes potentielles soient physiquement présentes au moment de l'énonciation d'un discours de haine. Selon l'exemple classique : lancer « mort aux Juifs » à une foule furieuse *en présence de Juifs*. Je pense, comme le législateur belge, que cette condition est beaucoup trop restrictive, d'abord parce que, du fait des moyens modernes de communication, et singulièrement des médias sociaux, il devient impossible de définir ce qu'est « la présence physique de tiers », mais aussi parce que cette condition ne permet pas de pénaliser les activités des groupes de propagande organisés tels que Sharia4Belgium (groupuscule salafiste que le Centre a fait condamner à deux reprises).

Montrons sur un cas concret (le cas Feryn) la logique pragmatique qui sous-tend la législation. M. Feryn est un employeur dont l'entreprise place des systèmes d'alarme dans les maisons privées. Dans une interview à la télévision flamande, il déclare qu'il refuse d'engager des travailleurs d'origine étrangère (marocaine ou turque) parce que ses clients ne comprendraient pas que leurs alarmes soient placées par ceux-là mêmes (des immigrés, donc des voleurs) contre lesquels elles sont censées les protéger. Le Centre intente une action, non pour incitation à la discrimination, mais pour discrimination. Nous sommes face à un performatif : en disant qu'il n'engagerait pas de Marocains ou de Turcs, M. Feryn n'a pas donné son opinion sur les Turcs ou

[14] Dans cette perspective, on regrettera que la Cour déroge à ce principe, par exemple quand elle juge licite que des États punissent l'auteur de publications ridiculisant des croyances religieuses, au motif qu'elles font obstacle à la « jouissance paisible » du droit à la liberté de religion.

les Marocains, il a fait quelque chose : il a écarté par avance toute candidature de quelque membre de ces communautés. Notre argumentation « pragmatique » a été suivie par la Cour de Justice de Luxembourg, et la décision a fait jurisprudence au niveau européen[15]. Pour les opposants aux législations anti-discrimination, cette condamnation est une atteinte grave à la liberté d'expression de M. Feryn comme à sa liberté d'employeur d'embaucher qui il souhaite. Un brillant avocat gantois, Me Storme, a argumenté en proclamant que « discriminer est une liberté fondamentale ».

Envisageons maintenant un autre cas, complètement différent de prime abord : celui de M. Trullemans, présentateur météo sur RTL quand en 2012, suite à une altercation automobile avec des hommes vêtus, selon ses dires, de djellabas, il poste sur son compte Facebook un texte intitulé *Intégrez-vous ou dégagez !* Sollicité par la presse et les associations musulmanes durant tout un week-end, je me refuse à intervenir pour des propos qui, dans ce contexte précis, selon moi, ne relèvent pas de l'incitation (M. Trullemans s'adresse aux Musulmans, il ne demande pas aux Belges de « dégager » les Musulmans). Le texte est d'une imbécillité confondante, mais il ne fallait surtout pas, selon moi, lui donner de publicité supplémentaire[16]. Il n'y a donc pas eu procès, ni même poursuite, ni même velléité de poursuite au titre de la loi antiracisme. Loin de retirer ses propos, en rajoutant même, Trullemans fut licencié par son employeur RTL pour faute grave (en l'occurrence, pour avoir contrevenu à la charte de déontologie qui le liait à RTL) — décision de licenciement que j'approuvai, mais qui suscita, ici aussi, la réprobation des opposants aux lois anti-discrimination...

Il est intéressant de croiser les deux cas, car on ne peut sans incohérence, au nom de la liberté d'expression, soutenir *à la fois* M. Feryn et M. Trullemans. En effet, de deux choses l'une :

- soit on défend le droit de M. Trullemans, en tant qu'employé, de s'exprimer, et dans ce cas il faut aussi défendre le droit des employés potentiels de M. Feryn de ne pas subir son arbitraire, comme celui de tous les travailleurs victimes de discrimination ;
- soit on défend la liberté de M. Feryn d'embaucher et de licencier qui il veut, en vertu de l'adage « discriminer est une liberté fondamentale »,

[15] Cour de Justice de l'Union Européenne (Luxembourg), 10 juillet 2008.

[16] Florilège : « Vous (Musulmans) avez quitté vos pays à cause de la dictature, la guerre, la violence » « et vous comptez importer toutes vos idées chez nous où nous vous donnons tout ce dont vous avez besoin pour vous aider à vous intégrer. On vous donne un toit, de la nourriture, de l'argent » ; « assez de vouloir changer nos traditions et nos coutumes, assez de brimer nos droits et libertés parce que c'est contraire à votre religion » ; « retournez dans vos pays, si nos traditions et nos coutumes vous déplaisent tant que ça » ; « intégrez-vous ou dégagez ».

et dans ce cas il faut aussi reconnaître le droit de RTL de se séparer de M. Trullemans pour divergence « d'opinions ».

On voit ainsi l'inconsistance de l'idéologie « libérale » qui, obnubilée par la question des *limites* de la liberté d'expression, est incapable de penser celle de ses *conditions* d'exercice.

Si l'on observe la jurisprudence de ces dernières années, il apparaît que *toutes* les condamnations pour incitation ou négationnisme portent sur des situations *directement pragmatiques* de violence : harcèlement téléphonique[17] ; altercation entre un chauffeur et un client[18] ; incitations suivies de coups et blessures de la part d'un groupuscule nazi[19] ; saluts nazis à l'encontre de personnes de couleur dans un tram[20] ; menaces et propos racistes d'un locataire à l'égard de son bailleur[21] ; altercation entre deux femmes dans un hôpital[22] ; harcèlement, coups et injures racistes à l'égard d'une personne de couleur dans une gare[23] ; altercation raciste entre deux membres d'un cabinet ministériel[24] ; affiche homophobe à la devanture d'un magasin[25] ; insultes racistes à l'égard d'un travailleur dans une entreprise de titre-service[26]. Il n'y a aucun délit de presse. Aucune personnalité ou parti politiques n'ont été condamnés depuis le procès du Vlaams Blok[27]. Le seul cas qui s'apparente à l'expression d'opinions de type politique est celui de Sharia4Belgium, dont le leader a été condamné à deux reprises pour incitation à la haine[28] — avant que ce groupe, précisons-le, ne soit récemment traîné en justice pour activités terroristes.

17 Tribunal de première instance de Bruxelles, 25 juin 2014.

18 Tribunal correctionnel d'Anvers, 27 février 2014.

19 Tribunal correctionnel de Dendermonde, 7 février 2014.

20 Tribunal correctionnel de Veurne, 22 novembre 2013.

21 Tribunal correctionnel de Verviers, 5 novembre 2013.

22 Tribunal correctionnel de Dendermonde, 30 janvier 2012.

23 Tribunal correctionnel de Dinant, 7 février 2013.

24 Tribunal correctionnel de Liège, 19 mars 2012.

25 Tribunal correctionnel de Bruxelles, 25 février 2014.

26 Tribunal du travail d'Anvers, 20 février 2013.

27 Le député Laurent Louis a été condamné pour outrage au Premier Ministre (« Merci M. le pédophile », injures à l'égard d'un journaliste qu'il avait qualifié de « protecteur des pédophiles » et pour infraction à la loi concernant la communication de données à caractère personnel). Le verdict dans le procès intenté par le Centre pour incitation à la haine envers les Roms n'a pas été rendu à ce jour.

28 Cour d'appel d'Anvers, 6 juin 2013, confirmé par la Cour de cassation du 29 octobre 2013 ; Tribunal correctionnel d'Anvers, 30 novembre 2012.

Telle est la *réalité* judiciaire de ce que certains présentent comme une infâme police de la pensée… Mais dans quel cas cité ici peut-on prétendre que quelque pensée, opinion ou parole aurait été censurée ?

Le dernier cas que je voudrais évoquer est celui (plus compliqué, donc plus intéressant) de Dieudonné. Mon dernier acte de Directeur du Centre pour l'égalité des chances, en juin 2013, a été de témoigner pour incitation à la haine à l'encontre de M. Dieudonné Mbala Mbala, suite à un spectacle donné à Liège en 2012. Lorsqu'il a été informé que ce spectacle était programmé, le Centre n'a pas cherché à faire interdire le spectacle. Je l'ai dit, toute forme de censure *a priori* doit être évitée. Certes, en Belgique comme en France, il existe toujours la possibilité d'interdire quelque manifestation ou spectacle au titre du « trouble à l'ordre public » (c'est la voie choisie par Manuel Valls, alors ministre de l'Intérieur, pour interdire un spectacle de Dieudonné à Nantes en février 2014). Mais outre que cette exception aux libertés publiques doit être maniée avec la plus grande circonspection, dans le cas de Dieudonné en Belgique, il n'était pas possible de l'activer, en raison d'un arrêt du Conseil d'État de 2011 qui avait cassé une décision d'interdiction d'un spectacle de Dieudonné prise par le bourgmestre de Saint-Josse (Bruxelles). Dès lors, quelle a été la réaction du Centre ? Il a collaboré avec la police locale qui a dressé un procès-verbal détaillé du déroulement du spectacle. J'ai ainsi pu entendre la totalité de ce spectacle. Que ce show soit une logorrhée antisémite et homophobe de plus d'une heure, c'est incontestable. Mais s'agit-il d'incitation à la haine ? Ici, la perspective pragmatique prend tout son sens. On peut discuter à l'infini pour savoir si telle phrase ou telle autre, chacune prise isolément, est antisémite ou homophobe ; ce qui est certain, par contre, c'est le dispositif pragmatique *global* de ce « show » dont les spectateurs étaient, en majorité, des jeunes de banlieues issus de l'immigration (c'est-à-dire un public particulièrement vulnérable, lui-même victime de discriminations structurelles). Parmi les éléments pragmatiques, relevons le fait que Dieudonné cherche à provoquer, non seulement des rires, mais aussi des huées ; qu'il accompagne ses propos d'une gestuelle particulière (la fameuse « quenelle », sorte de salut nazi inversé) ; on peut également montrer (comme dans le cas du Vlaams Blok) le caractère *répétitif* et *systématique* des propos négatifs, insultants, vulgaires, envers les Juifs comme envers les homosexuels. Quand on se demande comment prouver l'intention de l'incitation à la haine, on a ici une excellente illustration qu'elle peut être avérée par un ensemble d'éléments contextuels qui, reliés entre eux, indique que l'on est dans un tout autre registre que celui de « l'opinion » et/ou de « l'humour »…

La justice belge et l'actuelle direction du Centre n'ont pas jugé opportun de donner suite à la constitution de partie civile que j'avais initiée. Je le regrette, même si je mesure aussi les risques d'un procès qui érigerait Dieudonné en martyr[29]. Mais je pense qu'à un certain moment, la justice doit intervenir pour protéger les conditions minimales d'égalité et de civilité sans lesquelles la liberté d'opinion n'est plus qu'une mascarade.

Le chantier le plus énorme en matière de civilité aujourd'hui, c'est Internet — qu'il s'agisse des forums de discussion, des blogs et sites, des médias sociaux (Facebook et Twitter), des mails « en chaîne », etc. Internet est aujourd'hui une véritable jungle sans aucune règle de civilité, et où les lois anti-discrimination ne sont pas appliquées (alors qu'elles sont théoriquement en vigueur : ce n'est pas parce qu'on se ballade sur *Google* qu'on est protégé par le « Premier Amendement » de la Constitution américaine...). L'anonymat permet à un grand nombre d'inciter ouvertement à la haine, la violence et la discrimination (mais aussi de commettre une foule d'autres infractions). Certains ont si peu le sentiment qu'Internet est un espace public qu'ils osent y diffuser des propos qu'ils ne se permettraient pas de tenir sur leur lieu de travail, voire au sein de leur propre famille. Cela montre *a contrario* ce qui arrive quand aucune règle d'égalité et de civilité ne vient rendre possible et effective une authentique liberté d'expression des opinions et des idées.

Pour conclure, je voudrais rassurer tous ceux que cela inquiéterait (et manifestement, ils sont de plus en plus nombreux) : sous le régime des lois belges, *vous avez la liberté d'être raciste.* Vous pouvez légalement haïr les Juifs, les Arabes, les Musulmans, etc., leur interdire l'accès de votre domicile, refuser toutes leurs invitations à dîner, changer de trottoir, transmettre à vos enfants votre détestation ; vous pouvez proférer des insultes racistes (par exemple envers un policier) sans être condamné pour ce fait[30]; vous pouvez dans vos propos publics assimiler immigration et délinquance, islam et terrorisme, prétendre que « les homosexuels sont des anormaux » (Mgr Léonard), dénigrer toutes les communautés que vous voulez (vous pouvez poster sur Facebook : « je peux me figurer quelque chose concernant la valeur ajoutée des diasporas juive, chinoise et indienne mais moins concernant la diaspora marocaine, congolaise ou algérienne », et devenir Secrétaire d'État à l'Asile et à la Migration)...

29 C'est sans doute la raison pour laquelle les associations juives n'ont, elles non plus, pas voulu entamer d'action judiciaire, alors qu'elles en avaient la possibilité.

30 Lors d'une interpellation par la police, un homme se rebelle, menace et injurie des policiers (« Va baiser ta sale noire ! »). Les préventions d'outrage et de rébellion sont établies, mais pas celle d'incitation à la haine sur base du critère racial, qui requiert « une exigence de publicité, non présente en l'espèce » (Tribunal correctionnel de Dinant, 16 janvier 2014.)

Il faut vraiment ne rien vouloir connaître à la lutte anti-discrimination, à la législation et à la jurisprudence pour soutenir qu'elles consacreraient on ne sait quelle dictature du « politiquement correct » — expression au demeurant intéressante, forgée par la droite et l'extrême-droite américaines dans les années quatre-vingt pour dénigrer les mouvements civique, féministe, homosexuel, etc., et libérer *a contrario* la parole machiste et raciste. L'opération, parallèle à la montée en puissance du néolibéralisme, a merveilleusement réussi. Aujourd'hui, rien n'est plus politiquement correct que la dénonciation du politiquement correct. Rien n'est plus ringard que d'être antiraciste. Rien n'est plus tendance que d'oser poser les « vrais » problèmes (la délinquance, l'intégration, l'intégrisme, etc.). Récemment, le Centre pour l'égalité des chances a été scindé, pour ne pas dire démantelé, dans la seule fin d'affaiblir son action ; et le mépris à l'égard des immigrés et de certaines minorités s'affiche ouvertement au sommet de l'État.

Si les concepteurs de ce colloque voulaient suggérer que la liberté d'expression est aujourd'hui en danger, on ne peut en vérité que leur donner raison... Mais le motif n'en est pas que quelque bien-pensance imposerait d'insupportables « limites » à nos paroles ; il est que le politique se soucie de moins en moins des *conditions* d'égalité et de civilité qui sous-tendent une réelle liberté d'expression pour tous. Dans la jacquetance de l'heure où se complaisent tant de demi-savants et Voltaire de pacotille, souvent ignorants du droit et de son application *concrète*, j'essaie pour ma part de rester au plus près des réalités et — surtout — de ne pas me tromper de combat ni d'adversaires.

LIBERTÉ ACADÉMIQUE DANS UN PAYS EN TRANSITION : LA TUNISIE

2011-2014

HABIB KAZDAGHLI,
Historien, doyen de la Faculté des Lettres, des Arts et des Humanités — Université de la Manouba (Tunisie)

Je tiens à remercier l'Académie pour m'avoir associé à ce colloque consacré aux libertés d'expression. La liberté académique en fait bien partie. Ce qui est en train de se passer en Tunisie depuis quatre ans, dans sa transition, mérite réflexion à la fois au niveau théorique, qu'on a déjà évoqué dans ce colloque, et pour le sens du mot « liberté », qui peut être menacée, menaçante, évoquer la liberté retrouvée et la liberté acquise... C'est sur ces diverses variations de la liberté que va être axé mon propos. En tant qu'historien je vais tenter de dépasser mon rôle de témoin, d'acteur, pour apporter une réflexion.

Il y a un début, 2011, qui correspond à la fuite du dictateur, et une date, celle d'hier [4 décembre 2014], qui marque la fin de la période de transition, puisque la Chambre des représentants du peuple a commencé son travail à cette date.

La notion de liberté académique, lors de l'indépendance du pays, n'était pas vraiment inscrite dans la loi. Il y avait une liberté académique mais elle était autorisée tant qu'elle ne remettait pas en question le pouvoir en place, tant qu'elle ne touchait pas au fonctionnement du régime. Il y avait cependant souvent des tensions, des contestations. Par exemple, depuis les années 1990, lorsqu'on invitait des collègues étrangers, les autorités demandaient deux documents : la première page de leur passeport et un C.V. La raison était qu'il y avait eu un incident lors d'un colloque : dans les fardes qu'on distribuait à cet événement s'était glissé un texte sur la corruption de la famille régnante. Le contrôle des invités étrangers permettait alors de justifier le refus d'autoriser un orateur sur le sol tunisien par un prétexte bureaucratique.

La notion de liberté existait donc bien mais sous le signe de la menace. Elle existait (il n'y avait par exemple pas d'intervention dans la composition des jurys de thèses ou dans les sujets – alors que certains thèmes sont interdits dans certains pays arabes : on ne pouvait pas faire une thèse sur le parti communiste irakien jusqu'il y a peu, on ne pouvait pas s'inscrire dans une faculté d'art si on ne faisait pas partie du parti Baas dans ce même pays, par exemple) mais il y avait un contrôle de ce qui s'y passait, pas de manière légale, mais de façon plus implicite, comme l'exemple ci-dessus le démontre.

Cela va être mis à l'épreuve après 2011 : comment mettre en pratique cette liberté nouvellement retrouvée ? Ceux qui connaissent la Tunisie savent qu'à l'entrée de chaque université se trouve un poste de police, mesure imposée comme prétexte suite à des heurts entre groupes d'étudiants aux opinions politiques différentes dans les années 1980. Ces postes se sont peu à peu fondus dans le paysage académique. Mais après 2011, on s'est dit qu'il fallait dépasser ce climat. Parmi les premières décisions prises par le gouvernement de transition était l'élimination de ces postes de police. Les universités sont maintenant dirigées par les instances, les conseils scientifiques alors qu'il n'y avait avant que quelques lieux où on avait le droit d'élire le doyen. La majorité de ces centres académiques étaient appelés « instituts » pour pouvoir nommer directement les directeurs. À partir de 2011, on a étendu le principe électif de toutes les instances, de même qu'on a libéré tous les étudiants arrêtés pour des idées politiques (des syndicalistes par exemple, ou des salafistes – ce qui explique pourquoi Ben Ali était bien considéré en Occident car il jouait un rôle dans l'arrestation de certains extrémistes religieux). Dans les premiers temps, puisque la liberté valait pour tous, il y a eu des attaques verbales contre des démocrates, notamment devant la grande synagogue de Tunis, contre les bars (pour l'interdiction de boire de l'alcool), et également contre certains quartiers réservés (les femmes y habitant commettant, pour les extrémistes, des péchés). Ces revendications vont par la suite commencer à toucher les cinéastes, les intellectuels : attaque contre Nouri Bouzid, saccages de cinémas, attaque contre une chaîne de télévision en pleine campagne électorale parce qu'elle avait osé diffuser le film *Persepolis*, sous prétexte que ce film attaque dieu et sa représentation, alors que ces gens n'avaient même pas vu le film... Toutes ces manifestations vont surtout servir à faire gagner le parti islamiste.

On passe donc d'une liberté retrouvée à une liberté menacée, puisque le parti nouvellement élu à la tête de l'État va légitimer les actes liberticides de ces groupes, groupes qu'il utilisera comme base et comme possible réserve électorale pour les élections à venir (les élections d'octobre 2011 étaient celles de l'assemblée constituante, chargée de rédiger la Constitution, pour ensuite organiser les élections qui viennent de se dérouler, et qui étaient prévues normalement en 2012). Le parti islamiste laissera commettre ces actes par les groupes salafistes, dans l'idée d'élargir leur base sociale, et un des lieux où se déroulera la tentative de mise au pas de la société sera l'université, car c'est un lieu de contestation, où la parole est plus libre. Mon université a subi certaines agressions (ces événements ont d'ailleurs fait l'objet d'une publication). Par exemple, une professeur d'histoire de l'art, à Kairouan, en novembre 2011, un mois après les élections, a fait l'objet d'attaques d'étudiants parce qu'elle a osé montrer une représentation de la chapelle Sixtine. On va lui imposer d'y renoncer et l'obliger à affirmer sa foi musulmane, la Chahada, alors que jamais on ne demande à un professeur avant de donner cours de dire qu'il a la foi et qu'il croit en dieu. Cette professeur rencontre d'ailleurs maintenant des problèmes psychologiques. Dans ma faculté, on nous a imposé d'accepter (ce que je considère être une régression en Tunisie ; je ne parle pas du contexte européen mais bien de celui de la Tunisie pour ce sujet) que certaines filles portent le niqab – comment demander à ces jeunes femmes vu le contexte révolutionnaire, de libertés, de ne pas le porter ? On a imposé aussi qu'il y ait une mosquée dans les universités. C'est en quelque sorte une révolution faite pour que le pays devienne plus musulman qu'il ne l'a été dans le passé, parce qu'il a été « aliéné », « occidentalisé », par les différents régimes précédents. Le principe de mixité a aussi été remis en question, y compris dans les rapports entre professeurs et élèves : des étudiants hommes, à partir de décembre 2011, se tournaient vers le mur pour ne pas regarder un professeur féminin. Tout cela constituait en quelque sorte des formes de violence.

Il y a eu débat mais, quand ils ont constaté que l'administration n'allait pas céder, ils sont passés à l'acte. Le 28 novembre 2011, il y a eu un appel dans les quartiers périphériques de l'université à ces groupes extrémistes et ils ont investi l'université, ont commis des agressions, m'ont bloqué l'accès à mon bureau… (les médias ont relayé ces faits, notamment en Belgique). On est donc passé à une phase violente, d'occupation pendant plus d'un mois de l'administration. Ces agressions ont pris d'autres formes dans d'autres universités. Des archéologues ont été empêchés d'entrer dans les mosquées, ou d'autres lieux publics, pour étudier les arts, car le professeur avant de commencer l'étude ou le cours doit faire la prière avec ses étudiants (un collègue a d'ailleurs été humilié devant ses étudiants car il n'avait pas fait la prière). Des artistes ont été agressés en juin 2012 dans des expositions car certaines représentations pouvaient toucher au sacré ou semblaient insinuer des interprétations du coran non acceptables pour les nouveaux législateurs.

La résistance à cette situation, les confrontations, ces moments difficiles, ont permis le développement d'outils garantissant un meilleur exercice des libertés – j'en viens donc aux libertés acquises. Les médias ont joué un rôle capital dans cet exercice de la liberté. La justice a aussi permis une résistance. Quand j'ai été accusé dans un procès monté de toute pièce, l'attitude des juges et des avocats a permis cette résistance, malgré la volonté d'instrumentalisation du pouvoir. En effet, les médias couvraient les événements liés à l'université et le ministre de l'enseignement comme le ministre de l'intérieur commentaient régulièrement ce qui se passait en disant que la responsabilité en incombait au doyen et aux professeurs, en disant que ces derniers n'avaient pas compris que le pays était en révolution et qu'ils ne respectaient pas les libertés de tous. La société civile a également joué un rôle car elle se sentait directement concernée par tous ces événements.

Ces luttes ont permis l'élaboration d'une nouvelle Constitution, avec beaucoup de difficultés, des assassinats notamment, des actes terroristes contre des représentants des forces de l'ordre et de l'armée. Cette nouvelle Constitution intègre des notions de liberté, liberté de pensée notamment. On se rend compte à sa lecture des rapports de force entre les partis politiques en présence vu toutes les nuances apportées. Par exemple on peut y lire : « L'État est gardien de la religion » et non pas des religions, mais ensuite on lit : « Il garantit la liberté de croyance, de conscience et le libre exercice des cultes. Il est le garant de la neutralité des mosquées et des lieux de culte par rapport à toute instrumentalisation partisane. L'État s'engage à diffuser les valeurs de modération et de tolérance, à protéger les lieux sacrés et à interdire d'y porter atteinte, comme il s'engage à interdire les campagnes d'accusations comme l'apostasie et l'incitation à la haine et à la violence. Il s'engage également à s'y opposer. »

Pour les articles relatifs aux libertés académiques, je vous lis l'article 31 : « Les libertés d'opinion, de pensée, d'expression, d'information, de publication, sont garanties. Ces libertés ne sauraient être soumises à un contrôle préalable. » L'article 32 : « Le droit d'accès à l'information est garanti. [...] L'État garantit le droit d'accès aux réseaux de communication. » L'article 33, nouveau par rapport aux anciennes constitutions : « Les libertés académiques et les libertés de la recherche scientifique sont garanties. L'État fournit les moyens nécessaires au développement de la recherche scientifique et technologique. » C'est la première fois que la « liberté académique » est stipulée de manière claire.

Ce n'est évidemment pas suffisant, la vigilance doit toujours être de mise. Même si certains articles de la Constitution sont assez ambivalents, il est dit qu'aucun texte ne peut garantir la vraie liberté puisqu'elle peut être instrumentalisée. Il est important de signaler que ces luttes ont permis des premiers résultats, même s'il faut rester vigilant, et ce dans tous les pays d'ailleurs. Mais la Tunisie a montré qu'on peut aussi défendre des acquis par la voie démocratique malgré le chemin qu'il reste encore à faire.

RÉFLEXIONS NEUROPHILOSOPHIQUES SUR LES LIENS ENTRE LIBRE ARBITRE ET LIBERTÉ D'EXPRESSION

KRYSTÈLE APPOURCHAUX,
Chercheure postdoctorante — FRE 3593 « Sciences, Normes, Décision »,
Paris IV – Paris Sorbonne, France

INTRODUCTION

J'aimerais tout d'abord revenir sur quelques citations de nos philosophes des Lumières, dont on a rappelé l'importance pour ce droit fondamental que constitue la liberté d'expression, et en particulier sur les travaux d'Emmanuel Kant et de John Stuart Mill, qui ont été brillamment convoqués à plusieurs reprises lors de ce colloque. Emmanuel Kant écrivait ainsi que :

> À la liberté de penser s'oppose *premièrement la contrainte civile*. Certes, on dit : la liberté de *parler*, ou d'écrire peut nous être retirée par un pouvoir supérieur mais absolument pas celle de *penser*. Toutefois, quelles seraient l'ampleur et la justesse de notre *pensée*, si nous ne pensions pas en quelque sorte en communauté avec d'autres à qui nous *communiquerions* nos pensées et qui nous communiqueraient les leurs ! On peut donc dire que ce pouvoir extérieur qui dérobe aux hommes la liberté de *communiquer* en public leurs pensées, leur retire aussi la liberté de *penser*[1].

[1] E. Kant, « Que signifie s'orienter dans la pensée ? », traduction de Jean-François Poirier et Françoise Proust, dans *Vers la paix perpétuelle ... et autres textes*, Paris, Flammarion, 1991, p. 69.

Kant établit ici un lien constitutif entre la liberté d'exprimer ses opinions, et la liberté même de penser. Par ailleurs, on peut lire sous la plume de John Stuart Mill :

> Et puisque rien chez un juge n'est plus rare que la faculté de rendre un jugement sensé sur une cause où il n'a entendu plaider qu'un seul avocat, la vérité n'a de chance de se faire jour que dans la mesure où chacune de ses facettes, chacune des opinions incarnant une fraction de vérité, trouve des avocats et les moyens de se faire entendre[2].

Mill invoquait les quatre raisons suivantes pour défendre ce droit à la liberté d'expression :

1. Une opinion qu'on réduirait au silence peut très bien être vraie : le nier, c'est affirmer sa propre infaillibilité.
2. Même si l'opinion réduite au silence est fausse, elle peut contenir — ce qui arrive très souvent — une part de vérité.
3. Si l'opinion reçue est non seulement vraie, mais toute la vérité, on la professera comme une sorte de préjugé, sans comprendre ou sentir ses principes rationnels, si elle ne peut être discutée vigoureusement et loyalement.
4. Le sens de la doctrine elle-même sera en danger d'être perdu, affaibli ou privé de son effet vital sur le caractère et la conduite : le dogme deviendra une simple profession formelle, inefficace au bien, mais encombrant le terrain et empêchant la naissance de toute conviction authentique et sincère fondée sur la raison ou l'expérience personnelle[3].

On voit donc que, selon Mill, la liberté d'expression est nécessaire, notamment en ce qu'une liberté de penser ou de conviction réelle fondée en raison ne pourrait pas être obtenue sans elle. Par conséquent, ce que Kant et Mill ont ici en commun, c'est de concevoir la liberté d'expression comme un fondement de la liberté de penser. Je vais toutefois m'attacher à questionner ce lien entre liberté d'expression et liberté de penser autrement, à savoir en me demandant si, au vu des découvertes des neurosciences contemporaines, nous pourrions craindre l'effondrement — ou plutôt la superfluité — de la liberté d'expression par suite de la remise en cause de la liberté même de penser.

En effet, si la liberté d'expression constitue un droit fondamental, qu'en est-il aujourd'hui de la liberté même de penser, alors que nous apprenons

2 J. S. Mill, *De la liberté,* Paris, Gallimard, 1990, p. 140.

3 Adapté de J. S. Mill, *Ibid.*, p. 140-141.

à « déchiffrer » le code neural sous-jacent à nos états mentaux[4] ? Je me concentrerai dans un premier temps sur l'examen de cette question, pour élargir progressivement mon propos aux implications des neurosciences pour la liberté de choix, ou « libre arbitre ».

1. LA LIBERTÉ DE PENSER, EN PÉRIL ?

Je commencerai par rappeler les résultats d'une étude de Craven et Kanwisher[5], utilisant l'IRM fonctionnelle et durant laquelle les expérimentateurs ont demandé aux sujets d'imaginer soit un visage, soit un bâtiment. Les zones cérébrales qui correspondaient soit au fait d'imaginer un visage, soit au fait d'imaginer un bâtiment, ayant été identifiées au préalable, il a été ensuite possible de déduire à laquelle de ces deux images les sujets étaient en train de penser, simplement sur la base des données de l'imagerie cérébrale, et ceci avec 85 % d'exactitude. Ces expériences montrent donc qu'il est d'ores et déjà possible de deviner, sur la base de catégories très larges, ce à quoi pense un sujet sur la base de son activité cérébrale.

Par ailleurs, Kay et son équipe[6] ont recueilli, grâce à l'IRM fonctionnelle, l'activité cérébrale présente au sein du cortex visuel primaire de leurs participants, lorsque ces derniers visionnaient un grand nombre d'images (ici 1750 images différentes). Une fois ces données recueillies, et sur la base d'une modélisation informatique, il a été possible de reconstruire l'image qui était ensuite présentée aux sujets, bien que cette image soit entièrement nouvelle par rapport à toutes celles qui leur avaient été présentées jusqu'alors.

On assiste également au développement croissant d'interfaces cerveau-machine permettant d'utiliser l'activité cérébrale recueillie chez des sujets humains pour interagir avec une machine (un logiciel informatique, une prothèse, un fauteuil roulant, etc.). Par exemple, les patients atteints de *locked-in syndrome*, qui ne peuvent plus communiquer du fait de leur paralysie, trouvent dans certaines interfaces cerveau-machine un moyen d'interagir à nouveau avec leurs proches par le biais d'un logiciel informatique qui

4 Pour un panorama très vaste de nos connaissances actuelles sur le sujet, le lecteur pourra consulter : S. Dehaene, *Le code de la conscience*, Paris, Odile Jacob, 2014.

5 K. M. O'craven et N. Kanwisher, « Mental Imagery of Faces and Places Activates Corresponding Stimulus-Specific Brain Regions », in *J. Cognitive Neuroscience*, 12, 6 (November 2000), 1013-1023.

6 K. N. Kay, T. Naselaris, R. J. Prenger et J. L. Gallant, « Identifying natural images from human brain activity », in *Nature*, 452, 352-355 (20 March 2008).

convertit pas à pas leur activité cérébrale en lettres, puis en mots, afin de transcrire sur écran les phrases qu'ils souhaitent exprimer.

Nous voyons ainsi comment ces données issues des neurosciences cognitives, bien qu'elles soient encore rudimentaires, ouvrent la voie vers une possible « lecture dans les pensées ». Or, si ces techniques se développaient davantage, qu'en serait-il de la liberté de penser, et par extension de la liberté d'expression également ? Malgré les limitations actuelles et la spécificité des conditions de laboratoire, se pourrait-il que la liberté d'expression devienne à l'avenir superflue, puisque les pensées de chacun deviendraient ainsi observables « en troisième personne », sans qu'il soit aucunement nécessaire de les exprimer ?

Ces différentes avancées scientifiques posent par ailleurs un certain nombre de questions éthiques et juridiques, en particulier la question de l'utilisation des données de l'imagerie cérébrale à d'autres fins que médicales : par exemple, dans le domaine juridique, les services d'immigration, l'éducation ou l'entreprise. Ces avancées ont déjà donné lieu à des dérives puisque les potentiels évoqués, qui sont obtenus par la technique de l'électroencéphalographie, ont été utilisés pour identifier le « sentiment de culpabilité » lors d'un procès. On compare ainsi les réactions à des objets qui sont généralement connus pour être associés à un crime, et les réactions à des objets que seul le coupable peut associer à tel crime particulier. Ces réactions prennent la forme d'ondes cérébrales détectées à la surface du crâne, qui permettraient de différencier une personne innocente d'une personne coupable. Également présentée comme un moyen d'identifier les terroristes, cette méthode a été utilisée comme preuve lors du procès d'une jeune femme de 24 ans, en Inde, qui était accusée d'empoisonnement et a été condamnée à perpétuité parce que son cerveau traitait le mot cyanure de manière familière. Fort heureusement, l'institut indien des neurosciences et de la santé mentale a déclaré trois mois plus tard que l'imagerie cérébrale ne devait pas être utilisée dans les affaires judiciaires, et la jeune fille a été libérée sous caution.

Par ailleurs, des expériences sont menées actuellement pour mesurer plus précisément, grâce à l'IRM fonctionnelle, les corrélats neuronaux du mensonge, et d'autres études cherchent à distinguer les vrais des faux souvenirs, c'est-à-dire lorsqu'une personne pense à tort se souvenir d'un événement qui n'a pas eu lieu. Aux États-Unis, en particulier, deux sociétés sont spécialisées dans la détection du mensonge et utilisent pour cela l'IRM fonctionnelle. Ces entreprises affirment que leur technique est fiable à 93 %, et espèrent atteindre prochainement les 99 %. Le développement de ces entreprises et de ce type de discours, pourvu qu'il soit toujours scientifiquement fondé, nous conduit donc à nous interroger sur l'ampleur des conséquences sociales qui peuvent en découler.

Enfin, outre l'idée de lire dans les pensées, serait-il possible, à mesure que nous comprenons davantage le fonctionnement cérébral, de les manipuler ? On utilise aujourd'hui la technique de la stimulation magnétique transcrânienne, une technique non invasive qui consiste dans l'application d'une impulsion magnétique à la surface du crâne, et qui est utilisée notamment pour traiter la dépression, la schizophrénie ou encore les troubles obsessionnels compulsifs (TOC). De son côté, la stimulation cérébrale profonde est une technique invasive, puisque la stimulation s'opère grâce à une électrode implantée dans le cerveau : cette technique est utilisée pour traiter les patients atteints de la maladie de Parkinson, ainsi que pour traiter la dépression sévère et les TOC, mais uniquement lorsque les patients sont réfractaires à tout autre type de traitement.

Par ailleurs, une étude menée par Haq et son équipe[7] a montré qu'il était possible de provoquer le rire par la stimulation cérébrale profonde : les sujets se mettent ainsi à rire spontanément, et vont ensuite confabuler[8] une raison pour leur explosion de rire, bien que le déterminant ou la cause du rire soit en réalité la stimulation elle-même.

Toutes ces avancées posent un certain nombre de questions éthiques et philosophiques, et ont engendré le développement de ce qu'on appelle les utopies posthumaines[9] : selon les défenseurs du « posthumanisme », l'homme serait prochainement capable de se fabriquer lui-même, et de créer ainsi une nouvelle espèce composée d'êtres hybrides aux capacités augmentées. Sans trop m'attarder sur la question de la validité scientifique de telles affirmations, qui peut être mise en doute, il est néanmoins légitime de commencer à s'interroger. Plus particulièrement, la question des implications éthiques et juridiques de ces avancées a donné lieu à la formulation d'un certain nombre d'arguments, parmi lesquels :

1. L'argument de la justice distributive, selon lequel il est à redouter que chacun n'ait pas un accès égal à ces techniques d'amélioration cognitive ou motrice.
2. L'argument de la coercition, selon lequel le fait que certaines personnes décident d'utiliser ces techniques d'amélioration constitue en tant que

7 I. U. Haq *et al.*, « Smile and laughter induction and intraoperative predictors of response to deep brain stimulation for obsessive-compulsive disorder », in *Neuroimage*, 2011 Jan.

8 La notion de confabulation désigne l'acte par lequel un patient compense une carence mémorielle en reconstruisant certains évènements autobiographiques de manière erronée.

9 J.-M. Besnier, *Demain les posthumains. Le futur a-t-il encore besoin de nous ?*, Paris, Fayard, 2010.

tel une forme de contrainte pour la société tout entière de s'adapter, puisque les personnes qui ne souhaiteraient pas le faire seraient ainsi désavantagées.

C'est ce dernier argument qui est illustré dans les propos tenus par Kevin Warwick, professeur de cybernétique à l'université de Reading, dans *Libération* en 2002 : « Ceux qui décideront de rester humains et refuseront de s'améliorer auront un sérieux handicap. Ils constitueront une sous-espèce et formeront les chimpanzés du futur. »

Nous voyons ainsi que les progrès des nouvelles technologies, et des neurosciences en particulier, engendrent une réflexion sur ce qui peut advenir de l'homme à mesure qu'il découvre les moyens d'augmenter ses capacités, de lire et de manipuler les pensées. Mais outre ces questions cruciales liées aux avancées des neurosciences cognitives, la notion de libre arbitre qui est au fondement même de nos institutions juridiques a également été fortement affaiblie par les données empiriques récentes.

2. LIBRE ARBITRE ET NEUROSCIENCES

Les expériences de Benjamin Libet[10] dans les années 80, ainsi que celles de Soon et son équipe[11] plus récemment, ont montré qu'il y a des précurseurs inconscients à nos décisions conscientes. L'activité cérébrale anticiperait en quelque sorte nos prises de décision, remettant en question la conception traditionnelle du libre arbitre comme capacité absolue de se déterminer soi-même et d'initier une nouvelle chaîne causale. En ce sens, cette définition absolue du libre arbitre était difficilement conciliable avec le déterminisme physique tel que défini par Laplace[12], mais les expériences de Libet ont semblé démontrer que nos décisions, pas plus que tout autre événement mental, n'échappent en réalité au déterminisme physique.

Les expériences de Stanislas Dehaene et de Lionel Naccache[13] ont également montré l'influence que peuvent avoir les perceptions subliminales sur le traitement conscient. Par exemple, lorsque je perçois certains mots en

[10] B. Libet *et al.*, « Time of conscious intention to act in relation to onset of cerebral activity (readiness-potential) », in *Brain*, 1983, 106, p. 623-642.

[11] C. Soon *et al.*, « Unconscious determinants of free decisions in the human brain », in *Nature Neuroscience*, 11, 5, mai 2008, p. 543-545.

[12] P.-S. Laplace, *Essai philosophique sur les probabilités* (1814), Paris, Christian Bourgois, 1986.

[13] À nouveau, il est possible de consulter : S. Dehaene, *Le code de la conscience*, *op. cit.*, pour en avoir un bon aperçu.

dessous du seuil de conscience, cette perception va modifier la manière dont je vais par la suite percevoir d'autres mots de façon consciente. Ces différentes données expérimentales contribuent par conséquent à amoindrir la part et l'importance de nos processus conscients, et il serait possible d'y voir une menace pour notre libre arbitre.

Selon le psychologue Daniel Wegner[14], notamment, nos décisions conscientes ne constitueraient que des épiphénomènes, c'est-à-dire des phénomènes qui s'ajoutent aux propriétés matérielles de nos cerveaux, mais qui n'ont aucune influence causale sur elles. Plus précisément, ce qu'il questionne est le fait que nos intentions conscientes et nos actions entrent bien dans la relation causale qu'on leur attribue habituellement : selon lui, un même module cérébral particulier donnerait à la fois lieu à nos actions et à nos intentions conscientes, et nous reconstruisons après coup le lien entre intentions conscientes et actions, sans toutefois que ce lien constitue un lien causal réel. Or j'ai montré ailleurs[15] que la théorie développée par Daniel Wegner n'est pas réellement soutenue par les données empiriques actuellement disponibles, même si ces dernières ne la remettent pas non plus totalement en question.

Par ailleurs, des expériences moins récentes en psychologie sociale[16] avaient déjà montré que nous n'avons la plupart du temps pas conscience des causes de nos choix, et que nous en reconstruisons les raisons après coup. Par exemple, si on me demande de choisir une marque de détergent, et que j'ai dû mémoriser au préalable la paire de mots « océan-lune », j'aurai davantage tendance à sélectionner la marque « marée[17] », parce qu'il y a un lien sémantique entre cette marque et la paire de mots que j'ai mémorisée. Cependant, quand l'expérimentateur me demandera « pourquoi avez-vous choisi cette marque ? », il y a de grandes chances pour que j'invoque le fait que je connais très bien ce produit, que ma mère l'utilise ou toute autre explication, certes rationnelle, mais qui ne correspond pas à la cause réelle de mon choix.

Ces expériences tendent toutes à réduire fortement la part du contrôle conscient que nous exerçons, ou pensons exercer, sur nos décisions. Il semble donc nécessaire, sinon d'évacuer, du moins de redéfinir la notion

14 D. M. Wegner, *The illusion of conscious will*, Cambridge (MA), MIT Press, 2002.

15 K. Appourchaux, *Un nouveau libre arbitre*, Paris, CNRS Éditions, 2014.

16 R. E. Nisbett et T. D. Wilson, « Telling more than we can know : verbal reports on mental processes », in *Psychological Review*, 84, 3, mai 1977, p. 231-259.

17 Nous traduisons ici la marque « *Tide* », en anglais.

de libre arbitre[18] à la lumière des avancées de la psychologie et des neurosciences contemporaines, en tenant compte de ces entrelacs entre processus conscients et inconscients afin de voir exactement comment ces deux types de processus se combinent, et dans quelle mesure une forme de libre arbitre peut être encore envisageable malgré ces résultats.

La solution que j'ai voulu apporter à ce problème n'est pas démunie d'une certaine tension, puisque la conscience serait à la fois nécessaire dans certains cas, et pas dans d'autres, et je voudrais à présent relier cette théorisation au sujet qui nous occupe aujourd'hui : la liberté d'expression.

Premièrement, je reprends à mon compte l'idée, déjà présente chez Spinoza, selon laquelle il est possible d'accroître notre liberté en prenant conscience de nos déterminismes. Il serait ainsi possible, par la prise de conscience, de s'extraire de certains déterminismes sociaux, parentaux ou encore liés à notre éducation, afin de faire réellement « nôtres » nos règles de conduite. Pour cela, la prise de conscience est nécessaire, et la liberté d'expression constitue un outil essentiel pour cette prise de conscience, car autrement ces déterminismes pourraient rester de l'ordre de l'implicite, donc hors de notre contrôle[19].

Mais je voudrais également souligner l'importance du pouvoir des mots, et le caractère performatif du langage, qui à mon sens ne se restreint pas aux énoncés performatifs au sens habituel. Toute expression aurait ainsi un pouvoir causal et des conséquences, et l'ampleur des influences inconscientes que nous sommes en train de découvrir montre que la liberté de prise de conscience n'est souvent qu'indirecte. Se pose alors la question cruciale des manipulations et des propagandes, qui ne peuvent être passées sous silence, sous peine de nuire à l'exercice d'autres droits fondamentaux. Ce questionnement est bien entendu également essentiel dans le champ de l'éthique médicale : les mots ne peuvent-ils bel et bien avoir, dans certaines circonstances, un pouvoir de *nuisance* ? — seule restriction admise à la liberté d'expression.

Mill écrivait ainsi que « la seule raison légitime que puisse avoir une communauté pour user de la force contre un de ses membres est de l'empêcher de nuire aux autres[20] ». Or ce principe devrait s'appliquer également à la liberté d'expression, mais voici ce qu'écrit Mill à ce sujet :

[18] K. Appourchaux, *op. cit.*

[19] Il est néanmoins possible, dans certains cas, de regagner une forme de contrôle également sur ce qui est du domaine de l'implicite.

[20] J. S. Mill, *op. cit.*, p. 74.

On pourrait en dire long sur l'impossibilité de fixer avec certitude ces bornes supposées [les bornes de la discussion loyale] ; car si le critère est le degré d'offense éprouvé par ceux dont les opinions sont attaquées, l'expérience me paraît démontrer que l'offense existe dès que l'attaque est éloquente et puissante : ils accuseront donc de manquer de modération tout adversaire qui les mettra dans l'embarras.

[...]

Certes, la manière de défendre une opinion, même vraie, peut être blâmable et encourir une censure sévère et légitime. Mais la plupart des offenses de ce genre sont telles qu'elles sont le plus souvent impossibles à prouver [...] La loi elle-même peut encore moins prétendre interférer dans ce genre d'inconduite controversée.

Pour Mill, il est donc clair que la loi ne peut se mêler de déterminer dans quels cas une parole prononcée constitue une « nuisance. » Pourtant, notre système juridique actuel prévoit certaines restrictions à la liberté d'expression : il faut ainsi protéger la vie privée, la réputation, et condamner l'incitation à la violence. Mais il est remarquable que cette « nuisance à autrui » constitue, dans les faits, et plus particulièrement dans le cas de la liberté d'expression, une frontière floue. Dès lors, devons-nous simplement nous appuyer sur quelques principes éthiques tels que l'utilitarisme, selon lequel il faut maximiser le bien-être global, ou encore sur une forme de casuistique, qui tienne compte dans chaque cas des circonstances particulières ?

Pour conclure, il me semble que les avancées des neurosciences cognitives renouvellent la perspective que nous avons sur nos libertés fondamentales, ces dernières étant réinterrogées dans le cadre des champs récemment constitués que sont la bioéthique et la neuroéthique. J'aimerais ainsi terminer avec ces quelques lignes de notre président de séance, Gilbert Hottois, qui écrivait à propos des comités d'éthique qui se réunissent régulièrement pour considérer les implications éthiques des sciences contemporaines :

Les consensus pragmatiques sont extrêmement précieux et même indispensables dans nos sociétés complexes si l'on veut instituer des règles opératoires communes *tout en préservant la liberté de penser et la diversité des croyances*. Ils garantissent aussi la possibilité de rouvrir le débat : un accord pragmatique est sans commune mesure avec un dogme essentialiste ou une norme fondamentaliste, qui veut réguler non seulement les comportements mais encore la pensée[21].

Originellement, la philosophie des droits de l'homme est portée par la foi dans le progrès [...] Or, les références bioéthiques aux DH montrent que l'on est passé d'une

[21] G. Hottois, *Qu'est-ce que la bioéthique ?*, Paris, Vrin, 2004, p. 39.

situation d'alliance entre la philosophie des DH et les progrès technoscientifiques à une relation beaucoup plus ambivalente et souvent conflictuelle[22].

Il faut donc être prudent et ne pas oublier que ni la DUDH ni la philosophie des DH n'ont été conçues en ayant à l'esprit les questions qui se posent en bioéthique aujourd'hui[23].

Une réflexion philosophique contemporaine sur la liberté de l'homme ne peut donc se passer de prendre en compte le contexte et les circonstances particulières de notre époque, non pour remettre en question nos droits fondamentaux, et avec eux la liberté d'expression, mais bien pour renouveler les conditions de leur application afin qu'ils puissent subsister.

Remerciements

Je remercie l'Académie royale des Sciences, des Lettres et des Beaux-Arts de Belgique, et plus particulièrement les organisateurs de ce colloque, Hervé Hasquin et Léonor Poncin, de m'avoir invitée à y participer.

22 *Ibid.*, p. 57.

23 *Ibid.*, p. 58.

QUE PENSER DU LIBRE ARBITRE À LA LUMIÈRE DES NEUROSCIENCES CONTEMPORAINES ?

AXEL CLEEREMANS,
Membre de l'Académie royale de Belgique et Directeur de Recherches du F.R.S.-FNRS à l'Université libre de Bruxelles (Centre de Recherches Cognition & Neurosciences)

Le concept de liberté, cher à cette Académie et aux esprits rationalistes qui l'habitent, est un concept complexe et multiforme. Si les penseurs des XVIIe et XVIIIe siècles, de Spinoza à Diderot, se sont déjà abondamment penchés sur la question, elle revient aujourd'hui avec plus de force encore sous l'impulsion des neurosciences cognitives contemporaines. On n'envisagera pas ici les multiples acceptions du concept de liberté. Il suffit en réalité de faire remarquer que nous savons tous ce qu'est la liberté. C'est tout simplement la possibilité que nous avons de faire ce que l'on veut, de déterminer nos actions sur base de notre seule volonté. C'est ce que l'on appelle, en philosophie de l'Esprit, le libre arbitre. Mais il faut faire remarquer d'emblée une distinction subtile qui s'immisce entre la notion de « libre arbitre » et celle de « *free will* », son pendant dans la langue anglaise.

La première acception, que l'on pourrait appeler l'interprétation intellectualiste (suivant en cela l'analyse pénétrante de Bernard Baertschi), met en exergue que la liberté dépend de notre faculté d'être conscient des conséquences de nos actions et donc qu'elle dépend de notre capacité d'exercer notre intelligence quand nous faisons des choix. L'exercice du libre arbitre présuppose dès lors l'existence de *possibilités d'action* : sans possibilités, pas de liberté.

L'interprétation volontariste, par opposition, met quant à elle en exergue le fait que nous sommes maîtres de notre volonté, grâce à laquelle nous pouvons surmonter nos désirs et donc ainsi agir librement, sans être l'esclave de nos passions. Dans cette deuxième acception, l'exercice du libre arbitre présuppose donc l'existence d'une intention, d'une volonté capable de s'opposer aux contraintes dictées par les circonstances : sans volonté, pas de liberté *non plus*.

Quelle que soit l'interprétation que l'on souhaite mettre en avant, il reste cependant dans les deux cas l'idée essentielle — une idée qui fonde la société moderne — que nous sommes capables de changer le cours des choses à partir de nos seules intentions.

Ce n'est pas le cas pour tous les organismes. Considérons par exemple la plante carnivore *Dionea Muscipula*, communément appelée la Dionée Attrape-Mouche. Le déplacement d'un insecte sur les feuilles de la plante anime des poils sensibles dont le mouvement déclenche ensuite, suivant des mécanismes électriques complexes et encore mal connus, la fermeture du piège, capturant ainsi l'insecte qui sera ensuite progressivement digéré.

Peut-on, dans un tel cas, dire que la plante est responsable de la mort de l'insecte ? On peut certainement dire que la plante a causé la mort de l'insecte. Mais il serait incorrect en l'occurrence de dire que la plante doit être tenue moralement responsable de la mort de l'insecte : c'est qu'elle n'aurait pas pu faire autrement ! Le principe des *possibilités alternatives* s'applique ici : clairement, l'action mortelle des feuilles de la plante était *inévitable* à partir du moment où l'insecte a fait ses derniers pas sur les surfaces de ces feuilles. La plante n'aurait pas pu, au dernier moment, décider de laisser l'insecte en vie. On dit dès lors correctement que la plante ne dispose pas du libre arbitre, puisque le décours des évènements dont elle est néanmoins la cause n'aurait pas pu être différent de ce qu'il fut.

On en dit d'ailleurs autant de tous ceux qui sont empêchés ou incapables d'exercer leur jugement, comme c'est le cas quand on se trouve être hypnotisé, sous l'emprise d'une passion incontrôlable, ou encore malade d'une affection cérébrale qui rend le contrôle de l'action impossible.

La physique moderne, cependant, est venue chambouler l'essence même de notre conception de la liberté. Comme le dit fort justement le philosophe américain John Searle, « puisque la nature est constituée de particules et des relations qu'elles entretiennent entre elles, et puisqu'on peut rendre compte de tout en termes de particules et de leurs relations, il ne reste plus de place pour le libre arbitre » (Searle, 2004). Nous ne serions donc, dans la perspective du déterminisme dur, que des acteurs en train de jouer une tragi-comédie cosmique, sans possibilité aucune d'influencer le cours d'évènements dont la succession a été déterminée une fois pour toutes alors que furent frappés les trois coups du *big bang*. Searle rajoute par ailleurs que l'indéterminisme suggéré par la physique quantique n'aide en rien à assagir ce sentiment d'impuissance tant il est vrai qu'il n'est pas plus satisfaisant de se dire que nos actions sont gouvernées par le hasard que de se dire qu'elles sont déterminées par la nécessité.

Bernard Baertschi, l'auteur d'un fort bon ouvrage récent consacré à la neuroéthique (Baertschi, 2009), conclut de la même manière quand il dit : « Bref, le déterminisme physique exclut le libre arbitre, et le seul moyen de conserver ce dernier serait de nier la vérité de la physique actuelle, ce qui est un prix plutôt élevé. » Baertschi continue cependant son argument en introduisant une distinction entre les questions métaphysiques, objectives et les questions subjectives, humaines :

> Je proposerai pour ma part une forme de compatibilisme déflationné : il existe deux plans ainsi que deux concepts de responsabilité et de liberté. Sur l'un de ces plans se joue l'examen de la question du libre arbitre et du déterminisme physique ; sur l'autre sont à l'oeuvre les différents déterminismes, dont le déterminisme neuronal.

Et donc Baertschi nous dit : « Certes, l'univers est sans aucun doute déterministe, mais il ne faut pas confondre ce déterminisme là avec les déterminismes — neuronaux, sociaux, psychologiques — auxquels nous sommes soumis. »

Baertschi continue en nous proposant l'analyse suivante, qui n'est malgré tout pas fort rassurante :

— Si je suis moralement responsable d'une action A, alors j'aurais pu ne pas faire A.

— Si l'action A dépend uniquement de l'état du monde E au moment précédent, alors A est *inévitable.*

— Si A est inévitable, alors je n'aurais pas pu faire autre chose que A.

— Donc, je suis responsable de mon action A uniquement si A ne dépend pas que de E.

— L'action A ne dépend pas uniquement de E que si elle dépend aussi d'un pouvoir causal non déterminé par E.

— Le libre arbitre est un tel pouvoir causal.

— Donc je ne suis moralement responsable de mon action A que si je possède le libre arbitre.

Le problème, nous dit Baertschi, est précisément que dans notre conception scientifique du monde, le libre arbitre ne peut avoir, en tant que tel, un pouvoir causal différent de celui qui est associé à ses propres causes physiques. Il faut donc s'interroger, avant tout, à propos des rapports entre états mentaux et états biologiques. On retrouve ici le fameux *mind-body problem* bien connu des philosophes. Les débats anciens autour de cette question fondamentale ont cependant été profondément altérés par l'immiscion récente des neurosciences sur le terrain des sciences humaines. Que nous disent, dès lors, les neurosciences à ce propos ? C'est la question vers laquelle je vais maintenant me tourner.

Et la réponse est fort simple : les neurosciences nous disent que l'activité mentale est entièrement causée par l'activité du cerveau. Le cerveau est responsable tant de la conscience que j'ai du monde que de mon comportement. Et donc l'impression que nous avons tous d'être aux commandes de notre cerveau et de notre comportement est une illusion : ce n'est pas moi qui guide mon cerveau, mais plutôt l'inverse. Il n'y a pas, contrairement à ce que l'on peut découvrir dans le superbe poster médical des années 20 reproduit dans la figure 1 ci-contre, des homoncules en tablier blanc qui interpréteraient les données transmises par nos organes sensoriels avant de décider d'actionner tel ou tel muscle en réponse. Il y a seulement l'organe qu'est le cerveau.

Ce constat (« Je suis l'activité de mes neurones »), défendu avec force tant par Jean-Pierre Changeux dès 1983 que par Francis Crick en 1994, pose des difficultés métaphysiques qui ont été analysées par le philosophe Jaegon Kim (voir par exemple, Kim, 2006). Quand nous raisonnons à propos des causes de notre comportement, nous raisonnons en termes d'états mentaux. C'est parce que j'ai vu le visage de mon ami dans la rue que je décide de lui donner un coup de téléphone : un état mental nº 1 (la reconnaissance du visage) cause un état mental nº 2 (l'intention de téléphoner). Or, étant donné que tout état mental est nécessairement causé par un état du cerveau, l'état mental nº 1 est donc entièrement réductible à l'état cérébral nº 1. Il en va de même pour l'état mental nº 2. Il faut dès lors considérer non pas que l'état mental nº 1 cause l'état mental nº 2, mais bien que l'état cérébral nº 1, dont une manifestation est l'état mental nº 1, cause l'état cérébral nº 2, dont une manifestation est la survenue de l'état mental nº 2. Mais une fois que l'on a effectué cette réduction, il ne reste plus de lien de causalité direct entre l'état mental nº 1 et l'état mental nº 2. Les états mentaux, d'une manière générale, nous apparaissent alors comme de purs épiphénomènes.

On pourrait cependant objecter qu'il existe une forme de causalité descendante : la survenue de l'état mental nº 1 influencerait alors causalement la survenue de l'état cérébral nº 2 d'une manière qui ne serait pas explicable à partir de l'état cérébral nº 1. Cette notion de causalité descendante est aujourd'hui fort débattue, mais il est clair que cela ne change pas

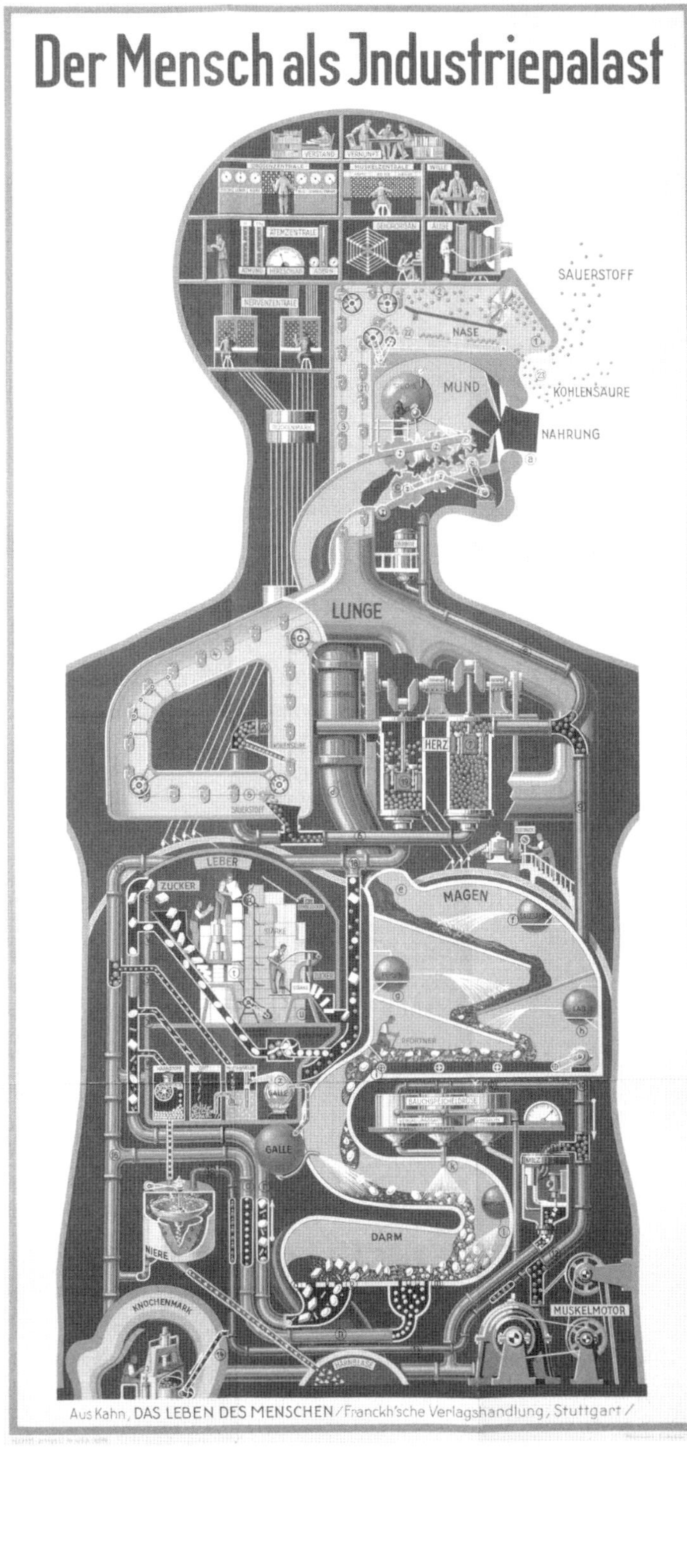
Der Mensch als Jndustriepalast
SAUERSTOFF
NASE
MUND
KOHLENSÄURE
NAHRUNG
LUNGE
HERZ
LEBER
ZUCKER
MAGEN
GALLE
DARM
NIERE
KNOCHENMARK
MUSKELMOTOR
Aus Kahn, DAS LEBEN DES MENSCHEN / Franckh'sche Verlagshandlung, Stuttgart /

Fig. 1

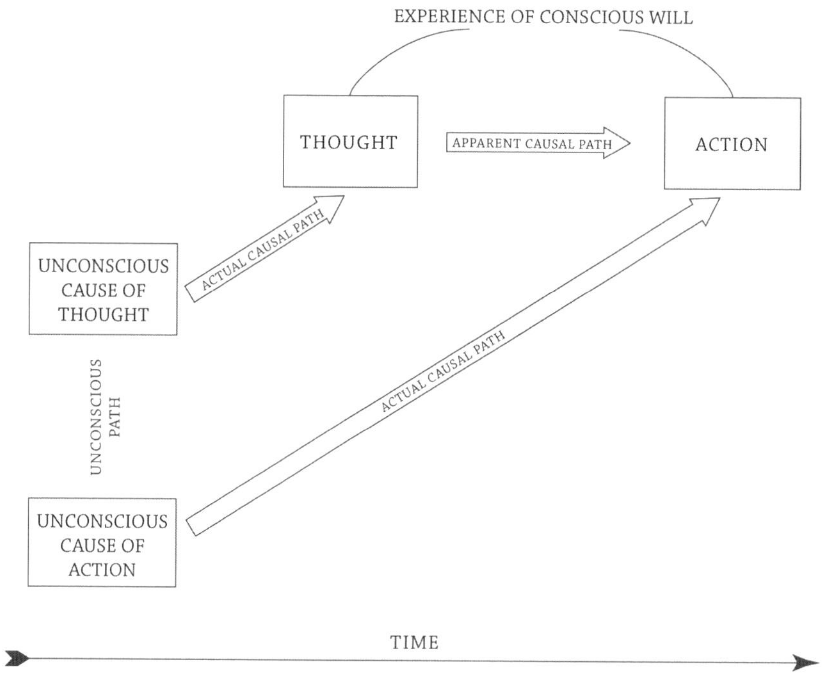

Fig. 2

fondamentalement les choses puisqu'en ultime ressort on peut toujours réduire les états globaux d'un système à la configuration des éléments qui le composent. Causalité descendante ou pas, nos états mentaux doivent en ultime ressort être entièrement réductibles à des états neuraux si l'on tient à conserver l'idée que les premiers sont entièrement et exclusivement causés par les derniers.

C'est ce type de raisonnement qui a amené le psychologue Daniel Wegner (par exemple, Wegner, 2002) à défendre l'idée que le libre arbitre n'est rien d'autre qu'une illusion [figure 2]. Wegner reprend l'analyse de Kim et suggère qu'alors que nous pensons que ce sont nos intentions qui causent nos actions, il faudrait plutôt considérer que tant nos intentions que nos actions ont des causes biologiques inconscientes communes. C'est donc un seul processus inconscient qui causerait à la fois l'expérience consciente de l'intention d'agir et l'action qui la suit.

Cette idée a trouvé un soutien expérimental dans les célèbres études du neurophysiologiste Benjamin Libet, qui réalisa dès 1983 l'expérience suivante : on demande aux sujets d'initier un mouvement volontaire simple (lever un doigt) au moment de leur choix. On enregistre simultanément leur activité cérébrale par électroencéphalographie, en recherchant dans le signal électrique un potentiel particulier signalant la préparation motrice (le potentiel de préparation motrice latéralisé, ou *lateralized readiness potential*.) On demande en outre aux sujets de repérer la position d'un stimulus se déplaçant rapidement de manière circulaire sur un dispositif ressemblant au cadran d'une montre au moment où ils prennent conscience pour la première fois de l'intention d'agir. À la fin d'un essai, on réaligne toutes les données, et voici ce que l'on observe : les sujets disent ressentir l'intention de lever le doigt environ 200ms avant la réponse. Jusqu'ici, tout va bien. Cela se complique quand on constate que l'activité électrique préparatoire au mouvement commence quant à elle au moins 500ms avant le mouvement, et même encore avant quand il s'agit d'un mouvement qui est véritablement spontané. Autrement dit, tout se passe comme si les sujets ressentaient l'intention d'agir seulement après que les processus neuraux qui mènent à l'action soient déjà enclenchés. En d'autres termes, la conscience d'une intention semble suivre, et non précéder comme le voudrait notre intuition, l'initiation par le cerveau de l'activité neuronale préparatrice de l'action. Ceci, vous le reconnaîtrez, laisse peu de place au libre arbitre. Libet a tenté de sauver notre sens de liberté en suggérant que l'on a encore la possibilité d'inhiber l'action après qu'elle soit enclenchée ; c'est ce qu'il a appelé le « *free won't* » ou notre capacité de véto. Mais cela ne change pas grand-chose, puisque ce véto doit lui-même être causé par l'activité cérébrale.

À ce point, il est sans doute utile de faire une pause et de se poser la question de savoir si ces résultats auraient pu être différents. En réalité, pour autant que l'on soit matérialiste, il est évident que les résultats observés par Libet sont les seuls possibles, car toute autre configuration de résultats suggèrerait qu'il existe des facteurs pouvant causer l'action qui ne trouvent pas leur origine dans l'activité du cerveau, ce qui revient à adopter une forme de dualisme que la plupart des scientifiques et des philosophes rejettent aujourd'hui.

Les résultats de Libet ont été fort critiqués pour des raisons techniques fort intéressantes qu'il serait trop long d'aborder ici. Signalons simplement que les sujets n'ont pas le choix de ne pas agir dans cette situation ; ils sont donc sous les effets d'une instruction globale d'agir à un certain moment, instruction qui modifie sans aucun doute les processus cérébraux responsables de l'action. Par ailleurs, il ne faut pas négliger non plus la difficulté d'estimer correctement les délais dans cette situation, dans la mesure où les sujets sont confrontés à la nécessité de pister le moment où ils prennent conscience d'avoir l'intention d'agir en repérant la position d'un marqueur sur l'horloge. Enfin, il faut ici également évoquer les travaux récents de Schurger, Sitt et Dehaene (2012), qui nous rappellent que le potentiel de préparation motrice latéralisé est une construction émanant de la manière dont les essais successifs sont moyennés. Ce moyennage donne au signal l'apparence d'une courbe croissant de manière exponentielle pendant plusieurs centaines de millisecondes avant l'action, alors qu'en réalité le potentiel électrique correspondant oscille dans une bande de valeurs comparativement étroite. Les auteurs ont par ailleurs pu montrer que les variations observées dans le temps de réaction nécessaire pour répondre à un stimulus impératif plutôt qu'en réponse à une intention volontaire dans le paradigme de Libet (ici renommé « *Libetus Interruptus* ») dépendaient précisément de variations dans le potentiel préparatoire à l'action : plus le potentiel est proche du seuil, plus rapidement répondent les sujets quand on leur impose une réponse immédiate. Les fluctuations aléatoires (ou en tous cas impossibles à prédire) dans le potentiel de préparation motrice précédant immédiatement l'action pourraient dès lors expliquer pourquoi les sujets choisissent d'agir ou pas à un moment donné sans pour autant faire appel à l'idée que ces processus préparatoires à l'action sont autant étendus dans le temps que ne le pensait Libet. Par ailleurs, ces fluctuations spontanées du potentiel de préparation motrice sont présentes tant dans les cas où le sujet agit que dans les cas où le sujet n'agit pas. Autrement dit, le décalage substantiel observé dans la situation de Libet entre les processus neuraux préparatoires à l'action et l'expérience subjective de l'intention d'agir n'existerait peut-être tout simplement pas. Si cette explication élimine bien un des aspects interpellants de l'expérience de Libet (le décalage temporel), elle laisse cependant intacte la question du libre arbitre, puisque les décisions des sujets semblent ici dépendre des fluctuations aléatoires dans le potentiel de préparation motrice.

En outre, les résultats de Libet ont également été répliqués avec d'autres méthodes sur lesquelles les critiques de Schurger et collaborateurs ont moins de prise, comme c'est par exemple le cas dans une étude récente de Soon, Brass, Heinze et Haynes (2008). Ces auteurs ont adapté la méthodologie proposée par Libet à une étude en résonance magnétique nucléaire, qui permet, par contraste avec l'électroencéphalographie utilisée par Libet, d'apprécier l'activité cérébrale dans un ensemble de régions beaucoup plus étendu et de mieux localiser cette activité. À chaque essai, les participants devaient décider librement d'appuyer sur l'une des deux touches plutôt que d'effectuer un simple mouvement — une autre différence importante avec le paradigme de Libet. Pendant cette période, différentes lettres étaient affichées à l'écran. De la même manière que dans le protocole de Libet, on demandait aux participants de se rappeler la lettre qui était affichée à l'écran au moment où ils prenaient conscience de leur décision. Ils devaient ensuite rapporter cette lettre à la fin de l'essai. En suivant la même procédure que dans l'expérience précédente, c'est-à-dire en utilisant des méthodes de reconnaissance de patrons, les auteurs ont ensuite cherché à identifier les régions cérébrales dont l'activité était prédictive de la décision prise par les sujets. Deux régions cérébrales s'avèrent ainsi particulièrement importantes : une région du cortex préfrontal (BA10) et une région pariétale impliquant le précuneus et la partie postérieure du cortex cingulaire. De manière cruciale, l'activité de ces deux régions permettait de prédire la décision libre prise par le sujet (pousser à gauche ou à droite) sept secondes avant que le sujet n'ait déclaré avoir pris conscience de sa décision ! Autrement dit, il est possible de savoir quelle action le sujet va réaliser avant même que le sujet n'en prenne conscience. Ce résultat récent renforce les conclusions de Libet, et ce d'autant plus que le délai entre la présence d'une activité cérébrale prédictive et la prise de conscience correspondante se compte maintenant non plus en millisecondes mais bien en secondes.

La possibilité de reconstruire ainsi nos états mentaux à partir de l'activité cérébrale ne se limite par ailleurs pas à des situations de choix, mais s'étend également au domaine de la perception. On peut citer ici par exemple le travail de John-Dylan Haynes, dont les recherches se situent à l'avant-plan d'un nouveau champ d'étude appelé *Mindreading.* La première expérience de Haynes et collaborateurs proposait aux sujets de détecter un stimulus visuel — un grillage texturé orienté soit vers la gauche, soit vers la droite — présenté très rapidement et masqué. À chaque essai, le sujet, qui passait l'expérience en résonance magnétique nucléaire, devait indiquer l'orientation du stimulus en enfonçant l'une de deux touches. Les données comportementales indiquèrent que les sujets étaient incapables de décider de l'orientation du stimulus, la précision moyenne de leurs réponses ne dépassant pas le niveau du hasard. Haynes et ses collègues analysèrent ensuite l'activité cérébrale des sujets en vue de déterminer s'il était possible d'identifier, dans l'aire cérébrale V1 — la première région corticale du système visuel — des configurations d'activité neuronale permettant de reconstruire le stimulus présenté aux sujets. Pour ce faire, ils avaient préalablement entraîné des réseaux de neurones artificiels à décider quel stimulus était présent sur base de l'activité cérébrale de sujets à qui on avait montré les mêmes stimuli, mais dans des conditions telles que ceux-ci étaient visibles. Et les résultats montrèrent que ces réseaux de neurones entraînés étaient en effet capables de reconstruire, avec un taux de réussite d'environ 80 %, les stimuli invisibles montrés aux sujets ! En d'autres mots : on trouve dans V1 des configurations d'activité neuronale qui permettent d'identifier un stimulus présenté à des sujets qui sont eux-mêmes incapables de décider de l'orientation de ces stimuli et qui disent par ailleurs n'avoir rien vu. L'expérimentateur en sait donc paradoxalement plus à propos du stimulus que le sujet lui-même... Une conclusion dont la toute nouvelle discipline qu'est la neuroéthique commence à peine à explorer les implications légales et morales car elle soulève la possibilité qu'il sera bientôt possible de décoder l'activité neurale d'une manière suffisamment fine que pour reconstruire, en quelque sorte, les pensées d'un individu. Cette possibilité, parce qu'elle démolirait le dernier rempart de notre vie privée, à savoir le caractère fondamentalement privé de nos états mentaux, soulève une inquiétude justifiée qui exigera indubitablement une prise de position sociétale.

Les résultats des trois expériences décrites ci-dessus sont surprenants pour au moins deux raisons : une bonne raison, et une mauvaise raison. La première (mauvaise) raison pour laquelle ces résultats nous interpellent est qu'ils suggèrent qu'il est possible de prédire mon comportement à partir de l'activité de mon cerveau. Mais est-ce vraiment tellement étonnant ? En réalité, on parvient encore mieux à prédire le comportement de quelqu'un à partir de son comportement passé et de ce que l'on sait de lui ! On parvient par ailleurs également à prédire le temps qu'il fera à partir de données telles que la pression atmosphérique et la direction des vents ; on parvient à prédire les mouvements financiers sur les places boursières ; on parvient à prédire l'évolution d'une maladie à partir d'un inventaire des symptômes et de nos connaissances médicales. Rien de surprenant, dès lors, à ce que l'on puisse prédire le comportement de quelqu'un à partir de l'activité de son cerveau, pour autant, et ceci est évidemment crucial, que l'on soit bien convaincu que le comportement trouve son origine dans l'activité biologique du cerveau (plutôt que dans l'âme), c'est-à-dire pour autant que l'on soit bien dans une perspective physicaliste à propos des rapports entre le corps et l'esprit.

La deuxième raison pour laquelle ces résultats nous interpellent (et il s'agit d'une bonne raison cette fois) est qu'ils suggèrent que la conscience que nous avons de notre comportement ne vient qu'*après* que les déterminants biologiques de ce comportement aient été mis en branle. Tout se passe comme si mon cerveau prenait une décision, initiait les mécanismes qui instantieront cette décision, et m'informait, en passant et en retard, de ce qui allait se passer. Ceci nous rappelle que la conscience prend du temps ; qu'il y a une dynamique de la prise de conscience que nous ne comprenons pas encore totalement. La conscience, comme le dit le philosophe américain Daniel Dennett, est étendue dans le temps et dans l'espace.

Plus récemment encore, des chercheurs se sont posés la question de savoir quels sont les effets de nos croyances à propos de la liberté sur notre comportement. En particulier, on peut se demander si croire que nos comportements sont entièrement déterminés par l'activité de nos neurones modifie la manière dont nous agissons.

La réponse est « oui », et elle est fournie par une étude récente réalisée par Vohs et Schooler (2008). Ces auteurs ont fait lire à leurs participants des textes qui défendaient soit l'idée que nous disposons du libre arbitre, soit que notre comportement est entièrement déterminé. Un troisième groupe contrôle lisait des textes neutres. Les participants devaient ensuite répondre à quelques questions concernant leur adhérence au contenu des textes. On leur faisait ensuite passer une autre expérience, qui leur était décrite comme sans rapport avec la première. Il s'agissait ici de résoudre des problèmes. Les sujets étaient informés du fait qu'ils seraient récompensés à raison d'un dollar par problème résolu. Après les avoir installés, l'expérimentateur feint ensuite d'avoir une urgence, et les laisse donc seuls en leur disant qu'après avoir résolu les problèmes ils pourront corriger eux-mêmes leurs réponses. Ceci leur laisse donc la possibilité de tricher. Et voici les résultats : ce sont les participants qui sont exposés aux textes défendant le déterminisme qui trichent le plus… Croire que nous sommes libres acquiert dès lors, à la lumière de ces données expérimentales, une valeur sociétale essentielle qu'il s'agit bien évidemment de défendre.

Alors, sommes-nous libres ? La perspective que nous apportent les neurosciences sur la question du libre arbitre peut nous paraître totalement désenchantée. À force de s'entendre répéter que notre comportement est entièrement déterminé par l'activité de notre cerveau, nous semblons perdre précisément ce qui fait que nous sommes humains : notre capacité d'agir librement.

Mais cette impression que nous « perdons quelque chose » en acceptant l'idée que notre vie mentale est entièrement déterminée par l'activité de notre cerveau est erronée, et ce sont encore les neurosciences qui viennent à notre secours car elles nous apprennent également que le cerveau est un organe extraordinairement plastique. L'activité du cerveau, dans cette perspective, n'est rien d'autre que le résultat d'une vie entière d'expériences avec le monde et avec les autres. Nous apprenons donc tout le temps, qu'on le veuille ou non. Chaque expérience laisse une trace dans notre cerveau.

Et c'est ainsi qu'on a pu montrer (Maguire et al., 2006) que l'hippocampe, une région du cerveau spécialisée dans le traitement des informations spatiales, des chauffeurs de taxi est plus grand que celui des chauffeurs de bus : c'est que les premiers doivent sans arrêt trouver leur chemin, alors que les seconds peuvent se contenter de se souvenir de leur trajet habituel. Les expériences différentes des uns et des autres laissent une inscription dans la matière cérébrale elle-même.

On a pu également démontrer, spectaculairement, qu'il existe des neurones qui répondent exclusivement à la présentation de personnes que l'on connaît. Ainsi, on a pu identifier, chez une personne particulière, un neurone dont la seule fonction semble être de détecter l'actrice américaine Halle Berry ! Voilà bien une démonstration on ne peut plus claire du fait que la culture, pour autant que l'on puisse parler de culture ici, laisse une trace dans notre cerveau.

Et donc, votre cerveau n'est pas n'importe quel cerveau : c'est bien le vôtre, tel qu'il a été formé par votre trajectoire particulière au travers de l'existence. On ne perd donc rien à se dire que la vie mentale est entièrement déterminée par l'activité cérébrale, puisque cette dernière n'est à son tour que le fruit de votre propre activité. Le libre arbitre est biologique.

Que peut-on conclure de ce bref aperçu ?

Le principe de réalité s'applique à l'extension de notre volonté : quelles que soient les belles et respectables illusions qui nourrissent, enrichissent et guident souvent notre existence, l'extension de notre volonté demeure cependant limitée par les lois de la physique. Dès lors, nous n'aurions sans doute pas « pu faire autrement » quand nous avons posé un choix que nous regrettons ensuite, car ce choix fut déterminé par un ensemble de causes qui, s'il se reproduisait intégralement (ce qui est bien entendu impossible) à un autre moment, produirait donc exactement les mêmes conséquences. Refuser ce constat ne laisse que deux possibilités, toutes deux fort problématiques. La première consiste à embrasser une vision non déterministe de l'univers dans laquelle nos choix, loin d'être entièrement déterminés, sont en fait soumis au hasard. J'ai donc choisi A plutôt que B parce qu'une particule a, au moment précis où mes neurones se synchronisaient pour faire pencher mon cerveau vers A, traversé le corps cellulaire d'un astrocyte, déclenché une cascade de processus chimiques, et inversé la tendance. Il semble évident que cette vision de la liberté, si elle nous épargne peut-être la perspective à la fois déprimante et implausible que nous ne serions que les acteurs passifs d'une pièce cosmique, ne laisse pas plus de place au libre-arbitre, tant il est vrai que la perspective que mes choix sont le fruit du hasard n'est en rien plus satisfaisante que la perspective qu'ils soient entièrement déterminés par des facteurs que je ne maîtrise pas.

L'autre possibilité consiste à embrasser l'idée que notre vie mentale ne dépend pas exclusivement des lois de la physique ; en d'autres termes, accepter la perspective dualiste sur les rapports entre corps et esprit. Mais comme le dit Baertschi, rejeter l'intégralité des lois de la physique est un prix plutôt fort à payer pour sauver notre libre arbitre...

Comment penser alors la place de notre volonté dans l'existence ? Dennett (2003) nous rappelle que notre liberté consiste en la possibilité que nous avons de faire des choix intelligents, c'est-à-dire des choix informés par ce que nous savons du monde, d'autrui, et de nos propres préférences. Paradoxalement, nous dit encore Dennett, ceci n'est possible *que* dans un univers déterministe, c'est-à-dire au sein d'un univers dans lequel les agents intelligents que nous sommes ont la possibilité d'apprécier les conséquences de leurs actions et d'apprendre à faire les choix les plus avantageux pour assurer leur survie. Or ceci, cette possibilité de progrès individuel, est précisément exclu dans un univers chaotique, imprévisible.

La menace que nous percevons dans les progrès des neurosciences cognitives disparaît donc dès que nous reconnaissons que le cerveau est un organe profondément plastique plutôt que le simple *hardware* biologique que nous imaginons. Nous sommes en cela trompés par les métaphores que nous ont données les sciences de l'informatique et de l'intelligence artificielle. Les ordinateurs avec lesquels la plupart d'entre nous interagissent quotidiennement fonctionnent selon des principes radicalement différents de ceux qui régissent le traitement de l'information par la machine biologique qu'est le cerveau. En particulier, il existe chez les premiers une distinction forte entre matériel et logiciel, alors que cette distinction est totalement absente chez ce dernier. Ce que fait un ordinateur est à peu près complètement défini par le programme qu'il est en train d'exécuter, et l'existence de ce programme est indépendante de la machine qui l'exécute. Ce que nous savons, par contre, n'existe qu'en vertu de l'inscription biologique de ce savoir : la machine-cerveau ne fait qu'un avec notre « logiciel » mental.

Cette réalité a une implication cruciale qui nous échappe souvent : chaque expérience que nous vivons trouve une inscription biologique. Le simple fait de lire ce texte modifie vos connexions synaptiques, et l'implication centrale de ce simple fait est que l'activité de votre cerveau reflète tant la richesse que la diversité de votre propre expérience du monde et des autres. Nous apprenons tout le temps, que nous le voulions ou non. Si les contenus de notre vie mentale sont entièrement déterminés par l'activité de notre cerveau, l'activité de ce dernier est à son tour quasiment entièrement déterminée par l'histoire de nos interactions avec le monde et les autres.

Cette boucle magnifique qui connecte notre monde intérieur à la réalité inscrit notre activité mentale dans un substrat biologique changeant constamment. Au déterminisme inflexible que conjure la métaphore maintenant obsolète de l'esprit en tant qu'ordinateur, il faut donc opposer un déterminisme ouvert, plastique, en dialogue constant avec le monde. En se modifiant constamment, le cerveau, loin d'être ce simple *hardware* que nous laisse imaginer notre familiarité avec les ordinateurs, est en réalité simultanément la mémoire de nos expériences passées ainsi que le siège de nos actions futures. La machine et son logiciel ne font qu'un. Mais ce cerveau est avant tout *votre* cerveau, un organe dans lequel se sont inscrites progressivement toutes les expériences qui ont compté dans *votre* vie. Nous pouvons donc faire l'économie du renoncement : rien n'est perdu (ni gagné, par ailleurs) en acceptant l'idée que notre vie mentale est intégralement causée par le cerveau, en interaction avec notre environnement et avec les autres.

Ce qui est peut-être plus problématique est d'accepter que la conscience que nous avons de nous-même est une sorte de post-diction, comme l'avait déjà suggéré Dennett dans son ouvrage de 1993 intitulé *La conscience expliquée*. On peut sans doute trouver une forme de résolution ici en enracinant la fonction de la conscience dans la communication : si je suis conscient des états de mon cerveau, c'est avant tout pour pouvoir en parler aux autres et pour, en retour, m'expliquer mon propre fonctionnement. « La conscience, c'est pour les autres », comme le disait récemment le psychologue anglais Chris Frith — voir aussi son ouvrage récent *Making up the mind*. La conscience aurait donc, selon cette perspective en plein essor actuellement, une origine sociale : « Je suis un autre », comme disait le poète.

Dès lors, l'impression de désenchantement que l'on peut éprouver à la lumière des travaux récents en neurosciences cognitives s'efface pour laisser la place à un sentiment d'émerveillement devant la sophistication presque magique de notre machinerie biologique, non seulement plastique, mais également tournée vers les autres. Et les neurosciences cognitives ont bien compris, aujourd'hui, le formidable défi que représente le projet de faire le pont, en quelque sorte, entre ces deux points extrêmes de notre savoir — l'expérience subjective que chacun d'entre nous a du monde et des autres, et notre compréhension de plus en plus fine des mécanismes biologiques qui en sont responsables.

Notre liberté est donc une liberté biologique : « je » ne suis rien d'autre que l'activité de mon cerveau en interaction avec lui-même, avec le monde, et avec les autres. Nous devons abandonner l'idée selon laquelle la vie mentale est divorcée de celle du cerveau, et se réjouir du constat que l'activité biologique du cerveau est déterminée dans une grande mesure par les interactions que nous avons chacun, en tant qu'individus, avec le monde et avec autrui. Cette posture compatibiliste, également défendue avec force par Krystèle Appourchaux dans son récent ouvrage (Appourchaux, 2014), est sans doute la plus sage. Elle nous confronte cependant au constat paradoxal que nous sommes libres sans avoir la possibilité de faire autrement...

NOTE :
Ce texte est une adaptation de l'article suivant : A. CLEEREMANS, « Le concept de liberté à la lumière des neurosciences contemporaines », in *Bulletin de la Classe des Lettres,* Académie royale de Belgique, 6e série, Tome XXII, p. 147-162, 2012.

RÉFÉRENCES

K. Appourchaux, *Un nouveau libre arbitre*, Paris, CNRS Éditions, 2014.

B. Baertschi, *La neuroéthique. Ce que les neurosciences font à nos conceptions morales*, Paris, Éditions la Découverte, 2009.

F. Crick, *L'hypothèse stupéfiante*, Paris, Omnibus, 1995.

J.-P. Changeux, *L'Homme neuronal*, Paris, Fayard, 1983.

D. C. Dennett, *La conscience expliquée*, Paris, Odile Jacob, 1993.

D. C. Dennett, *Elbow Room. The varieties of free will worth wanting.* Oxford, Oxford University Press, 1985.

D. C. Dennett, *Freedom evolves*, New York, Viking Books, 2003.

C. Frith, *Making up the mind: How the brain creates our mental world*, Oxford, Blackwell, 2007.

J.-D. Haynes et G. Rees, « Predicting the orientation of invisible stimuli from activity in human primary visual cortex », in *Nature Neuroscience,* 8(5), 686-691, 2005.

J. Kim, *L'esprit dans un monde physique: Essai sur le problème corps-esprit et la causalité mentale*, Paris, Éditions Syllepse, 2006.

G. Kreiman, I. Fried, C. Koch, « Single-neuron correlates of subjective vision in the human medial temporal lobe », in *Proceedings of the National Academy of Sciences of the U.S.A.*, 99, 8378-8383, 2002.

B. Libet, C. A. Gleason, E. W. Wright et D. K. Pearl, « Time of conscious intention to act in relation to onset of cerebral activity (readiness-potential). The unconscious initiation of a freely voluntary act », in *Brain,* 106 (623-642), 1983.

E. A. Maguire, K. Woollett, et H. J. Spiers, « London taxi drivers and bus drivers: A structural MRI and neuropsychological analysis », in *Hippocampus*, 16, 1091-1100, 2006.

A. Schurger, J. D. Sitt et S. Dehaene, « An accumulator model for spontaneous neural activity prior to self-initiated movement », in *Proccedings of the National Academy of Sciences USA*, 109 (42), E2904-13, 2012.

J. Searle, *Liberté et neurobiologie*, Paris, Grasset, 2004.

C. S. Soon, M. Brass, H.-J. Heinze et J.-D. Haynes, « Unconscious determinants of free decisions in the human brain », in *Nature Neuroscience*, 11, 543-545, 2008.

K. D. Vohs et J. W. Schooler, « The value of believing in free will », in *Psychological Science*, 19, 49-54, 2008.

D. M. Wegner, *The Illusion of Conscious Will,* Cambridge (MA), Bradford Books, MIT Press, 2002.

Y A-T-IL DES LIMITES À LA LIBERTÉ DE LA PRESSE ?

Point de vue de la jurisprudence en Belgique

MIREILLE SALMON,
Magistrat, Conseiller à la Cour d'appel de Bruxelles

Les cours et tribunaux de l'ordre judiciaire belge, dont la plus haute juridiction est la Cour de cassation, ont élaboré une jurisprudence qui ne peut être comprise sans approcher les principales règles de droit international et de droit interne qu'ils doivent appliquer en les interprétant. Ce travail d'interprétation est influencé par les arrêts de la Cour européenne des droits de l'homme relatifs à la liberté d'expression d'une part et à la protection de la vie privée d'autre part.

Le droit à la liberté d'expression se confronte au droit à la vie privée — qui comporte le droit à l'honneur, à l'intimité, à la vie familiale — et au droit à la liberté de pensée, de conscience et de religion ; qui implique la liberté de changer de religion ou de conviction, ainsi que la liberté de manifester sa religion ou sa conviction individuellement ou collectivement, en public ou en privé, par le culte, l'enseignement, les pratiques et l'accomplissement des rites. Il se confronte encore à l'interdiction de discrimination fondée notamment sur le sexe, la race, la couleur, la langue, la religion, les opinions politiques ou toute autre opinion, l'origine nationale ou sociale, l'appartenance à une minorité nationale, la fortune, la naissance ou toute autre situation.

Lors de cette confrontation s'élèvent de plus en plus souvent des voix appelant à la censure préalable, à la pénalisation et à la réparation *a posteriori*, telle ou telle faction de l'opinion publique s'émouvant lors de la publication de tel ou tel article, caricature ou dessin.

Par ailleurs, il est incontestable que des individus isolés subissent parfois de graves atteintes à leur honneur, à leur réputation ou à leur vie privée lors de la diffusion d'informations et surtout de jugements de valeur qui les concernent.

Jusqu'à présent, les juridictions belges me semblent avoir veillé à ce que la liberté d'expression ne subisse que les limitations justifiées dans une société démocratique au sens de l'alinéa 2 de l'article 10 de la Convention européenne de sauvegarde des droits de l'Homme, en privilégiant un « équilibre » plus favorable à la liberté d'expression qu'à la réparation du dommage qu'elle a pu causer.

L'avenir nous dira si elles maintiendront ce cap, la réponse dépendant des orientations plus ou moins fermes de la Cour européenne des droits de l'homme et des résistances qu'elle estimera devoir opposer ou non aux attentes et revendications de certaines communautés.

1. LES NORMES SUPÉRIEURES APPLICABLES

L'article 10 de la Convention européenne de sauvegarde des droits de l'Homme garantit à toute personne le droit à la liberté d'expression. Ce droit comprend la liberté d'opinion et la liberté de recevoir ou de communiquer des informations ou des idées sans qu'il puisse y avoir ingérence d'autorités publiques et sans considération de frontière.

Ce droit n'empêche toutefois pas les États de soumettre les entreprises de radiodiffusion, de cinéma ou de télévision à un régime d'autorisations.

Par ailleurs, selon le deuxième alinéa de l'article 10, l'exercice de ces libertés comporte des devoirs et des responsabilités et il peut être soumis à certaines formalités, conditions, restrictions ou sanctions pourvu qu'elles soient prévues par la loi et qu'elles constituent des mesures nécessaires, dans une société démocratique, à la sécurité nationale, à l'intégrité territoriale ou à la sûreté publique, à la défense de l'ordre et à la prévention du crime, à la protection de la santé ou de la morale, à la protection de la réputation ou des droits d'autrui, ou encore qu'elles soient destinées à empêcher la divulgation d'informations confidentielles ou à garantir l'autorité et l'impartialité du pouvoir judiciaire.

L'article 19 de la Constitution belge garantit d'une manière générale la liberté de manifester ses opinions en toute matière, tout en autorisant la poursuite des délits commis à l'occasion de l'usage de cette liberté.

Deux dispositions constitutionnelles traitent de l'exercice de la liberté d'expression par voie de presse. L'article 25 prévoit que la presse est libre, que la censure ne pourra jamais être établie et qu'il ne peut jamais être exigé de cautionnement des écrivains, éditeurs ou imprimeurs. Il organise également la responsabilité en cascade : l'éditeur, l'imprimeur ou le distributeur ne peuvent pas être poursuivis si l'auteur est connu et domicilié en Belgique. L'article 150 prévoit que « les délits de presse » relèvent du jury de la Cour d'assises, à l'exception des délits de presse inspirés par le racisme et la xénophobie, qui sont donc poursuivis devant les tribunaux correctionnels.

Ces règles supérieures sont complétées par des règles de procédure pénale et civile et en droit de la réparation, par l'article 1382 du Code civil sur lequel je reviendrai dans la suite de cet exposé.

Selon la Cour de cassation, les trois dispositions constitutionnelles précitées constituent le socle, le fondement de la liberté de la presse en Belgique.

Elle ajoute toutefois, à propos des articles 25 et 150 de la Constitution qui traitent spécifiquement du droit de la presse pour l'assortir de protections particulières (pas de censure, pas de cautionnement, responsabilité en cascade et compétence de la Cour d'assises), qu'ils ne concernent que les manifestations d'opinion ou les informations contenues *dans un corps écrit* diffusé en imprimé et sous forme numérique via Internet. Ces dispositions ne visent donc pas, en l'état actuel de cette jurisprudence, les images, dessins et caricatures publiés sur papier ou diffusés autrement et les informations ou opinions exprimées dans les médias audiovisuels.

Lorsque l'on examine les recours judiciaires possibles à l'encontre des abus dans l'exercice de la liberté d'expression et plus spécialement à l'encontre d'activités journalistiques, il convient de distinguer les poursuites pénales des procédures civiles.

2. LES POURSUITES PÉNALES À L'ENCONTRE DU DÉLIT DE PRESSE

Sous l'angle pénal, l'article 150 de la Constitution organise un régime spécifique pour les « délits de presse ».

Le délit de presse est une infraction de droit commun commise par voie de presse, qui exprime une pensée, une opinion qui abuse de la liberté d'expression et qui prend la forme d'un écrit rendu public.

Il peut s'agir d'une calomnie, d'une diffamation, d'une injure, contenue dans un écrit auquel une diffusion est donnée sous forme papier ou numérique.

En l'état actuel de la jurisprudence de la Cour de cassation, les mêmes infractions commises par un média audio-visuel (radio, tv, Internet) ne peuvent être constitutives de délits de presse, à défaut d'un écrit. Elles sont donc passibles de poursuites devant les tribunaux correctionnels.

Toutefois, la distinction a peu d'effet en pratique. En effet, d'une manière générale, les délits d'atteinte à l'honneur ou à la considération d'une personne font rarement l'objet de poursuites pénales, même lorsqu'il ne s'agit pas de délit de presse. Plusieurs causes expliquent la rareté des poursuites pénales.

Tout d'abord, elles requièrent le dépôt d'une plainte.

Ensuite, lorsque les allégations sont susceptibles de susciter « l'intérêt légitime du public » en raison du sujet qu'elles traitent, celui qui doit en répondre peut prouver qu'au moment où il en a fait état, elles étaient vraisemblables ou reposaient sur une base factuelle suffisante ou, mieux encore, sur une base « qui n'était pas totalement inexistante », même si elles se sont révélées totalement inexactes par la suite. Un procès pour calomnie fait donc courir le risque sérieux au plaignant d'avoir à subir de nouvelles accusations avec une nouvelle publicité dommageable et sans obtenir de condamnation au motif qu'au moment où les accusations ont été proférées à son encontre, elles reposaient sur une base factuelle « suffisante ».

Enfin, de très courts délais de prescription sont prévus en matière de calomnie et de diffamation. Même si des poursuites sont entamées rapidement, les victimes n'ont que très peu de chance d'obtenir une condamnation pénale avant que ne soit atteinte la prescription.

Les atteintes à l'honneur et à la réputation d'autrui par la diffusion d'écrits ou par des émissions radiophoniques ou télévisées bénéficient donc d'une impunité pénale incontestable, soit parce qu'elles relèvent de la Cour d'assises (pour les écrits), soit parce que la victime se hasarde exceptionnellement à déposer plainte.

Il n'en va différemment que pour les opinions à caractère raciste ou xénophobe, qui sont passibles de poursuites devant le tribunal correctionnel et pour lesquelles des plaintes sont déposées et instruites.

3. LES POURSUITES CIVILES

La censure ou les mesures préventives destinées à restreindre la liberté d'expression

En principe, une personne qui risque de subir une atteinte grave à l'un de ses droits peut demander *au juge des référés* d'ordonner des mesures protectrices, à la condition d'en démontrer l'urgence et la nécessité.

Toutefois, on a vu que l'article 25 de la Constitution interdit expressément la censure et que l'article 19 de la Constitution garantit la liberté d'expression en toute matière, « sauf la répression des délits commis à l'occasion de l'usage de cette liberté », c'est-à-dire sauf la possibilité de réprimer *a posteriori* le délit qui *a été* commis.

L'interdiction constitutionnelle de la censure est absolue et vise toutes les mesures quelles qu'elles soient, pour quelque motif que ce soit, qui ont pour effet d'empêcher préventivement une diffusion ; cette interdiction s'impose à tout pouvoir constitué : les juges mais aussi les autorités administratives.

Une personne dont le droit à la réputation ou à l'honneur ou d'autres composantes de sa vie privée sont susceptibles d'être atteints par une publication ne peut donc demander au juge des référés d'interdire préventivement cette publication.

Cette interdiction générale de la censure préalable ne profite cependant pas à toutes les formes d'expression. Pour les émissions télévisées et radiophoniques, une partie de la doctrine et de la jurisprudence a longtemps considéré qu'il était possible d'en interdire préventivement la diffusion. Cette thèse pouvait s'appuyer sur les enseignements de la Cour de cassation selon lesquels les infractions commises par ces médias ne sont pas des délits de presse à défaut d'un écrit. Le juge des référés fut donc saisi de nombreuses actions en vue d'obtenir l'interdiction préventive de la diffusion d'émissions de télévision et plusieurs d'entre elles ont été accueillies.

La Cour de cassation a approuvé cette jurisprudence, en considérant que l'article 19 de la Constitution ne consacre pas de manière absolue le droit à la liberté d'expression et que dès lors, ce droit peut subir des limitations, y compris de manière préventive. Ainsi, dans un arrêt du 2 juin 2006 relatif à une émission de la RTBF « Au nom de la loi » traitant d'erreurs médicales, la Cour de cassation a refusé de casser un arrêt de la cour d'appel qui, sur la requête d'un médecin, avait confirmé l'interdiction ordonnée par le juge des référés, sous peine d'astreintes, de diffuser l'émission jusqu'à ce qu'intervienne une décision au fond[1].

Cependant, un arrêt de la Cour européenne des droits de l'homme du 29 mars 2011 (RTBF contre Belgique) a décidé que les dispositions légales belges qui règlent la compétence du juge des référés combinées avec les règles générales du droit de la responsabilité civile ne suffisent pas pour justifier des restrictions préventives à la liberté d'expression au sens de l'alinéa 2 de l'article 10 de la CEDH, même si le droit au respect de la vie privée et familiale, qui comprend le droit à la réputation et à l'honneur, est gravement menacé[2].

En l'état actuel du droit belge conjugué avec la CEDH, les mesures restrictives à caractère préventif se heurtent donc, d'une part, à l'interdiction constitutionnelle de la censure pour les écrits, et d'autre part à l'absence d'une loi interne conforme à l'article 10, 2 de la CEDH pour les autres formes d'expression.

Censure ne se confond pas avec le retrait d'un imprimé déjà diffusé.

Il est généralement admis — même si la question est débattue — qu'une mesure de retrait est permise et qu'elle n'équivaut pas à une censure préventive car elle intervient alors que l'écrit a déjà connu une large publication. C'est en ce sens que la Cour de cassation s'est prononcée le 29 juin 2000 à l'occasion d'une affaire qui opposait la juge Doutrèwe à un magazine qui avait publié des notes personnelles de la juge pour préparer son audition par la commission parlementaire Dutroux.

Tant le juge des référés que la cour d'appel avaient ordonné le retrait de cette publication sous peine d'astreintes. La Cour de cassation a considéré que la cour d'appel n'avait pas établi de censure puisque l'hebdomadaire avait déjà reçu une large diffusion au moment de la signification de l'ordonnance de retrait. Elle a également jugé que les dispositions internes qui organisent l'intervention du juge des référés pour prévenir et réparer une lésion illicite à un droit civil et enjoindre à l'auteur d'un dommage de faire cesser l'état de chose qui cause le préjudice, répondaient aux exigences de l'article 10, § 2 de la CEDH et permettaient donc cette forme d'ingérence dans le droit à la liberté d'expression.

Dans un arrêt du 9 novembre 2006, la Cour européenne a également estimé que le retrait qui avait été ordonné ne violait pas l'article 10, § 2 de la CEDH

1 C030211 - www.juridat.be

2 http://hvdoc.echr.coe

pour le motif, notamment, que le retrait n'était pas une censure[3] (Lemporel contre Belgique, http://hvdoc.echr.coe).

Le juge des référés peut donc intervenir immédiatement après l'exercice de la liberté d'expression pour ordonner le retrait d'une publication.

Il faut cependant que les conditions qui gouvernent habituellement cette procédure soient respectées ; il faut donc qu'il y ait urgence à intervenir. On notera à cet égard que si un écrit a déjà subi une large diffusion, le juge des référés pourrait considérer qu'il n'y a plus lieu de prévenir un dommage qui s'est déjà réalisé et qu'il n'y a plus d'urgence à intervenir.

À côté du retrait pur et simple, d'autres mesures peuvent paraître plus adéquates, telle une interdiction de réédition, sauf modifications de certains passages. En effet, le juge des référés doit opérer une balance des intérêts en présence en sorte que, selon la cour d'appel de Bruxelles « dans la mesure où les restrictions privant de la liberté d'expression présentent de grands dangers, l'intervention du juge des référés ne trouvera sa légitimité démocratique que s'il se limite aux cas flagrants de violation des droits d'autrui[4] ».

Il faut par ailleurs constater que le retrait n'est guère envisageable pour une émission télévisée ; tout au plus peut-on en interdire la rediffusion.

Enfin, lorsqu'il s'agit d'informations ou d'images concernant la vie privée d'une personne, qui ne sont pas susceptibles de contribuer aux débats d'intérêt général, des mesures, même préventives, doivent pouvoir être accordées. La justification de l'interdiction de la censure réside en effet non pas dans la protection des journalistes mais dans la nécessité pour une société démocratique de protéger l'expression libre d'opinions et d'informations susceptibles d'intéresser légitimement les citoyens ou une partie d'entre eux. Cela ne recouvre pas les informations ou jugements de valeur qui portent inutilement atteinte à la réputation d'une personne, qui sont inspirés par une intention de nuire et qui ne sont pas nécessaires au fonctionnement démocratique.

Les demandes de réparation a posteriori

En vertu de l'article 1382 du Code civil, l'auteur d'un fait fautif et dommageable commis par la diffusion d'un écrit ou par les médias audio-visuels ou par Internet doit réparer le dommage qu'il a causé.

3 Lemporel contre Belgique, hvdoc.echr.coe

4 Bruxelles, 21 décembre 2001, JLMB 2002, p. 401.

a. Contre qui ? Le problème de la responsabilité en cascade

Toute personne qui diffuse des informations ou émet des opinions avec un certain degré de publicité doit répondre de leur caractère fautif éventuel. Dès lors, tout journaliste qui diffuse des informations ou émet des considérations ou qui traite d'un sujet par presses écrite, orale ou télévisée ou encore par Internet, doit répondre civilement des fautes qu'il commet à cette occasion.

Toutefois, lorsque le journaliste travaille sous les liens d'un contrat de travail, il ne répond que de sa faute lourde conformément à l'article 18 de la loi sur le contrat de travail, c'est-à-dire de la faute tellement grossière qu'elle ne se comprend pas d'une personne raisonnable ; elle ne doit toutefois pas être intentionnelle. Quant à l'éditeur, son employeur, il a été jugé qu'il n'est pas civilement responsable de son employé s'il est dans les conditions pour invoquer la responsabilité en cascade prévue par l'article 25 de la Constitution.

En effet, selon l'article 25 de la Constitution, lorsque l'auteur est connu et domicilié en Belgique, l'éditeur, l'imprimeur ou le distributeur ne peut être poursuivi, ni pénalement ni civilement, pour répondre des délits de presse commis par l'auteur.

Il a été jugé à ce propos que le gestionnaire d'un site Internet sur lequel sont publiés des articles doit être considéré comme éditeur et bénéficier du principe de responsabilité en cascade.

Il y a toutefois une condition à l'exonération de responsabilité civile et pénale qui découle de la responsabilité en cascade : il faut que le fait reproché à l'auteur soit constitutif d'une infraction pénale bénéficiant du régime du délit de presse. Compte tenu de la jurisprudence de la Cour de cassation, il faudra donc que le fait fautif soit commis par la diffusion d'une information ou d'une opinion contenue dans un texte écrit, imprimé ou numérique.

Dans tous les cas, l'éditeur répond de sa faute personnelle et il commet une faute lorsqu'il donne de la publicité à un article qui porte injustement et manifestement atteinte aux droits de tiers[5].

Par ailleurs, les juridictions considèrent que l'éditeur répond seul des photographies, des illustrations et des titres qui accompagnent la publication d'un article de presse.

b. Pour quels faits ?

L'article 1382 du Code civil exige une faute mais pas une intention de nuire. Le juge appelé à apprécier les faits doit tenir compte de critères concrets tels que la profession et le niveau d'étude de la personne mise en cause, le type de média,

5 Appel Bruxelles, 13 décembre 2011, AM 2012, p. 597.

la nature de l'information — selon qu'elle est plus ou moins pertinente pour une société démocratique — l'identité de la personne visée, selon qu'il s'agit d'un personnage public ou privé, les circonstances de temps et de lieu, etc.

La jurisprudence décide que la faute susceptible d'engager la responsabilité d'un *journaliste ou de toute personne à l'origine de la diffusion d'informations*, et donc de toute personne qui diffuse une information ou opinion, peut consister, soit en une infraction constitutive de délit de presse (telle que la calomnie), soit dans la violation d'une disposition légale imposant une obligation déterminée d'agir ou de s'abstenir, soit plus généralement dans la violation de l'obligation générale de prudence.

Comment circonscrire cette obligation générale de prudence dans le chef des professionnels de l'information à l'égard desquels les exigences sont plus rigoureuses qu'à l'égard d'un *quidam* qui se répand sur les réseaux sociaux ?

Le tribunal de première instance de Bruxelles l'a énoncé en ces termes :

> [...] il est communément admis, tant par la déontologie des journalistes d'investigation que par la jurisprudence de la Cour européenne des droits de l'homme et par la jurisprudence interne, que les principes suivants doivent être scrupuleusement respectés par les journalistes :
>
> — s'agissant de faits, il convient que leur véracité ait été recherchée dans toute la mesure des moyens mis à la disposition du journaliste, qui doit agir avec objectivité, loyauté et discernement. Cela implique, notamment, le recoupement et la vérification des sources d'information ;
>
> — s'agissant de jugements de valeurs, qui par définition ne peuvent être soumis à une exigence d'exactitude, il convient de ne pas tomber dans l'injure ou dans l'atteinte fautive à l'honneur ou à la réputation [6].

Les journalistes ont donc, d'une part, le devoir de vérification pour les faits et d'autre part, celui de ne pas porter atteinte à l'honneur et à la réputation d'une personne, d'une manière qui serait critiquable, lorsqu'ils émettent des jugements de valeur.

La *vérification des faits* est, selon la jurisprudence, une obligation de moyen qui n'est pas absolue. Le journaliste doit effectuer un travail raisonnable de vérification, s'appuyer *dans la mesure du possible* sur des données contrôlables et accessibles pour lui.

Si sa responsabilité est mise en cause, le journaliste devra démontrer la qualité de son travail de vérification, tout en protégeant le secret de ses sources, surtout si son informateur était tenu d'un secret professionnel. On

6 CW. Bruxelles, 15 octobre 2009, J.C. 2010, p. 254

n'est en effet pas tenu de le croire sur parole et celui qui demande réparation n'est pas en mesure d'établir que le journaliste n'a pas travaillé correctement[7] ; « vérifier » veut dire à tout le moins recouper l'information avec d'autres sources, interroger les personnes qui peuvent l'être, s'assurer que l'on dispose de documents fiables.

L'intensité de l'obligation de vérifier les faits augmente *en principe* avec la gravité apparente des imputations rapportées, l'importance du préjudice qu'elles sont susceptibles d'occasionner, les moyens d'investigation dont dispose le journaliste. Il faut trouver « un équilibre raisonnable » entre la liberté d'expression de la presse et le droit au respect de la vie privée.

Lorsque les informations risquent de porter atteinte à l'honneur des personnes, elles doivent, compte tenu de leur répercussion, être rigoureusement vérifiées et recoupées ; le journaliste veillera à donner à la personne la possibilité de s'exprimer et de répondre aux accusations que des tiers expriment publiquement à son encontre.

Ainsi la RTBF a été condamnée, lors d'une émission sur la disparition d'une personne pendant 26 ans suivie de sa réapparition, pour avoir fait état du nom des personnes concernées par cet évènement alors qu'elles avaient demandé l'anonymat. La RTBF fut également condamnée pour avoir omis de supprimer toute image susceptible de permettre l'identification des personnes.

Toutefois, les personnes qui occupent une place visible dans la société doivent tolérer que soient diffusées des informations qui relèvent de leur vie privée et *a fortiori* de leur vie publique. Les atteintes à la vie privée des personnages publics sont plus largement tolérées compte tenu de leur notoriété et de l'intérêt qu'elles suscitent au sein de la population. Ainsi, un journaliste ne viole pas la vie privée d'une chanteuse célèbre dont il révèle l'état de grossesse, alors qu'il n'est pas censé en connaitre l'état confidentiel. En effet cette information répond à un intérêt légitime du public et est liée à l'activité professionnelle de la chanteuse[8]. D'ailleurs, dans la presse à sensation, il est habituel que l'attention se porte sur les commérages et les scandales des célébrités. Enfin, on admet de plus en plus généralement l'intérêt pour une société démocratique à la diffusion d'informations qui concernent la vie privée de personnes exerçant un mandat politique lorsque les faits en cause sont susceptibles d'avoir des répercussions sur l'exercice de ce mandat.

Pour les opinions ou appréciations personnelles ou encore les accusations émises par un journaliste, les juridictions se limitent à un contrôle marginal.

7 Appel, Bruxelles, 16 février 2001, AM 2002, p. 282

8 Tribunal de première instance de Bruxelles, 11 décembre 2007, AM 2008, p. 323.

Une certaine exagération, l'humour et la dérision sont largement tolérés, surtout à l'égard des personnes publiques qui doivent supporter davantage de critiques, même avec une certaine dose d'exagération[9].

La presse peut également faire preuve de provocation à leur égard, ce qui permet à la presse satyrique de se maintenir dans une société démocratique fondée sur le pluralisme et l'esprit d'ouverture.

Toutefois, le journaliste ne peut porter atteinte de façon intolérable à l'honneur ou à la réputation des personnes ou poursuivre l'unique but de ridiculiser ou de dénigrer quelqu'un.

Des appréciations blessantes ou calomnieuses n'ajoutent généralement rien aux informations essentielles. A été condamné un quotidien qui traitait un médecin de « charlatan hautement qualifié » alors même que l'article voulait informer le public sur des thérapies contre le cancer non traditionnelles mais ce, sans démontrer avec des données suffisamment fiables et nombreuses que ledit médecin trompait sciemment ses patients et prodiguait des thérapies inefficaces.

Le journaliste doit également s'abstenir de proférer des accusations inconsidérées sur la base d'informations non sérieusement vérifiées, soit dans une source directe, soit à tout le moins dans une source indirecte mais fiable.

Commet une faute lourde le journaliste sous contrat d'emploi qui publie des accusations avec une telle virulence et un tel acharnement sur la base d'informations aussi peu vérifiées qu'aucun journaliste raisonnable n'aurait pu les publier[10]. Ce principe vaut tant pour les personnes publiques que pour les autres. Le journaliste doit s'abstenir de porter des accusations et de présenter des personnes comme coupables alors qu'elles n'ont pas été jugées et condamnées par le tribunal compétent. Ce principe vaut également tant pour les personnes publiques que pour les autres.

Par ailleurs, lorsqu'il donne des informations relatives à une personne qui est tenue à un devoir de réserve, qui ne peut exercer personnellement un droit de réponse et qui ne peut pas réagir, les tribunaux considèrent que le journaliste doit plus encore s'abstenir de divagations à son propos. Plusieurs journalistes ou éditeurs ont ainsi été civilement condamnés pour des propos diffamatoires à l'encontre de magistrats. En effet, la critique d'une décision de justice ne justifie pas le discrédit jeté sur la personne du magistrat. Par ailleurs, ce discrédit compromet la confiance du public dans la justice elle-même. Le *Père Ubu* fut ainsi condamné pour avoir traité un magistrat de

9 Appel, Bruxelles, 11 décembre 2012, AM 2013, p. 255

10 Appel, Bruxelles, 16 février 2001, AM 2002, p. 282 ; voir également tribunal de première instance de Bruxelles, 13 décembre 2011, AM 2012, p. 597.

« personne hystérique, incompétente, furie hystérique d'extrême gauche et infecte ».

Le journaliste est-il, en outre, tenu de veiller au droit à un procès équitable ou au respect de la présomption d'innocence ? Il a en effet été jugé que lorsqu'ils diffusent des informations sur des affaires judiciaires en cours, les journalistes doivent faire preuve d'un devoir particulier de réserve et de discrétion afin de ne pas mettre à mal la présomption d'innocence dont bénéficie tout prévenu non encore jugé.

On peut actuellement déduire de la jurisprudence de la Cour européenne des droits de l'homme et de celle de la Cour de cassation que la presse doit « prendre en considération » la présomption d'innocence dont bénéficie toute personne mise en cause devant les juridictions pénales mais qu'elle ne doit pas elle-même respecter cette présomption. En effet, il s'agit d'une règle qui domine dans les débats judiciaires et dans les rapports de l'individu avec les autorités mais qui ne s'impose entre les particuliers. Les médias ne se confondent pas avec les tribunaux et ils ne prononcent pas de décisions ayant valeur de vérité judiciaire.

Cela étant, puisqu'ils contribuent à la fabrication de l'opinion publique, les médias doivent veiller à ce que la personne qui fait l'objet de poursuites pénales puisse être jugée par des juges professionnels ou par un jury d'assises dont l'indépendance n'aura pas été compromise par un lynchage médiatique et une opinion publique démontée. S'il est du métier des juges professionnels de résister à l'opinion et aux pressions, ce n'est certainement pas dans les qualifications d'un jury d'assises. Quant aux magistrats professionnels, ils sont en droit d'attendre de la presse qu'elle respecte leur travail et ne cherche pas à diriger le procès et l'accusation à leur place.

Donc, si la presse n'est pas tenue de respecter elle-même la présomption d'innocence, elle doit agir avec bonne foi en tenant compte de celle-ci, en ne cherchant pas à influencer l'attitude des autorités chargées de juger les personnes et en ne jetant pas le discrédit sur le travail pour faire pression sur elles, leurs enquêtes ou leurs décisions.

L'éditeur d'un écrit répond de *la couverture du journal ou de la revue, des titres, des encadrés, des extraits ou fac-similés de documents* couverts par le secret professionnel[11]. Lorsqu'un éditeur décide de reprendre la nouvelle la plus importante du jour dans le premier article de la Une du journal, avec un titre dont la taille des caractères dépasse celle de tous les autres articles, on peut

11 Tribunal de première instance de Bruxelles, 9 mars 2009, AM 2011, p. 81 et 9 mars 2010, JT 2010, p. 465 et suivantes

attendre de lui qu'il vérifie si le titre et le contenu de l'article sont fidèles à la vérité.

L'éditeur répond également de la *diffusion de l'image* d'une personne, laquelle requiert en règle une autorisation préalable en vertu d'un droit subjectif à l'image.

De nombreuses décisions considèrent que l'utilisation d'une image sans le consentement de la personne représentée est nécessairement fautive. La cour d'appel de Gand a en outre jugé que la simple violation du droit à l'image ouvre pour la personne représentée le droit d'être indemnisée, sans qu'elle doive prouver le préjudice qu'elle a subi à cause de cette faute. Vainement le quotidien tentera-t-il de contester sa faute en soutenant qu'il a acquis une photographie auprès d'une banque d'images, s'il savait ou devait savoir que la photographie acquise a été prise sans l'autorisation de la personne à être photographiée, à l'aide d'un téléobjectif[12].

Toutefois, ce droit à l'image n'est pas absolu. Le tribunal de première instance de Bruxelles a décidé que le droit à l'image doit être mis en balance avec le droit du public à être informé des questions d'intérêt public. Un personnage public ne peut donc se plaindre de la diffusion de photographies qui ont été prises sans son consentement et qui concernent sa vie privée *lorsqu'elles présentent un intérêt public.*

Enfin, l'éditeur engage sa responsabilité lorsqu'il refuse de publier l'intégralité du droit de réponse et y ajoute un commentaire insidieux.

Quant aux médias audio-visuels, il a été jugé qu'un enregistrement en vue d'obtenir des informations pertinentes pour la société ne peut pas se dérouler à la légère, que l'usage d'une caméra cachée constitue une grave atteinte au droit à la vie privée et à l'intégrité et qu'est fautive la diffusion d'un reportage dans un club de fitness visuellement reconnaissable, en l'accusant de discriminer les étrangers, sans laisser la parole à l'exploitant, sans consulter la liste des membres et sans vérifier et montrer la présence, dans le club, de personnes d'origine étrangère qui s'y trouvent[13].

Lorsqu'une faute a été commise, celui qui doit en répondre peut-il la justifier en invoquant l'intérêt du public à être informé d'une question d'intérêt public ?

Par un arrêt du 7 juin 2007, la Cour européenne a considéré que la condamnation en France des journalistes ayant publié *Les oreilles du Président* (Mitterrand) pour recel de documents provenant d'une personne en violation de son secret professionnel et pour recel de documents volés, constituait une

12 Gand, 20 septembre 2009, AM 2007, p. 386

13 Tribunal de première instance de Bruxelles, 27 mars 2012, AM 2012, p. 602.

ingérence disproportionnée dans l'usage de la liberté d'expression garantie par l'article 10 de la CEDH. La Cour a estimé que le thème de l'ouvrage concernait un débat d'un intérêt public considérable (les écoutes téléphoniques au sein de l'Élysée) et que, nonobstant l'origine douteuse des documents, les journalistes avaient agi dans le respect des règles de leur profession en faisant usage de documents procurant des informations exactes.

Il peut donc y avoir un intérêt légitime dans une société démocratique qui justifie, non pas que l'on diffuse des informations inexactes, mais que l'on use de procédés discutables pour se procurer des informations dont on vérifie la fiabilité avant d'en user.

c. Pour quelle réparation ?

En principe, la personne préjudiciée par le comportement fautif d'un tiers peut demander la réparation intégrale du préjudice moral et/ou matériel qu'elle a subi, soit en nature, soit plus généralement par une indemnité.

En droit de la presse, la victime invoque le plus souvent un dommage moral — pour l'atteinte à son honneur et à sa réputation et les souffrances morales qu'elle a subies ou pour l'atteinte à sa vie privée — et réclame une indemnité fixée *ex aequo et bono.* Fréquemment, elle demande la publication du jugement.

Comment répondent les juridictions ?

Bien souvent, le dommage moral est fixé à un euro symbolique.

Les juges indiquent que les dommages et intérêts ne sont pas destinés à « punir » l'auteur mais à réparer un dommage, que le dommage moral est difficilement évaluable et que la victime ne prouve pas avoir subi des conséquences financières[14]. L'euro symbolique leur paraît commandé par l'article 10 de la CEDH qui n'admet d'ingérence dans la liberté d'expression que pour autant qu'elle réponde à un besoin social impérieux dans une société démocratique. Le besoin social impérieux commanderait que l'indemnité soit proportionnée au but poursuivi — à savoir réparer un dommage mais non punir l'auteur — et qu'elle ne risque pas d'avoir un effet dissuasif sur la liberté d'expression, ce qui serait le cas si elle excédait l'euro symbolique.

D'autres juridictions accordent (à raison selon moi) des indemnités plus substantielles qu'un euro symbolique en tenant compte d'éléments concrets tels que la gravité de l'atteinte à l'honneur et à la réputation de la victime, la gravité de l'atteinte à son droit à une vie privée, l'ampleur et la durée de la diffusion, les répercussions dans la vie professionnelle et privée de la victime, la qualité et la notoriété de la victime, l'aggravation du préjudice en

[14] Voir ainsi Appel Bruxelles, 5 février 1999, AM 1999, 274

cas de refus de publier intégralement le droit de réponse, et lorsque tel est le cas, du fait que la victime était tenue au silence et au devoir de réserve et a donc dû subir les attaques sans pouvoir réagir[15]. Lorsque les juges procèdent à cette démarche, l'indemnité pour dommage moral varie généralement entre 2 000 et 2 500 euros mais des sommes plus importantes ont été allouées.

La publication du jugement constatant le ou les manquements du journaliste ou de l'éditeur n'est pas systématique.

Dans certains cas, elle est ordonnée en même temps qu'une condamnation à un euro symbolique, parce qu'elle est considérée comme la vraie mesure adéquate pour réparer le dommage moral[16].

Dans d'autres cas, la publication est refusée. Ainsi, dans un jugement du 14 février 2011, le tribunal de première instance de Bruxelles a décidé qu'il faut procéder à une balance entre le droit à la protection de la réputation ou le droit à la vie privée et la liberté d'expression et qu'il faut vérifier si la publication du jugement contribue à la réparation du dommage. Il a considéré que tel n'était pas le cas car, en publiant le jugement, le risque serait grand que la presse utilise cette publication pour à nouveau informer sur les faits, ce qui ne contribuerait pas à apaiser les esprits[17].

Un autre jugement du même tribunal refuse la publication parce que l'article a touché de très rares personnes et qu'un très long laps de temps s'est écoulé.

À l'inverse, dans une autre affaire, ce tribunal observe que nonobstant l'écoulement du temps, la publication est justifiée au regard de la jurisprudence de la Cour européenne en ce que le public a le droit d'être mis au courant des abus commis lors de la diffusion de l'information[18].

Enfin, fort à propos, un juge a refusé d'imposer à un éditeur une interdiction de publier *à l'avenir* des textes susceptibles de porter atteinte à la réputation et à l'honneur du demandeur, puisque l'article 25 de la Constitution interdit la censure[19].

15 Tribunal de première instance de Bruxelles, 9 mars 2010, JT 2010, p. 465.

16 Appel, Bruxelles, 5 février 1999, AM 1999, p. 174.

17 Tribunal de première instance de Bruxelles, 14 février 2011, AM 2011, p. 391.

18 Tribunal de première instance de Bruxelles, 8 novembre 2011, AM 2012, p. 261.

19 Tribunal de première instance de Bruxelles, 20 juin 2011, AM 2012, p. 463.

CONCLUSION

En l'état actuel du droit — à moins que l'information ne puisse être taxée de racisme ou de xénophobie — la victime d'une atteinte à son honneur par des calomnies ne peut pas attendre une répression pénale efficace de l'auteur, de l'éditeur, de l'imprimeur, du distributeur.

Sur le plan civil, la victime de tels faits ou la personne à propos de laquelle des informations — sans être calomniatrices — dévoilent des faits de sa vie privée ou de sa vie publique si elle en a une, doit se contenter d'un contrôle marginal.

Pour autant que les informations puissent susciter l'intérêt légitime des citoyens ou d'une partie d'entre eux et/ou contribuer au débat public dans une société démocratique, la liberté d'expression est privilégiée.

Seuls le manque évident d'investigation sérieuse ou la propagation de rumeurs infondées et non vérifiées ou d'opinions inutilement blessantes, ou d'accusations dépourvues de toute base factuelle, ou de photographies prises sans consentement, ont une chance sérieuse d'être jugés fautifs. En outre, la victime doit souvent se contenter d'un euro symbolique et sans obtenir nécessairement la publication du jugement.

Certains préconisent une modification de la Constitution pour que le délit de presse relève de la compétence des juridictions correctionnelles ordinaires. Cette suggestion a été suivie par le Constituant pour les délits de presse à caractère xénophobe ou raciste mais il n'est pas allé au-delà.

Qu'adviendrait-il de la liberté d'expression et du travail d'information et de mise en débat qu'accomplit la presse et qui est fondamental dans une société démocratique, si toutes les manifestations d'opinions délictueuses étaient susceptibles d'être déférées à la censure des tribunaux correctionnels ? Ne pourrait-on légitimement craindre que des particuliers ou des groupes instrumentalisent le pouvoir judiciaire pour obtenir la répression d'informations et d'opinions qu'ils jugeraient contraires à leurs propres valeurs ? Ne serait-ce pas accorder trop de pouvoir au pouvoir judiciaire et au Ministère public dans une société démocratique au sein de laquelle la presse doit avoir la liberté de les mettre également en cause, sans encourir le risque d'une répression qui pourrait avoir des allures vengeresses ?

Ne faudrait-il pas d'ailleurs envisager de dépénaliser tous les usages de la liberté d'expression quel que soit leur mode de diffusion et s'accommoder de la réparation civile, avec une plus grande faveur accordée à la publication des jugements de condamnation et sans doute des indemnités moins frileuses lorsque le dommage est grand et l'intérêt public faible ?

Ne faut-il pas rechercher ailleurs les solutions aux conflits qui peuvent opposer la presse à certaines personnes, par exemple en renforçant les interventions déontologiques, en révisant le droit de réponse et en favorisant la possibilité d'être entendu lorsque l'on est mis en cause ? Ne faudrait-il pas également susciter les débats publics qui questionnent la presse elle-même ou certains journalistes ? Le véritable contrôleur de ce « quatrième pouvoir » doit en effet, selon le Constituant, être l'opinion publique.

Comme le démontre fort bien Jacques Englebert dans son essai *La procédure garante de la liberté d'information* (Anthémis, 2014), limiter, réguler, sanctionner les expressions par la voie médiatique, c'est limiter, réguler, sanctionner l'usage par chacun de sa liberté d'expression. L'enjeu, c'est le droit de chacun à informer et à exprimer une opinion et corrélativement le droit de chacun d'être informé et de débattre des opinions des autres.

Le droit de la presse ne s'adresse en effet pas exclusivement aux journalistes professionnels.

En interdisant la censure et en déférant le délit de presse au jury d'assises, le Constituant a visé toutes les opinions — à tout le moins celles exprimées dans un écrit, imprimé ou diffusé sur Internet. Par ailleurs, l'article 19 de la Constitution qui reconnaît la liberté d'expression, sauf la répression *a posteriori* de son abus, s'adresse à tous et toutes.

Un arrêt de la Cour constitutionnelle du 7 juin 2006, relatif à la loi du 7 avril 2005 protégeant le secret des sources le confirme, en décidant que le droit de taire les sources ne se limite pas aux seuls journalistes de presse mais « à toute personne qui contribue directement à la collecte, la rédaction, la production et la diffusion d'informations, par le lien d'un média, au profit du public ». Ce droit doit donc être garanti, non pas pour protéger les intérêts de journalistes en tant que groupe professionnel, mais pour permettre à la presse de jouer son rôle de « chien de garde » et d'informer le public sur des questions d'intérêt général[20] (Arrêt n°91/2006).

Il s'ensuit que « toute personne qui exerce des activités journalistiques » peut invoquer le droit au secret des sources, y compris les personnes qui n'exercent pas leurs activités journalistiques comme travailleurs indépendants ou salariés ou qui n'exercent pas ces activités d'une façon régulière.

[20] Arrêt n°91 / 2006

AVATARS DE LA LIBERTÉ D'EXPRESSION DANS L'UNIVERS NUMÉRIQUE

QUENTIN VAN ENIS,
Maître de conférences à l'Université de Namur, chercheur au CRIDS et avocat au Barreau de Bruxelles

1. INTRODUCTION

Il est devenu banal de relever les incroyables possibilités de diffusion et de réception d'idées ou d'informations ouvertes par l'internet. Moins apparents mais pourtant tout aussi réels sont les nombreux obstacles auxquels peut se heurter l'exercice de la liberté d'expression dans l'univers numérique. Cette dernière peut se trouver compromise de bien des manières sur le réseau. Dans le cadre succinct de la présente contribution, trois défis majeurs seront mis en évidence. Le premier d'entre eux consiste à véritablement intégrer l'internet dans la sphère de protection existante du droit à la liberté d'expression (I). Deux écueils spécifiques qui se dressent devant la pleine jouissance de la liberté d'expression sur la Toile méritent encore d'être soulignés. Il s'agit, d'une part, de la protection de l'accès au réseau (II) et, d'autre part, de la garantie du droit à la liberté d'expression à l'égard des intermédiaires de l'internet (entendus dans un sens large), lesquels ont la particularité d'être généralement constitués sous la forme d'entreprises privées (III).

A. *La transposition à l'internet des principes protecteurs de la liberté d'expression*

a. *Les sources de la liberté d'expression et leur application à l'internet*

Le premier défi qui se pose à la liberté d'expression dans l'univers numérique consiste à assurer la transposition à l'internet des grands principes protecteurs de la liberté d'expression.

Au plan international, ces principes résultent de l'article 19 de la Déclaration universelle des droits de l'homme[1], de l'article 19 du Pacte international relatif aux droits civils et politiques, ainsi qu'au plan européen, de l'article 10 de la Convention européenne des droits de l'homme, adoptée sous l'égide du Conseil de l'Europe, et de l'article 11 de la Charte des droits fondamentaux de l'Union européenne[2].

Au plan national, ces principes découlent de la Constitution qui protège, de façon générale, la liberté de manifester ses opinions en toute matière (article 19) et, en particulier, la liberté de la presse (article 25).

La question qui s'est rapidement posée avec l'émergence de l'internet a été de savoir si ces textes, pensés dans le contexte de la seule presse imprimée et des médias audiovisuels, devaient régir l'échange d'idées et d'informations dans l'univers numérique.

La Cour européenne des droits de l'homme, qui considère depuis longtemps la Convention européenne des droits de l'homme comme un « instrument vivant » à interpréter à la lumière des circonstances actuelles, n'a eu aucun mal à reconnaître l'importance de l'internet pour l'exercice du droit à la liberté d'expression et à le faire entrer dans la sphère de protection de l'article 10 de la Convention. Pour la Cour de Strasbourg, « grâce à leur accessibilité ainsi qu'à leur capacité à conserver et à diffuser de grandes quantités de données, les sites internet contribuent grandement à améliorer l'accès du public à l'actualité et, de manière générale, à faciliter la communication de l'information[3] ». Chargé d'interpréter le Pacte international, le Comité des droits de l'homme a également admis que l'internet était couvert par le droit

[1] Laquelle est dépourvue de toute force juridique contraignante.

[2] Rendue obligatoire par l'entrée en vigueur du Traité de Lisbonne le 1er décembre 2009.

[3] Cour eur. D.H., 4e sect., arrêt *Times Newspapers Ltd c. Royaume-Uni (nos 1 et 2)*, 10 mars 2009, § 27. Pour un commentaire de cet arrêt, voir Q. Van Enis, « Le temps ne fait rien à l'affaire... Les archives Internet du Times devant la Cour européenne des droits de l'homme », in *Revue du droit des technologies de l'information (RDTI)*, n° 37, 2009, p. 94-103.

à la liberté d'expression[4]. Il est vrai que tant le texte de la Convention[5] que celui du Pacte visent la liberté d'expression de façon générique sans faire référence à un média particulier[6].

Qu'en est-il alors de la Constitution belge, qui, comme on l'a déjà relevé, prévoit un régime protecteur particulier pour la liberté de la *presse* ?

Il est certain qu'en 1831, les membres du Congrès national ne connaissaient guère que la presse imprimée. Doit-il s'agir pour autant de limiter la protection spécifique prévue en faveur de la presse aux seuls écrits imprimés, à l'exclusion des médias audiovisuels et de l'internet ? À nos yeux, rien n'empêche de considérer la protection constitutionnelle de la presse sous un angle fonctionnel en vue d'en reconnaître le bénéfice à tous ceux qui se trouvent aujourd'hui dans une situation similaire à celle des pamphlétaires de l'époque, et qui entendent adresser un message au public par le biais d'un quelconque support de diffusion[7]. Ainsi, en 1881, dans une formule qui laissait admirablement la place aux évolutions ultérieures, H. Schuermans définissait la liberté de la presse comme le droit « de recourir à l'instrument *le plus rapide et le plus efficace* de diffusion des idées et des doctrines[8] ». Si aujourd'hui l'instrument *le plus rapide et le plus efficace* n'était plus la presse imprimée traditionnelle mais son homologue numérique, ne serait-il pas naturel de lui accorder la jouissance des garanties constitutionnelles de la presse ? Il devrait en aller d'autant plus ainsi que l'internet prend aujourd'hui une place croissante dans le paysage médiatique et risque bien, dans un futur peut-être pas si éloigné, de prendre définitivement la relève des médias traditionnels. Cette lecture de la Constitution n'est pourtant que partiellement partagée par la Cour de cassation, comme il sera expliqué ci-dessous.

4 Comité des droits de l'homme, *Observation générale n° 34 – Article 19: Liberté d'opinion et liberté d'expression*, 12 septembre 2011, CCPR/C/GC/34, § 12.

5 Sous la réserve de la possibilité laissée aux États de « soumettre les entreprises de radiodiffusion, de cinéma ou de télévision à un régime d'autorisations », expressément incluse dans la Convention.

6 Comme l'a souligné F. La Rue, « en disposant, de façon explicite, que toute personne a le droit de s'exprimer par le biais de tout média, [...] l'article 19 de la Déclaration universelle des droits de l'homme et du Pacte a été rédigé de sorte à ce qu'il prenne en charge les développements technologiques futurs dont les individus allaient pouvoir se servir pour exercer leur droit à la liberté d'expression » (*Rapport du Rapporteur spécial sur la promotion et la protection du droit à la liberté d'opinion et d'expression*, 16 mai 2011, A/HRC/17/27, § 21).

7 Voir à cet égard notre étude, Q. Van Enis, *La liberté de la presse à l'ère numérique*, Bruxelles, Larcier, 2015, à paraître.

8 H. Schuermans, *Code de la presse ou commentaire du décret du 20 juillet 1831 et des lois complétives de ce décret*, 2e éd., t. 1, Bruxelles, Larcier, 1881, p. 6.

Des ajustements peuvent s'avérer nécessaires en vue d'adapter au contexte numérique les grands principes de protection de la liberté d'expression. L'internet présente en effet des caractéristiques propres que l'on ne peut feindre d'ignorer, tels sa facilité d'accès, son caractère transfrontière et la relative permanence de la diffusion des informations[9]. Pour être admissibles, de tels ajustements doivent cependant apparaître dûment justifiés, les États ne pouvant tirer prétexte du contexte numérique pour justifier un rétrécissement de la liberté d'expression. En ce sens, le Comité des ministres du Conseil de l'Europe a souligné par une déclaration de 2005 que « la liberté d'expression, d'information et de communication doit être respectée dans un environnement numérique tout comme dans un environnement non numérique. Elle ne doit pas être soumise à d'autres restrictions que celles prévues à l'article 10 de la Convention, pour la simple raison qu'elle s'exerce sous une forme numérique[10] ». Plus récemment, en juin 2014, le Conseil des droits de l'homme de l'ONU a affirmé que « les droits dont jouissent les personnes hors ligne doivent être également protégés en ligne, en particulier le droit de toute personne à la liberté d'expression, qui est applicable sans considérations de frontières et par le moyen de son choix[11] ».

Aux termes de la Constitution belge, la liberté d'expression doit prévaloir *a priori*, sans préjudice de la sanction *a posteriori* des abus commis à son usage[12]. Tel est le sens de l'article 25 de la Charte fondamentale, qui prohibe la censure, mais également de l'article 19 de la Constitution qui prohibe

[9] À cet égard, voir en particulier N. Vajic et P. Voyatzis, « The Internet and freedom of expression : a 'brave new world' and the ECtHR's evolving case-law », dans J. Casadevall, E. Myjer, M. O'Boyle et A. Austin (éds.), *Freedom of expression. Essays in honour of Nicolas Bratza*, Oisterwijk, Wolf Legal Publishers, 2012, p. 391-407 ; W. Benedek et M. Ketteman, *Freedom of expression and the Internet*, Strasbourg, Conseil de l'Europe, 2013, spéc. p. 17-22 ; F. Dubuisson, « Les restrictions à l'accès au contenu d'internet et le droit à la liberté d'expression », dans *Internet et le droit international*, Paris, Pedone, 2014, p. 134-163 et spéc. p. 135.

[10] Déclaration sur les droits de l'homme et l'état de droit dans la société de l'information adoptée par le Comité des ministres du Conseil de l'Europe le 13 mai 2005 lors de la 926e réunion des délégués des ministres.

[11] Conseil des droits de l'homme, *La promotion, la protection et l'exercice des droits de l'homme sur l'Internet*, 20 juin 2014, 26e session, A/HRC/26/L.24.

[12] Comp. avec l'approche retenue par la Cour européenne des droits de l'homme qui considère que l'article 10 de la Convention n'interdit pas en lui-même toute restriction préalable à la publication mais précise cependant que « de telles restrictions présentent [...] de si grands dangers qu'elles appellent de la part de la Cour l'examen le plus scrupuleux » et qu'« il en va spécialement ainsi dans le cas de la presse : l'information est un bien périssable et en retarder la publication, même pour une brève période, risque fort de la priver de toute valeur et de tout intérêt ». Voir, parmi de nombreux autres arrêts, Cour eur. D.H., gde ch., arrêts *Observer et Guardian c. Royaume-Uni* et *Sunday Times c. Royaume-Uni (no 2)*, 26 novembre 1991, respectivement § 60 et § 51.

généralement l'imposition des mesures préventives en droit belge[13]. Pas plus en ligne qu'hors ligne, la liberté d'expression ne doit être considérée comme absolue. Conformément à l'article 19 de la Constitution et aux règles pertinentes du droit international[14], la liberté d'expression peut faire l'objet de restrictions, à condition que ces dernières soient prévues par la loi, concourent à la réalisation d'un but légitime et constituent une mesure nécessaire dans une société démocratique[15].

Si, comme l'a souligné la Cour suprême des États-Unis dès 1997, « il n'est pas exagéré de considérer que les contenus disponibles sur l'internet sont aussi diversifiés que l'est la pensée humaine[16] », il ne devrait pas être question de prévoir par principe un niveau de protection plus faible pour l'internet en considérant simplement que son utilisation peut conduire à des abus par la facilité d'accès qu'il offre.

b. Deux illustrations contrastées

Deux exemples jurisprudentiels récents permettent d'illustrer la transposition à l'internet des règles de protection de la liberté d'expression.

13 Cour eur. D.H., 2e sect., arrêt *RTBF c. Belgique*, 29 mars 2011. *Revue de jurisprudence de Liège, Mons et Bruxelles (JLMB)*, 2011, p. 1244, notes M. Regout et Q. Van Enis ; *Journal des tribunaux (JT)*, 2012, p. 238, note K. Lemmens ; *Revue trimestrielle des droits de l'homme*, 2013, p. 331, note B. Frydman et C. Bricteux ; *Rechtspraak Antwerpen Brussel Gent (RABG)*, 2011, p. 807, note B. Maes, etc. Pour statuer sur l'exigence de légalité de l'ingérence dans le droit à la liberté d'expression de la requérante, la Cour s'est prononcée expressément sur la portée qu'il convient de conférer à l'article 19 de la Constitution : « [cet article], qui consacre entre autres la liberté d'expression, n'autorise que la répression des délits commis à l'occasion de l'usage de ces libertés, ce qui implique une sanction *a posteriori* des fautes et abus commis à l'occasion de l'exercice de cette liberté » (§ 108). Ce faisant, la Cour de Strasbourg a pris le parfait contre-pied de la Cour de cassation qui, dans cette affaire, avait considéré, sur conclusions contraires du ministère public, que « le juge des référés qui [...] tient provisoirement en suspens la diffusion d'une émission télévisée afin de garantir une protection effective des droits d'autrui [...] ne contrevient pas à l'article 19 de la Constitution » (Cass., 1re ch., 2 juin 2006, *JLMB*, 2006, p. 1402, obs. F. Jongen ; *A&M*, 2006, p. 355).

14 Voir en particulier le second paragraphe de l'article 10 de la Convention et le troisième paragraphe de l'article 19 du Pacte.

15 Voir, de manière générale, F. Dubuisson, *op. cit.* ; Q. Van Enis, « Les mesures de filtrage et de blocage de contenus sur l'internet : un mal (vraiment) nécessaire dans une société démocratique ? Quelques réflexions autour de la liberté d'expression », in *Revue trimestrielle des droits de l'homme*, 2013, p. 859-886 ; P.-F. Docquir, « Contrôle des contenus sur internet et liberté d'expression au sens de la Convention européenne des droits de l'homme », in *Chroniques de droit public (CDPK)*, 2002, p. 173-193. Sur la mise en balance entre le droit à la liberté d'expression et la protection du droit d'auteur en ligne : A. Strowel, « Pondération entre liberté d'expression et droit d'auteur sur internet : de la réserve des juges de Strasbourg à une concordance pratique par les juges de Luxembourg », in *Revue trimestrielle des droits de l'homme*, 2014, p. 889-911.

16 *Reno v. American Civil Liberties Union*, 521 U.S. 844 (1997), traduction libre.

Le premier exemple porte sur la notion constitutionnelle de « délit de presse ». Aux termes de l'article 150 de la Constitution belge, la cour d'assises est seule compétente pour connaître de tels délits[17]. L'idée du constituant originaire était de réserver à l'opinion publique le soin de juger des délits de presse et, dans le même temps, de soustraire ce pouvoir aux juges professionnels. À la faveur de deux arrêts rendus le 6 mars 2012, la Cour de cassation a admis que des délits de presse pouvaient être commis par l'entremise du réseau, ce dernier fournissant un procédé de reproduction similaire à l'impression classique[18]. La Cour de cassation a limité l'évolution aux seuls textes écrits en refusant expressément d'étendre la notion de délit de presse à des assertions orales ou audiovisuelles[19]. Une telle dichotomie peut surprendre dans le contexte *multi*média de l'internet. Il n'est évidemment pas rare d'y retrouver des sites Web qui mêlent l'écrit à d'autres formes de contenus[20]. Il peut paraître étonnant sinon paradoxal, à l'heure où les différents médias convergent, à l'heure où l'on parle de « presse en ligne » et de « télévision connectée », de prévoir des solutions divergentes en fonction des différentes formes que peut revêtir l'expression.

Un second exemple – plus abouti à nos yeux – d'adaptation à l'internet des règles protectrices de la liberté d'expression est tiré de la jurisprudence de la Cour européenne des droits de l'homme et d'une affaire *Comité de rédaction de Pravoye Delo* et Shtekel *c. Ukraine*, tranchée en 2011[21].

Avant de présenter les circonstances de l'affaire, il convient de rappeler que, suivant une jurisprudence désormais bien établie de la Cour de Strasbourg, les journalistes disposent en principe de la liberté de diffuser les propos d'autrui sans crainte d'engager leur propre responsabilité pour autant qu'ils prennent

17 À l'exception, depuis 1999, des délits de presse inspirés par le racisme ou la xénophobie qui sont désormais du ressort du tribunal correctionnel.

18 Cass. (2e ch.), 6 mars 2012. Les deux arrêts ont été rendus dans les affaires *Procureur général près la Cour d'appel de Gand et L.L. c. A.F.C.V.G. et Ter Dijk*, RG nº P.11.055.N (ci-après, le premier arrêt) et *F.D.S. c. M.E.*, RG nº P. 11.1374.N (ci-après, le second arrêt). Pour le premier arrêt, voir *Nieuw Juridisch Weekblad (NjW)*, 2012, p. 341 ; *A&M*, 2012, p. 253, obs. D. Voorhoof ; *JLMB*, 2012, p. 790 ; *JT*, 2012, obs. Q. Van Enis ; *RDTI*, nº 50, 2013, p. 81, note R. Debilio. Pour le second, *NjW*, 2012, p. 342 ; *RDTI*, nº 50, 2013, p. 82, note R. Debilio ; *NC*, 2012, p. 223 avec les conclusions du premier avocat général De Swaef. Voir également le commentaire de D. Voorhoof, « Weblogs en websites zijn voortaan ook 'drukpers' », in *Juristenkrant*, nº 246, 21 mars 2012, p. 4-5.

19 Cass. (2e ch.), 29 octobre 2013, *Tijdschrift voor Strafrecht*, 2014, p. 142, note J. Vrielink ; *JT*, 2014, p. 391, note Q. Van Enis.

20 À ce sujet, voir Q. Van Enis, « Entre interprétation restrictive du délit de presse et interprétation extensive de l'infraction de harcèlement : un régime en clair-obscur pour la vidéo en ligne ? », obs. sous Cass., 29 octobre 2013, in *JT*, 2014, p. 393-395 et Q. Van Enis, *La liberté de la presse à l'ère numérique*, *op. cit.*

21 Cour eur. D.H., 5e sect., 5 mai 2011.

soin d'en citer la source et de ne pas les reprendre à leur compte[22]. Or, dans l'affaire en question, les responsables du journal avaient été condamnés pour avoir simplement *reproduit* une information tirée d'un site internet. Dans le droit national en vigueur au moment des faits, une exonération de responsabilité n'était prévue que pour l'emprunt de propos à des médias enregistrés. Le problème, c'est qu'aucune possibilité d'enregistrement n'existait pour les sites Web. En conséquence, les journalistes ne pouvaient librement s'appuyer sur des sources provenant de l'internet sans entretenir la crainte de s'exposer à des sanctions.

Dans son arrêt, la Cour européenne a commencé par préciser que des modalités spécifiques peuvent, voire doivent, être prévues pour la diffusion d'informations sur la Toile : « L'internet est certes un outil d'information et de communication qui se distingue particulièrement de la presse écrite, notamment quant à sa capacité à emmagasiner et diffuser l'information. Ce réseau électronique, desservant des milliards d'usagers partout dans le monde, n'est pas et ne sera peut-être jamais soumis aux mêmes règles ni au même contrôle. Assurément, les communications en ligne et leur contenu risquent bien plus que la presse de porter atteinte à l'exercice et à la jouissance des droits et libertés fondamentaux, en particulier du droit au respect de la vie privée. Aussi, la reproduction de matériaux tirés de la presse écrite et celle de matériaux tirés de l'internet peuvent être soumises à un régime différent. Les règles régissant la reproduction des seconds doivent manifestement être ajustées en fonction des caractéristiques particulières de la technologie de manière à pouvoir assurer la protection et la promotion des droits et libertés en cause[23]. »

Ce que la Cour de Strasbourg ne peut toutefois accepter, c'est l'exclusion pure et simple de l'ensemble des sources tirées de l'internet de cette garantie essentielle pour l'exercice de la liberté de la presse : « [...] compte tenu du rôle joué par l'internet dans le cadre des activités professionnelles des médias et de son importance dans l'exercice du droit à la liberté d'expression en général, la Cour considère que l'absence d'un cadre légal suffisant au niveau interne permettant aux journalistes d'utiliser des informations tirées de l'internet sans crainte de s'exposer à des sanctions entrave gravement l'exercice par la presse de sa fonction vitale de 'chien de garde'. Elle estime que l'exclusion totale de ce type d'informations du champ d'application des garanties

22 Voir notamment Cour eur. D.H., plén., arrêt *Jersild c. Danemark*, 23 septembre 1994, § 35 (entretien dans une émission télévisée) et Cour eur. D.H., 2e sect., arrêt *Thoma c. Luxembourg*, 29 mars 2001, § 62 (citation dans une interview écrite).

23 Arrêt précité, § 63.

légales protégeant la liberté des journalistes peut en elle-même être constitutive d'une ingérence injustifiée dans la liberté de la presse sur le terrain de l'article 10 de la Convention [24]. »

On le voit : si certaines des règles traditionnelles qui protègent la liberté d'expression peuvent et doivent être adaptées à l'exercice de cette liberté dans l'univers numérique, l'ajustement ne peut rimer avec une exclusion générale du support numérique des garanties considérées.

2. LA PROTECTION DE L'ACCÈS À L'INTERNET

A. *Un droit d'accès à l'internet ?*

Avant de pouvoir parler de liberté d'expression *dans* l'univers numérique, il convient de répondre à la question préalable de *l'accès à* cet univers numérique [25]. La garantie effective de cet accès constitue un second défi majeur pour la liberté d'expression en ligne.

Peut-on attendre des États qu'ils garantissent un véritable *droit* d'accès à l'internet ? Dans l'affirmative, à quel titre les États seraient-ils redevables d'une telle obligation et quelles en seraient les implications concrètes ?

Dès 2003, le Comité des ministres du Conseil de l'Europe invitait les États membres à « [...] favoriser et encourager l'accès de tous aux services de communication et d'information sur l'internet de manière non discriminatoire et à un prix raisonnable [26] ». Dans un rapport présenté en mai 2011, F. La Rue, alors rapporteur spécial de l'ONU sur la promotion et la protection du droit à la liberté d'opinion et d'expression, a également considéré que « la garantie de l'accès universel à l'internet devrait être une priorité pour tous les États [27] ». En septembre 2011, le Comité des droits de l'homme est parvenu à une conclusion similaire dans son observation générale n° 34 : « Les États

[24] Arrêt précité, § 64.

[25] Sur cette question, voir notamment P.-F. Docquir, « Internet, les raisons d'un droit d'accès », dans C. Doutrelepont, F. Dubuisson et A. Strowel (dir.), *Le téléchargement d'œuvres sur Internet – Perspectives en droits belge, français, européen et international*, Bruxelles, Larcier, 2012 ; A. Mellakauls, « L'accès à internet – Un droit de l'homme ? », CDMSI(2012)Misc3Rev, 27 février 2012, disponible à l'adresse suivante : http://www.coe.int/t/dghl/standardsetting/media/cdmsi/CDMSI%282012%29Misc3_fr.pdf.

[26] *Liberté de la communication sur l'internet*, déclaration adoptée par le Comité des ministres le 28 mai 2003, lors de la 840e réunion des délégués des ministres, principe 4 : « Suppression des barrières concernant la participation des individus à la société de l'information ».

[27] F. La Rue, *Rapport du rapporteur spécial de l'ONU pour la promotion et la protection du droit à la liberté d'opinion et d'expression*, 16 mai 2011, A/HRC/17/27, § 85.

parties devraient tenir compte de la mesure dans laquelle l'évolution des techniques de l'information et de la communication, comme l'internet et les systèmes de diffusion électronique de l'information utilisant la technologie mobile, a transformé les pratiques de la communication dans le monde entier. Il existe maintenant un réseau mondial où s'échangent des idées et des opinions, qui n'a pas nécessairement besoin de l'intermédiaire des moyens d'information de masse traditionnels. Les États parties devraient prendre toutes les mesures voulues pour favoriser l'indépendance de ces nouveaux moyens et garantir l'accès des particuliers à ceux-ci[28]. »

En Belgique, deux propositions de modification de la Constitution se trouvent à l'examen devant le Parlement en vue de reconnaître le droit d'accès à l'internet comme l'une des composantes essentielles du droit à la dignité humaine[29]. Selon les auteurs de l'une de ces propositions, « l'internet constitue un besoin de base au même titre que l'électricité, le chauffage et l'eau. L'internet est devenu une condition pour pouvoir participer pleinement à la vie sociale[30] ». Les deux propositions à l'examen visent à garantir dans le même temps la neutralité du réseau (question qui sera abordée plus loin dans l'étude)[31].

28 Comité des droits de l'homme, *Observation générale n° 34. Article 19 : Liberté d'opinion et liberté d'expression*, 12 septembre 2011, CCPR/C/GC/34, § 12.

29 Proposition de révision de l'article 23, alinéa 3, de la Constitution en vue d'étendre le droit à une vie conforme à la dignité humaine en y incluant le droit à un accès suffisant et neutre à l'internet, déposée par R. Deseyn, N. Muylle, S. Becq et J. Van den Bergh, 7 octobre 2014, *Doc. parl.*, Chambre, sess. extraord. 2014, n° 54-0415/001 ; proposition de révision de l'article 23 de la Constitution visant à consacrer le principe de la neutralité des réseaux internet, déposée par K. Lalieux, G. Grovonius et F. Winckel, 20 septembre 2014, *Doc. parl.*, Chambre, sess. extraord., 2014, n° 54-0346/001. Voir également proposition de révision de l'article 23, alinéa 3, de la Constitution en vue d'étendre le droit à une vie conforme à la dignité humaine en y incluant le droit à un accès suffisant et neutre à l'internet, déposée le 10 septembre 2013, par R. Deseyn, S. Becq, J. De Potter, L. Dierick, N. Muylle, R. Terwingen, J. Van den Bergh et L. Van Der Auwera, *Doc. parl.*, Chambre, sess. ord., 2012-2013, n° 53-3005/001 (caduque) ; proposition de révision de l'article 23, alinéa 3, de la Constitution en vue de le compléter par un droit d'accès à l'internet, *Doc. parl.*, Chambre, sess. ord., 2011-2012, n° 53-2046/001, déposée le 8 février 2012 par W.-F. Schiltz et L. Van Biesen (caduque) ; proposition de révision de la Constitution complétant l'article 23, afin de consacrer le principe de la neutralité des réseaux internet, déposée par V. Déom et consorts, 18 mai 2011, *Doc. parl.*, Chambre, sess. ord., 2010-2011, n° 53-1471/001 (caduque). Voir également proposition de loi modifiant, en ce qui concerne l'accès à l'internet en tant que droit fondamental, la loi du 13 juin 2005 relative aux communications électroniques, introduite le 14 juillet 2014, par R. Deseyn, J. Van Den Bergh, N. Muylle et V. Yüksel, *Doc. parl.*, Chambre, sess. extr., 2014, n° 54-0060/001.

30 Proposition de révision de la Constitution déposée par R. Deseyn, N. Muylle, S. Becq et J. Van den Bergh.

31 Voir *infra*, III, A.

Si dans l'ordre juridique belge, le *droit* d'accès à l'internet en tant que tel n'a pas encore été érigé en droit de l'homme, il convient toutefois de souligner que la Belgique a transposé la directive communautaire dite « service universel » qui impose aux États membres de veiller à ce que « toutes les demandes raisonnables de raccordement en position déterminée à un réseau de communications public soient satisfaites par une entreprise au moins » et précise que « le raccordement réalisé [doit permettre] de prendre en charge [...] les communications de données [...] à des débits de données suffisants pour permettre un accès fonctionnel à l'internet, compte tenu des technologies les plus couramment utilisées par la majorité des abonnés et de la faisabilité du point de vue technique[32] ».

B. *Une liberté d'accès à l'internet couverte par la liberté d'expression*

Dans l'attente de la consécration du droit d'accès à l'internet comme droit de l'homme à part entière, certaines composantes d'un tel droit peuvent être rattachées à l'exercice du droit à la liberté d'expression. Nul ne niera en effet que le support numérique constitue aujourd'hui le catalyseur de nombreuses libertés fondamentales, au rang desquelles figure évidemment le droit à la liberté d'expression[33]. Aussi des juges nationaux et internationaux, de même que le législateur européen, ont-ils pu déduire de cette liberté une certaine protection – principalement négative – du droit d'accès à l'internet[34].

Le Conseil constitutionnel de France a joué un rôle pionnier dans ce domaine. Le contexte était celui de la première loi Hadopi qui prévoyait la possibilité, sans intervention d'un juge, d'une sanction administrative de déconnexion pour les internautes qui auraient récidivé dans le téléchargement non autorisé d'œuvres protégées par le droit d'auteur (la fameuse « riposte graduée » à la française). Pour invalider la loi soumise à son appréciation, le Conseil constitutionnel a relevé qu'« en l'état actuel des moyens

[32] Directive 2002/22/CE du Parlement européen et du Conseil du 7 mars 2002 concernant le service universel et les droits des utilisateurs au regard des réseaux et services de communications électroniques (directive « service universel »), in *Journal officiel des Communautés européennes (JOCE)*, n° L 108, 24 avril 2002, p. 51. L'art. 70, § 1er, c), de la loi du 13 juin 2005 relative aux communications électroniques (*MB*, 20 juin 2005) en assure la transposition en droit belge.

[33] Voir notamment F. La Rue, *op. cit.*, § 60 : « *En tant que moyen par lequel le droit à la liberté d'expression peut être exercé*, l'internet ne peut atteindre son but que si les États respectent leur engagement à élaborer des politiques efficaces visant à assurer l'accès universel à l'internet » (nous soulignons).

[34] Voir à cet égard S. Turgis, « La coexistence d'internet et des médias traditionnels sous l'angle de la Convention européenne des droits de l'homme », in *Revue trimestrielle des droits de l'homme*, 2013, p. 17-38, spéc. p. 27-29.

de communication et eu égard au développement généralisé des services de communication au public en ligne ainsi qu'à l'importance prise par ces services pour la participation à la vie démocratique et l'expression des idées et des opinions, [le droit à la liberté d'expression consacré par l'article 11 de la Déclaration des droits de l'homme et du citoyen de 1789] implique la liberté d'accéder à ces services[35] ». Compte tenu de l'importance de cette liberté d'accès à l'internet, à l'estime du Conseil constitutionnel, une éventuelle sanction de déconnexion ne pouvait être imposée que par un juge.

Qu'en est-il alors sur le plan européen ?

En 1990 déjà, dans une affaire soumise par une entreprise commercialisant des antennes paraboliques, la Cour de Strasbourg avait eu l'occasion de souligner que l'article 10 de la Convention européenne des droits de l'homme « concerne non seulement le contenu des informations mais aussi les moyens de transmission ou de captage, car toute restriction apportée à ceux-ci touche le droit de recevoir et communiquer des informations[36] ». Par identité de motifs, on pourrait ainsi aujourd'hui considérer que l'accès à l'internet constitue également un moyen de transmettre et de capter des informations couvert par le droit à la liberté d'expression. La Cour de Strasbourg a franchi le pas à la faveur d'un arrêt récent, en soulignant que « l'internet est aujourd'hui devenu l'un des principaux moyens d'exercice par les individus de leur droit à la liberté d'expression et d'information : on y trouve des outils essentiels de participation aux activités et débats relatifs à des questions politiques ou d'intérêt public[37] ».

Le Parlement européen et le Conseil de l'Union européenne se sont également montrés préoccupés par l'impact que pouvait avoir la restriction de l'accès à l'internet sur l'exercice par les internautes de leur droit à la liberté d'expression, en soulignant que « toute mesure prise par les États membres concernant l'accès des utilisateurs finals aux services et applications, et

35 Décision nº 2009-580 DC du 10 juin 2009, § 12.

36 Cour eur. D.H., plén., arrêt *Autronic c. Suisse*, 22 mai 1990, § 47. Dans une affaire plus récente, la Cour a tenu le même raisonnement sur le terrain des obligations positives à propos du règlement d'ordre intérieur d'un immeuble qui interdisait aux locataires d'installer une antenne pour recevoir des émissions diffusées par satellite (Cour eur. D.H., 3e sect., arrêt *Khurshid Mustafa et Tarzibachi c. Suède*, 16 décembre 2008, § 32).

37 Cour eur. D.H., 2e sect., arrêt *Ahmet Yildirim c. Turquie*, 18 décembre 2012, § 54 (analysé ci-dessous) ; Cour eur. D.H., déc. *Neij et Sunde Kolmisoppi c. Suède*, 19 février 2013 (amenée à se prononcer sur la conformité à la Convention de la condamnation pénale des gestionnaires du site de partage de fichiers *The Pirate Bay*, la Cour a souligné que « les requérants ont fourni à autrui des moyens permettant de recevoir et de communiquer des informations au sens de l'article 10 de la Convention » et estimé que « les activités des intéressés entrent dans le champ de la protection accordée par l'article 10 § 1 de la Convention »).

leur utilisation, via les réseaux de communications électroniques, qui serait susceptible de limiter les libertés et droits fondamentaux [...] ne peut être instituée que si elle est appropriée, proportionnée et nécessaire dans le cadre d'une société démocratique, et sa mise en œuvre est subordonnée à des garanties procédurales adéquates [...], y compris le droit à une protection juridictionnelle effective et à une procédure régulière [...]. Le droit à un contrôle juridictionnel effectif en temps utile est garanti[38] ». Le considérant 4 de cette directive fait très clairement apparaître l'internet comme un outil central pour l'exercice du droit à la liberté d'expression : « Étant donné que l'internet est essentiel pour l'éducation et pour l'exercice pratique de la liberté d'expression et l'accès à l'information, toute restriction imposée à l'exercice de ces droits fondamentaux devrait être conforme à la Convention européenne de sauvegarde des droits de l'homme et des libertés fondamentales. »

Le rapporteur spécial de l'ONU pour la liberté d'opinion et d'information a fait preuve d'une extrême réserve sur l'application d'une éventuelle sanction de déconnexion : « Supprimer l'accès à l'internet et ce, quelle que soit la justification fournie, y compris au titre de la violation des lois relatives aux droits de propriété intellectuelle, est excessif et constitue une violation du paragraphe 3 de l'article 19 du Pacte international relatif aux droits civils et politiques[39]. »

C. Les conséquences du rattachement de la liberté d'accès à l'internet au droit à la liberté d'expression

L'ancrage de la liberté d'accès à l'internet dans le droit à la liberté d'expression entraîne deux conséquences majeures.

1) Aux termes de l'article 10 de la Convention, le droit à la liberté d'expression est reconnu à « toute personne ». Cette précision n'est pas anodine. Le champ d'application d'une liberté d'accès à l'internet fondée sur le droit à la liberté d'expression est potentiellement très vaste. Ainsi, dans plusieurs requêtes actuellement pendantes devant la Cour de Strasbourg, des

[38] Art. 1er, § 3*bis*, de la directive 2002/21/CE du Parlement européen et du Conseil du 7 mars 2002 relative à un cadre réglementaire commun pour les réseaux et services de communications électroniques (directive « cadre »), in *JOCE*, n° L 108, 24 avril 2002, p. 33, introduit par la directive 2009/140/CE précitée, *Journal officiel de l'Union européenne (JOUE)*, n° L 337, 18 décembre 2009, p. 37.

[39] Rapport précité, § 78.

prisonniers invoquent le droit à la liberté d'expression pour se plaindre de refus des autorités de les laisser accéder à l'internet[40].

2) S'il ne semble pas constituer une base suffisante permettant d'imposer à un État de fournir positivement un accès à l'internet aux citoyens[41], le rattachement à la liberté d'expression présente l'avantage de fournir un cadre précis pour apprécier les éventuelles restrictions que les États pourraient apporter à l'accès à tout ou partie du réseau. En effet, pas davantage que le droit à la liberté d'expression auquel elle se rattache, la liberté d'accès à l'internet ne constitue une liberté absolue. Les États disposent ici aussi de la faculté d'en limiter l'exercice. Il reste que, conformément au second paragraphe de l'article 10 de la Convention, toute ingérence dans l'exercice de cette liberté doit être prévue par la loi (condition de légalité), poursuivre un but légitime parmi ceux limitativement énumérés par cette disposition (condition de légitimité) et constituer une mesure nécessaire dans une société démocratique à la réalisation de cet objectif (condition de proportionnalité).

L'affaire *Yildirim c. Turquie* permet d'illustrer l'exigence de légalité de l'ingérence dans le contexte des mesures de blocage d'accès à des contenus diffusés sur la Toile. En l'espèce, un universitaire se plaignait non du blocage d'accès à la totalité de l'internet, mais du blocage d'accès à l'ensemble de la plate-forme *Google Sites* sur laquelle se trouvait hébergé son site internet personnel. Le blocage avait été prononcé par les autorités turques en raison de l'hébergement sur la même plate-forme d'un site Web, totalement indépendant de celui du requérant, qui portait prétendument atteinte à la mémoire d'Atatürk, père de la Turquie laïque. Dans cette affaire, la Cour européenne a considéré que le fait, pour les juges nationaux, d'avoir pu valider une mesure de blocage présentant de tels effets collatéraux ne pouvait trouver sa source que dans un défaut de cadre légal suffisamment prévisible. Elle a conclu à l'unanimité à la violation du droit à la liberté d'expression du requérant.

Dans une affaire actuellement pendante devant la Cour de Strasbourg, un détenu se plaint de n'avoir pu accéder à l'internet pour s'inscrire à des cours universitaires. Or, d'après le requérant, le règlement d'ordre intérieur de la prison ne contenait qu'une interdiction d'utiliser le téléphone ou des moyens de radio-communication, mais rien n'était prévu spécifiquement à propos de l'utilisation de l'internet[42].

40 Voir les affaires évoquées ci-dessous.

41 Sous la réserve de l'obligation de service universel. Cf. *supra*, I, A.

42 *Jankovskis c. Lituanie*, requête introduite le 7 janvier 2008, communiquée le 27 septembre 2010, nº 21575/08.

Comment faut-il alors apprécier la nécessité de la restriction de la liberté d'accès à l'internet ?

À ce jour, la Cour de Strasbourg n'a pas encore dégagé de balises claires en la matière. Il s'agira en toute hypothèse d'en faire assez sans en faire trop. En effet, le blocage d'accès à tout ou partie de l'internet doit en même temps être approprié, c'est-à-dire être capable d'atteindre le but légitime poursuivi ou à tout le moins contribuer effectivement à sa réalisation, et voir ses effets négatifs pour la liberté d'expression limités au strict nécessaire[43], ce qui supposera souvent dans le chef du juge un savant exercice de dosage.

Dans son appréciation de la proportionnalité d'une restriction d'accès au réseau, la Cour européenne pourrait prendre en considération l'existence de moyens alternatifs à la disposition du requérant en vue d'exercer son droit de transmettre ou de recevoir des informations ou des idées[44]. Le caractère satisfaisant des moyens alternatifs risque cependant d'être mis en cause au regard de l'importance prise par l'internet parmi les moyens de communication et de l'indéniable facilité d'accès à l'information offerte par le réseau. Ainsi, dans une des affaires pendantes devant la Cour[45], le requérant, détenu, se plaint de l'impossibilité d'accéder, pour les besoins de sa défense en justice, à des ressources juridiques disponibles sur l'internet. Les juridictions nationales avaient refusé de revenir sur la décision des autorités pénitentiaires, en faisant valoir que les informations recherchées pouvaient être obtenues par d'autres biais, notamment par la voie d'une demande motivée adressée aux autorités concernées. Peut-on cependant se contenter du seul argument de l'accessibilité à d'autres moyens d'information, qui ne présentent certainement pas la même efficacité, pour conclure à l'admissibilité d'une restriction d'accès à l'internet ? À défaut de preuve d'une quelconque menace pour la sécurité publique et d'un coût excessif pour les autorités publiques, peut-on vraiment considérer qu'il était nécessaire, dans un cas comme celui-ci,

43 À ce propos, voir *infra*, nos développements relatifs à l'arrêt *UPC*.

44 Voir à cet égard Cour eur. D.H., arrêt *Kurshid Mustafa et Tarzibachi*, précité, § 45, où, pour apprécier l'impact du refus opposé par un propriétaire à des locataires d'origine irakienne de placer une antenne parabolique leur permettant de capter des émissions télévisées de leur région d'origine en arabe ou en farsi, la Cour relève qu'« il n'a pas été avancé que les requérants pouvaient [...] recevoir ces programmes ou des programmes similaires par un autre moyen que l'installation satellite en question [...]. Ils auraient peut-être pu trouver certaines informations dans les journaux et les programmes radiodiffusés étrangers, mais ces sources d'information ne couvrent qu'une partie des contenus télévisés, *auxquels ils ne sauraient en aucune manière être considérés comme équivalents*. De plus, il n'a pas été démontré que le propriétaire ait par la suite installé un accès à internet haut débit ou un autre moyen pour les locataires de l'immeuble de recevoir ces programmes télévisés » (nous soulignons).

45 *Kalda c. Estonie*, requête introduite le 16 mars 2010, communiquée le 23 octobre 2013, n° 17429/10.

de priver le requérant de tout accès à l'internet ? Telles sont les questions auxquelles devra prochainement répondre la Cour de Strasbourg.

3. LA JOUISSANCE PAR LES INTERNAUTES DU DROIT À LA LIBERTÉ D'EXPRESSION DANS LEURS RAPPORTS AVEC LES INTERMÉDIAIRES DE L'INTERNET

Par sa facilité d'accès, l'internet recèle la possibilité d'un véritable espace public de discussion dont on connaît l'importance pour le projet démocratique[46]. Dans une déclaration déjà citée adoptée en 2005, le Comité des ministres du Conseil de l'Europe formait le vœu que le développement des technologies et des services de l'information et de la communication contribue « à ce que toute personne jouisse des droits garantis par l'article 10 de la Convention européenne des droits de l'homme, dans l'intérêt de chacun et dans celui de la culture démocratique de toute société[47] ».

En dépit de ses formidables potentialités, l'internet a pourtant tout d'un colosse aux pieds d'argile. En effet, pour transmettre et recevoir des idées ou des informations par le biais du réseau, l'internaute ne peut se passer du concours d'intermédiaires qui possèdent l'infrastructure du réseau, fournissent un accès à l'internet, hébergent des informations ou indexent les sites Web et assurent leur référencement. Le rôle essentiel qui est confié à ces différents intermédiaires, souvent constitués sous la forme d'entreprises privées, entraîne un certain nombre de risques pour l'exercice du droit à liberté d'expression en ligne.

Dans le cadre limité de la présente contribution, trois questions majeures méritent d'être abordées. Seront successivement évoquées la neutralité du réseau (A), la protection de la liberté d'expression à l'égard des standards de liberté d'expression définis par des sociétés privées et le rôle que les États ont à jouer dans ce contexte (B), ainsi que la prévention de la censure indirecte de la part des intermédiaires, entendus dans un sens large (C).

46 Voir E. Montero et Q. Van Enis, « Ménager la liberté d'expression au regard des mesures de filtrage imposées aux intermédiaires de l'internet : la quadrature du cercle ? », in *Revue Lamy droit de l'immatériel*, n° 60, 2010, p. 86-99, ici p. 88.

47 Déclaration sur les droits de l'homme et l'état de droit dans la société de l'information adoptée par le Comité des ministres le 13 mai 2005 lors de la 926e réunion des délégués des ministres.

A. *La neutralité du réseau*

Le premier danger concerne les opérateurs de réseaux et les fournisseurs d'accès à l'internet et porte sur ce qu'il est convenu d'appeler la *neutralité du réseau*[48].

La question qui se pose est celle de savoir s'il est acceptable du point de vue de la liberté d'expression que la qualité de transmission et de réception des données sur l'internet dépende de critères comme le type d'information et de contenu consulté et diffusé par les internautes, les catégories d'application et de services auxquels ils recourent ou les fournisseurs qui les mettent à leur disposition[49].

Les discussions actuelles[50] autour de la neutralité du réseau soulèvent d'évidentes interrogations sur le plan de la liberté d'expression et en particulier au sujet du pluralisme des idées et des informations transmises et reçues par l'entremise de l'internet. Or, comme l'a souligné la Cour européenne des droits de l'homme, à la faveur de plusieurs récents arrêts concernant les médias audiovisuels, « il n'est pas de démocratie sans pluralisme », la haute juridiction soulignant qu'« au devoir négatif de non-ingérence s'ajoute pour l'État l'obligation positive de mettre en place un cadre législatif et administratif approprié pour garantir un pluralisme effectif[51] ». Cet enseignement

[48] À ce sujet, voir, entre autres études, A. Strowel (dir.), *Net Neutrality in Europe – La neutralité de l'internet en Europe*, Bruxelles, Bruylant, 2013 ; O. Braet, H. Jacquemin, R. Queck, M. Piron, L. Schumacher, D. Stevens et P. Valcke, « La réglementation de la neutralité du réseau en Belgique – Réflexions et recommandations », in *RDTI*, 2014, p. 5-26.

[49] La neutralité du réseau a pu être définie comme « le principe du traitement égal du trafic du réseau » (cf. BEREC, *Monitoring quality of Internet access services in the context of net neutrality*, BoR (14) 117, 25 septembre 2014, p. 6, note 5, nous traduisons), comme « le principe selon lequel toutes les communications électroniques passant par un réseau sont traitées de manière égale », c'est-à-dire « indépendamment (i) de leur contenu, (ii) de l'application, (iii) du service, (iv) de l'équipement, (v) de l'adresse de l'expéditeur, et (vi) de l'adresse du destinataire » (BEREC, *Response to the European Commission's consultation on the open Internet and net neutrality in Europe*, BoR (10) 42, 30 septembre 2010, p. 2-3, nous traduisons). Voir également la résolution législative du Parlement européen du 3 avril 2014 sur la proposition de règlement du Parlement européen et du Conseil établissant des mesures relatives au marché unique européen des communications électroniques et visant à faire de l'Europe un continent connecté, et modifiant les directives 2002/20/CE, 2002/21/CE et 2002/22/CE ainsi que les règlements (CE) n° 1211/2009 et (UE) n° 531/2012 (COM(2013)0627 – C7-0267/2013 – 2013/0309(COD)), où on lit que « le principe de 'neutralité de l'internet' dans l'internet ouvert signifie que tout le trafic devrait être traité de la même manière, sans discrimination, restriction ou interférence, quels que soient l'émetteur, le récepteur, le type, le contenu, l'appareil, le service ou l'application ».

[50] La question fait aujourd'hui l'objet d'intenses discussions au sein des organes décisionnels de l'Union européenne. Voir notamment la Résolution législative du Parlement européen précitée.

[51] À propos de l'obligation positive des États de garantir un certain pluralisme dans le paysage audiovisuel, et en particulier dans les médias audiovisuels de service public, voir respectivement Cour eur. D.H., gde. ch., arrêt *Centro Europa 7 S.r.l. et Di Stefano c. Italie*, 7 juin 2012, § 129-134

pourrait sans nul doute être transposé à l'internet, en particulier à l'heure de la télévision connectée[52].

Dans une déclaration de 2010, le Comité des ministres du Conseil de l'Europe considérait déjà que « le droit des utilisateurs à accéder à l'information et à la diffuser en ligne, ainsi que le développement de nouveaux outils et services pourraient être défavorablement affectés par une gestion non transparente du trafic, une discrimination à l'égard des contenus et des services ou des entraves à la connectivité des appareils[53] », en précisant clairement que toute exception au principe de la neutralité des réseaux devrait être dûment justifiée conformément à l'article 10 de la Convention[54].

Par principe, les autoroutes de l'information devraient rester accessibles à tous les usagers, sans discrimination, et quelles que soient les raisons pour lesquelles ils les empruntent.

B. *Les standards de liberté d'expression définis par des entreprises privées et les obligations positives des États*

Une deuxième menace réside dans *l'application aux propos échangés sur la Toile de standards de liberté d'expression dictés par les entreprises privées qui détiennent l'infrastructure de l'internet*, en particulier les fournisseurs de services d'hébergement et les gestionnaires de réseaux sociaux.

On se rappelle ainsi de la censure par *Facebook* de la reproduction du tableau *L'Origine du monde* du peintre Gustave Courbet et de l'exclusion qu'elle avait valu à l'un de ses utilisateurs. Le problème cependant est d'ordre général et pèse quotidiennement sur l'exercice de la liberté d'expression en ligne[55]. Doit-on admettre que le droit à la liberté d'expression des internautes s'arrête purement et simplement aux portes des sites de réseaux sociaux ? Les gestionnaires de tels sites sont-ils libres d'adopter toutes les restrictions qu'ils désirent ? Le charbonnier doit-il être (totalement) maître chez lui ?

et Cour eur. D.H., 4e sect., arrêt *Manole et autres c. Moldavie*, 17 septembre 2009, § 95-102. Voir également l'article 11, § 2, de la Charte des droits fondamentaux de l'Union européenne qui prévoit que « la liberté des médias et leur pluralisme sont respectés ».

52 Voir à cet égard P.-F. Docquir et M. Hanot (dir.), *Nouveaux écrans, nouvelle régulation ?*, Bruxelles, Larcier, 2013.

53 Déclaration sur la neutralité du réseau, adoptée le 29 septembre 2010 lors de la 1094e réunion des délégués des ministres, § 3.

54 *Ibid.*, § 6.

55 Pour d'autres exemples, voir F. Dubuisson, *op. cit.*, p. 140-141.

De tels dangers ont déjà été soulignés à maintes reprises. En 2011 dans une déclaration sur « la protection de la liberté d'expression et de la liberté de réunion et d'association en ce qui concerne les plates-formes internet gérées par des exploitants privés et les prestataires de services en ligne[56] », le Comité des ministres du Conseil de l'Europe affirmait déjà que « la libre parole sur l'internet fait face à de nouveaux défis et qu'elle pourrait être victime des mesures prises par des plates-formes internet gérées par des exploitants privés et des prestataires de services en ligne[57] ». En 2012, dans une recommandation « sur la protection des droits de l'homme dans le cadre des services de réseaux sociaux[58] », le Comité des ministres a encore relevé que la liberté d'expression pouvait être menacée sur les sites de réseaux sociaux, notamment en cas d'exclusion d'utilisateurs[59] ou à défaut pour ces derniers de pouvoir contester les décisions prises par les gestionnaires de ce type de plates-formes[60]. Par sa recommandation, le Comité des ministres a donc invité les États à « offrir un environnement qui permette aux utilisateurs de réseaux sociaux de continuer à exercer leurs droits et libertés », au rang desquels figure bien entendu le droit à la liberté d'expression.

La Cour européenne des droits de l'homme n'a pas encore reçu l'occasion de se prononcer directement sur la question mais elle a depuis longtemps développé la théorie des « obligations positives » qui imposent aux États de garantir la liberté d'expression jusque dans les rapports entre personnes privées[61].

En particulier, la Cour de Strasbourg, dans un autre contexte que celui de l'internet, a déjà pu souligner l'importance pour les individus de pouvoir accéder à des espaces privés en vue d'exercer leur droit à la liberté d'expression[62]. Dans une affaire *Appleby c. Royaume-Uni* qui concernait l'accès aux galeries d'un supermarché par des citoyens qui souhaitaient y informer

56 Déclaration adoptée le 7 décembre 2011 lors de la 1129e réunion des délégués des ministres.

57 *Ibid.*, § 5.

58 CM/Rec(2012)4, adoptée le 4 avril 2012 lors de la 1139e réunion des délégués des ministres.

59 *Ibid.*, spéc. § 3.

60 *Ibid.*, spéc. § 3 et 5.

61 Voir à ce sujet, Division Recherche de la Cour européenne des droits de l'homme, « Positive obligations on member States under Article 10 to protect journalists and prevent impunity », décembre 2011.

62 Sur la question de la protection par l'article 10 de la Convention de l'accès à la tribune médiatique, voir la thèse de P.-F. Docquir, *La liberté d'expression dans le réseau mondial de communication: propositions pour une théorie du droit d'accès à l'espace public privatisé*, Université libre de Bruxelles, 2009.

les passants sur un sujet d'intérêt général, la Cour a ainsi considéré que, si l'article 10 de la Convention ne donne pas « la liberté de choisir un forum » en vue d'exercer son droit à la liberté d'expression, on ne peut pour autant exclure, « lorsque l'interdiction d'accéder à la propriété a pour effet d'empêcher tout exercice effectif de la liberté d'expression ou lorsque l'on peut considérer que la substance même de ce droit s'en trouve anéantie », que « l'État puisse avoir l'obligation positive de protéger la jouissance des droits prévus par la Convention en réglementant le droit de propriété[63] ». Et la Cour de donner l'exemple d'« une ville appartenant à une entreprise, dans laquelle la municipalité tout entière [serait] contrôlée par un organisme privé[64] ». Si la gestion des espaces éditoriaux est en principe laissée à la seule appréciation de ceux qui en ont la maîtrise, des circonstances exceptionnelles, telle une situation de monopole ou de quasi-monopole, semblent de nature à engendrer l'obligation dans le chef des États de garantir le droit à la liberté d'expression à l'égard des intermédiaires privés. Toute la question est alors de savoir à partir de quelle part de marché un site de réseau social pourrait être considéré dans une telle situation[65]...

En tout état de cause, les États devraient faire en sorte d'imposer aux fournisseurs de réseaux sociaux la mise en place de garanties procédurales[66] et le respect d'une exigence de transparence en vertu de laquelle ces derniers seraient tenus d'« informer clairement les utilisateurs sur la politique éditoriale du fournisseur de service de réseau social en ce qui concerne ses modalités de traitement de contenus apparemment illicites et ce qu'il considère comme un contenu ou un comportement inapproprié sur le réseau[67] ».

63 Cour eur. D.H., 4e sect., arrêt *Appleby et autres c. Royaume-Uni*, 5 mai 2003, § 47.

64 *Ibid.*, § 47.

65 I. Brown, « Liberté d'expression, de réunion et d'association en ligne et liberté des médias en Europe », Rapport, *Liberté d'expression et démocratie à l'âge numérique – Opportunités, droits, responsabilités*, Belgrade, 7-8 novembre 2013, Conférence des ministres du Conseil de l'Europe responsables des médias et de la société de l'information, MCM(2013)007, p. 19. Rappr. F. Dubuisson, *op.cit.*, p. 140-141 : « [...] on ne saurait nier le fait que certains de ces services ont acquis un statut à ce point essentiel pour la diffusion des idées et le développement d'activités commerciales sur internet qu'il est problématique que l'évaluation du caractère admissible des contenus soit laissée à ces opérateurs privés, avec un pouvoir d'appréciation aussi large, voire arbitraire. »

66 CM/Rec(2012)4, adoptée le 4 avril 2012 lors de la 1139e réunion des délégués des ministres, § 3 et 5.

67 *Ibid.*, annexe, I § 3.

C. *La prévention de la censure indirecte de la part des intermédiaires*

Au-delà des situations dans lesquelles les entreprises privées décident de leur propre chef de limiter la liberté d'expression des internautes sur les plates-formes dont elles assurent la gestion, il faut également éviter que les États n'incitent ces entreprises à censurer les propos des usagers par crainte d'engager leur propre responsabilité. Le problème n'est pas neuf, il avait déjà été perçu lors de l'adoption de la Constitution belge en 1831. Les membres du Congrès national avaient alors tenté d'y remédier en prévoyant l'interdiction de poursuivre les intermédiaires de la presse imprimée (l'éditeur, l'imprimeur ou le distributeur) dans la situation où l'auteur est connu et domicilié en Belgique[68]. L'idée du constituant originaire était double. Il devait s'agir tout à la fois d'encourager les intermédiaires à contribuer à la diffusion des propos de l'auteur et de ménager la possibilité pour l'éventuelle victime des propos diffusés de pouvoir poursuivre un responsable établi en Belgique.

Dans le contexte spécifique de l'internet, les textes européens, aussi bien de l'Union européenne[69] que du Conseil de l'Europe[70], ont tenté de limiter les hypothèses dans lesquelles la responsabilité de certains intermédiaires techniques de l'internet peut être engagée, en prévoyant un régime d'exonérations conditionnelles de responsabilité[71]. Parmi les intermédiaires visés, l'on retrouve le fournisseur d'accès à l'internet et le fournisseur d'hébergement. Ces textes excluent également la possibilité de faire supporter à ces intermédiaires une obligation générale de surveillance de l'ensemble des contenus qui transitent par eux[72]. L'un des objectifs majeurs poursuivis par l'adoption

[68] Ce régime dit de la « responsabilité en cascade » est prévu à l'article 25, alinéa 2, de la Constitution belge. À ce jour, l'applicabilité de ce mécanisme à l'internet reste une question controversée.

[69] Directive 2000/31/CE du Parlement européen et du Conseil du 8 juin 2000 relative à certains aspects juridiques des services de la société de l'information, et notamment du commerce électronique, dans le marché intérieur (« directive sur le commerce électronique »), in *JOCE*, n° L 178, 17 juillet 2000, p. 1-16, spéc. art. 12-15.

[70] Déclaration sur la liberté de communication sur l'internet, adoptée par le Comité des ministres le 28 mai 2003, lors de la 840e réunion des délégués des ministres, principes 3 et 6.

[71] Sur les rapports entre la liberté d'expression et le régime d'exonérations de responsabilité au profit de certaines activités d'intermédiation dans l'univers numérique, voir E. Montero et Q. Van Enis, *op.cit.* ; F. Dubuisson, « Société de l'information, médias et liberté d'expression – Chronique 2012 », in *Journal européen des droits de l'homme (JEDH)*, n° 3, 2013, p. 467-470 ; F. Dubuisson et I. Rorive, « La liberté d'expression à l'épreuve d'internet », dans *Entre ombres et lumières. Cinquante ans d'application de la Convention européenne des droits de l'homme en Belgique*, Bruxelles, Bruylant, 2008, p. 361-394, spéc. p. 371-379.

[72] C'est au titre de cette interdiction et en raison des risques pour le droit à la liberté d'expression des internautes que, par deux fois, la Cour de Justice de l'Union européenne a considéré que l'on ne pouvait imposer aux intermédiaires une mesure générale de filtrage visant à déceler

de ces textes européens était de garantir le droit à la liberté d'expression des internautes sur la Toile[73]. Le régime de responsabilité des intermédiaires de l'internet soulève de nombreuses difficultés. Pour les besoins de l'étude, nous en retiendrons quatre. Seront tour à tour analysés la définition des *activités* protégées par le régime de responsabilité allégée (*a*), les *conditions* auxquelles une exonération peut être octroyée au fournisseur d'hébergement (*b*), le problème des mesures de filtrage et de blocage déterminé (*c*) et le sort réservé aux gestionnaires de moteurs de recherche, non directement visés par le régime de responsabilité allégée prévu par les textes européens (*d*).

a. La définition des activités *protégées par le régime de responsabilité des intermédiaires de l'internet*

Au sein de l'ordre juridique européen, composé aussi bien de l'Union européenne que du Conseil de l'Europe, le champ d'application du régime de responsabilité des intermédiaires est aujourd'hui sujet à discussion.

La Cour de Justice de l'Union européenne a clairement affirmé que les fournisseurs de service du Web 2.0 ou du Web participatif – soit les gestionnaires de forums de discussion, de sites de réseaux sociaux ou de blogs – pouvaient bénéficier du régime des exonérations de responsabilité prévu par le droit européen, à condition que leur activité revête « un caractère 'purement technique, automatique et passif,' impliquant que [lesdits prestataires] n'[aient] pas la connaissance ni le contrôle des informations transmises ou stockées[74] » et qu'ils respectent les conditions particulières prévues par la directive sur le commerce électronique.

Récemment, la Cour européenne des droits de l'homme semble avoir validé une lecture plus restrictive opérée par des juges nationaux. Dans un arrêt *Delfi AS c. Estonie*, rendu le 10 octobre 2013, la haute juridiction strasbourgeoise a ainsi jugée conforme à l'article 10 de la Convention la condamnation d'un portail d'informations en ligne qui s'était borné à permettre aux internautes de poster des commentaires sous un article de presse en ligne.

et à bloquer le partage de contenu protégé par le droit d'auteur. Cf. CJUE, 3e ch., arrêt *Scarlet c. Sabam*, 24 novembre 2011, C-70/10 ; CJUE, 3e ch., arrêt *Sabam c. Netlog*, 16 février 2012, C-360/10.

73 E. Montero et Q. Van Enis, *op. cit.*, p. 86-99.

74 CJUE, gde. ch., *Google France*, 23 mars 2010, C-236/08 à C-238/08, § 114 ; CJUE, gde. ch., *L'Oréal SA et autres contre eBay International AG et autres*, 12 juillet 2011, C-324/09, spéc. § 113 et s. Voir *a contrario*, CJUE, 7e ch., *Sotiris Papasavvas c. O Fileleftheros Dimosia Etaireia Ltd, Takis Kounnafi et Giorgos Sertis*, 11 septembre 2014, C-291/13, § 42 : « [...] dès lors qu'une société éditeur de presse qui publie sur son site internet la version électronique d'un journal a, en principe, connaissance des informations qu'elle publie et exerce un contrôle sur celles-ci, elle ne saurait être considérée comme un 'prestataire intermédiaire,' au sens des articles 12 à 14 de la directive 2000/31. »

L'article en question, irréprochable en soi, critiquait une société de ferries et son directeur dont l'activité avait, semble-t-il, conduit à rompre les routes de glace qui se forment sur les lacs dans les pays du Nord et que les voitures peuvent emprunter à leur guise durant l'hiver. La position retenue par la Cour européenne apparaît discutable à plus d'un titre et on ne peut que se féliciter à cet égard que l'affaire ait été soumise pour réexamen à la Grande chambre, laquelle devra se prononcer dans les prochains mois. Le principal grief que l'on peut adresser à la position adoptée par la Cour dans son arrêt de chambre est sans doute d'avoir jugé « prévisible » la qualification retenue par les juridictions estoniennes, lesquelles avaient considéré le portail comme éditeur plutôt que comme hébergeur des commentaires litigieux, alors que le gestionnaire ne semblait pas avoir disposé d'un contrôle direct sur les contributions des internautes. La Cour a par ailleurs considéré la condamnation du portail comme proportionnée à la protection de la réputation des personnes mises en cause dans les commentaires et ce, en prenant appui sur la base d'une série d'arguments.

Attardons-nous sur deux d'entre eux qui se situent au cœur de la protection de la liberté d'expression sur l'internet.

Aux yeux de la Cour, les mesures mises en œuvre par la société pour limiter les risques d'atteinte à la réputation d'autrui n'apparaissaient pas suffisantes (les commentaires étaient modérés *a posteriori* avec une possibilité de signalement et un filtrage par mots-clés). On voit mal cependant quelle mesure technique aurait pu être mise en œuvre par le portail sans mettre en place une mesure générale de filtrage, déjà bannie par la Cour de Luxembourg, en raison de l'interdiction d'imposer aux intermédiaires une obligation générale de surveillance de l'ensemble des contenus qui transitent par eux[75].

Un second élément décisif dans le raisonnement de la Cour à propos de la nécessité de la condamnation du portail réside dans le fait que ce dernier autorisait les internautes à poster des commentaires sans devoir s'identifier au préalable, ce qui rendait illusoires d'éventuelles actions civiles dirigées contre les internautes, auteurs directs des propos litigieux. Cet argument paraît plus convaincant que le premier car la liberté d'expression sur l'internet doit s'accompagner de la possibilité effective de sanctionner les abus engendrés par son exercice. Et la sanction des abus dépend bien entendu de la possibilité d'identifier leurs auteurs. Comme la Cour de Strasbourg l'avait déjà elle-même souligné dans un précédent arrêt concernant la protection de la vie privée sur le net : « Même si la liberté d'expression et la confidentialité des communications sont des préoccupations primordiales [...], cette

75 Cf. *supra*.

garantie ne peut être absolue, et elle doit parfois s'effacer devant d'autres impératifs légitimes tels que la défense de l'ordre et la prévention des infractions pénales ou la protection des droits et libertés d'autrui[76]. »

La position qui sera adoptée par la Grande chambre de la Cour européenne aura sans nul doute un impact crucial sur la définition de la responsabilité des fournisseurs de service sur la Toile et, par voie de conséquence, sur l'exercice de la liberté d'expression de l'ensemble des internautes.

Le statut des intermédiaires de l'internet soulève d'autres difficultés non moins épineuses, lesquelles, par un jeu de domino, rejaillissent nécessairement sur le degré de liberté d'expression dont jouissent les internautes.

b. *Les conditions auxquelles l'exonération de responsabilité peut être reconnue aux intermédiaires et, en particulier, au fournisseur d'hébergement*

En vertu de l'article XII.19 du Code de droit économique qui assure la transposition en droit belge de la directive européenne sur le commerce électronique[77], l'hébergeur peut se prévaloir d'une exonération de responsabilité à condition qu'il n'ait pas connaissance de l'existence de l'information illicite ou qu'il agisse promptement, dès le moment où il a une telle connaissance, pour retirer les informations ou rendre l'accès à celles-ci impossible, et pour autant qu'il en avise sur le champ le procureur du Roi. Un tel régime ne va pas sans risque pour l'exercice de la liberté d'expression en ligne. L'hébergeur se voit confier le soin de déterminer le caractère licite des informations qu'il contribue à diffuser et il ne peut être exclu que la peur d'une sanction l'amène à retirer des contenus parfaitement licites de l'internet. Comme il a été souligné par le Comité des ministres du Conseil de l'Europe, « il peut être dangereux du point de vue de la liberté d'expression et d'information que les fournisseurs de services suppriment trop rapidement un contenu après réception d'une plainte. Un contenu parfaitement légitime pourrait ainsi être supprimé par crainte de voir sa responsabilité juridique mise en cause[78] ».

76 Cour eur. D.H., 4e sect., arrêt *K.U. c. Finlande*, 2 décembre 2008, § 49.

77 Le Code de droit économique a abrogé et remplacé la loi du 11 mars 2003 sur les services de la société de l'information qui avait elle-même transposé en droit belge la directive européenne 2000/31 sur le commerce électronique.

78 Déclaration sur la liberté de la communication sur l'internet, adoptée par le Comité des ministres le 28 mai 2003 lors de la 840e réunion des délégués des ministres, note explicative, p. 11-12. Voir également, D. Mijatovic, « Shaping policies to advance media freedom », Recommandations de la représentante de l'OSCE pour la liberté des médias, 2013 (disponible à l'adresse : http://www.osce.org/fom/100112), p. 3, recommandation 4 : « Le fait de retenir la responsabilité des intermédiaires à raison du contenu publié ou créé par les utilisateurs menace la jouissance de la liberté d'opinion et d'expression car il conduit à une censure privée

En cas de doute sur la légalité ou l'illégalité d'un propos[79], l'intermédiaire sera rarement incité à le laisser en ligne[80]. D'aucuns ont ainsi pu écrire que le mécanisme européen d'exonération « n'est finalement rien de moins qu'un incitant économique à la censure privée[81] ».

Des solutions existent pour remédier à ce danger. On songe en particulier à la mise en œuvre d'une procédure de « *notice and take down* » qui permettrait de répartir adéquatement les responsabilités entre l'hébergeur et l'auteur du contenu litigieux, chargé de faire valoir ses arguments dans un délai déterminé, tout en fournissant une réponse rapide à la demande de la victime. Force est cependant de constater que la consécration d'une telle procédure tarde à voir dans notre pays.

c. *La prévention de la censure indirecte à l'égard de mesures de filtrage et de blocage* déterminé

Les injonctions visant à mettre en place des mesures de filtrage et de blocage spécifique ne sont pas interdites par le régime de responsabilité spécifique des intermédiaires de l'internet prévu par le droit européen, lequel se borne à prohiber l'imposition à ces intermédiaires d'une obligation *générale* de surveillance. Le droit à la liberté d'expression n'en doit pas moins être respecté dans ce contexte. Il s'agit en tout état de cause de satisfaire à l'exigence de proportionnalité inscrite dans les textes de protection des droits de

auto-protectrice et mal calibrée et à des décisions non transparentes et potentiellement arbitraires, souvent en l'absence de tout processus judiciaire » (nous traduisons).

79 Voir A. Strowel et F. Tulkens, « Les intermédiaires dans la communication, des censeurs malgré eux ? », dans *Censures*, Actes du colloque du 16 mai 2003, Bruxelles, Larcier, 2003, p. 97-123, p. 121 : « [...] quand bien même il y a connaissance d'une prétendue atteinte, à la suite d'une plainte par exemple, il restera à déterminer le caractère illicite ou non du contenu en cause, ce qui en théorie pourrait s'avérer délicat, et les intermédiaires répugnent d'ailleurs à s'engager dans cette voie qui risquerait de les transformer en censeurs malgré eux. »

80 Voir F. La Rue, *op. cit.*, § 42 : « Étant donné que les intermédiaires peuvent [...] être tenus responsables sur le plan financier ou, dans certains cas, pénal, s'ils ne suppriment pas le contenu jugé illégal dès qu'il (*sic*) reçoivent une notification de la part d'autres utilisateurs, ils ont tendance à pencher du côté de la sécurité en censurant de manière trop excessive des contenus qui pourraient être considérés illégaux. » Cela est d'autant plus vrai que l'hébergeur aura généralement pris soin d'exclure toute responsabilité à l'égard de son client pour un retrait de contenu injustifié. Voir à ce sujet, F. Dubuisson, « Les restrictions à l'accès au contenu d'internet... », *op. cit.*, p. 138-142.

81 F. Dubuisson et I. Rorive, *op. cit.*, p. 375 et les réf. citées. Voir aussi D. Fesler, « Responsabilités en cascade ou la responsabilité aquilienne sur internet », dans *Internet sous le regard du droit*, Bruxelles, éd. Jeune Barreau de Bruxelles, 1997, p. 67-109, p. 100 : « On voit [...] qu'il y va de la liberté d'expression dès lors qu'un 'surcroît' de responsabilité pour les intervenants autres que l'émetteur d'une information entraînera normalement un rétrécissement de l'expression libre sur internet qui en est pourtant une caractéristique originelle. »

l'homme et qui requiert dans le même temps d'en faire assez sans en faire trop, en vue de protéger d'autres intérêts légitimes[82].

Dans un récent arrêt *UPC Wien Telekabel*, la Cour de Justice de l'Union européenne s'est prononcée sur la possibilité pour un juge d'enjoindre à un fournisseur d'accès à l'internet d'empêcher l'accès à une série de sites Web déterminés qui enfreignaient le droit d'auteur[83]. En l'espèce, l'injonction avait ceci de particulier qu'elle ne précisait pas le dispositif de blocage concret à mettre en œuvre par le fournisseur d'accès mais réservait la possibilité d'une condamnation du fournisseur d'accès à payer des astreintes si le blocage n'était pas jugé satisfaisant par les ayants-droit.

Dans son arrêt, la Cour a précisé que le fournisseur d'accès doit veiller à respecter le droit des internautes d'accéder aux informations. Pour la Cour, le dispositif de blocage mis en place par le fournisseur d'accès doit donc tout à la fois présenter une certaine efficacité – empêcher les consultations non autorisées ou à tout le moins les rendre difficilement réalisables et dissuader sérieusement les utilisateurs –, et, dans le même temps, ne peut conduire à priver « inutilement » les utilisateurs d'internet de la possibilité d'accéder de façon licite aux informations disponibles[84].

Si l'on peut rejoindre la Cour sur la nécessité d'une mise en balance entre droits concurrents – en l'occurrence la protection des droits de propriété intellectuelle et le droit à la liberté d'expression –, l'admission d'une « délégation » de cet exercice au fournisseur d'accès est plus contestable, notamment au regard des considérations déjà émises sur la nécessité de prévenir tout risque de censure privée par les intermédiaires de l'internet.

En vue sans doute d'atténuer les effets de la « responsabilisation » du fournisseur d'accès, la Cour de Justice a dès lors considéré qu'une possibilité devait être offerte aux internautes de saisir un juge *a posteriori* en vue de contester la mise en balance effectuée par le fournisseur d'accès[85].

Une telle prise en compte du droit des internautes à recevoir l'information est louable. L'on observera tout d'abord qu'assez étonnement, la Cour n'a pas imposé la reconnaissance d'un droit similaire en faveur des propriétaires de

82 Cf. *supra*, II, C, notre analyse de l'arrêt *Yildirim*. Voir également notre étude, Q. Van Enis, « Les mesures de filtrage et de blocage de contenus sur l'internet... », *op. cit.*, p. 859-886.

83 CJUE (4e ch.), 27 mars 2014, *UPC Telekabel Wien GmbH / Constantin Film Verleih GmbH, Wega Filmproduktionsgesellschaft GmbH*, C-314/12. Pour un commentaire de cet arrêt, voir V. Delforge, D. Gobert et J.-P. Moiny, « Blocage de site web à contenu illégal : la Cour de Justice affine sa jurisprudence », in *RDTI*, 2014, p. 38-60.

84 Arrêt *UPC* précité, § 63-64.

85 Arrêt *UPC* précité, § 57.

sites bloqués. Ensuite, la possibilité d'exercice d'une action judiciaire *a posteriori* ne nous semble pas suffisante pour justifier la délégation de la mise en balance entre les différents intérêts en présence à des entreprises privées, lesquelles risquent, si elles n'en font pas assez, d'être obligées à payer des astreintes aux ayants-droit. Une possibilité d'action *a posteriori* par les internautes ne remplacera jamais la prise en compte *a priori* par le juge des intérêts attachés au droit à la liberté d'expression. En effet, elle suppose tout d'abord que l'utilisateur soit au courant de la restriction litigieuse et qu'il veuille aller jusqu'à s'engager dans une action en justice pour accéder au contenu en cause. Il pourra ensuite s'avérer difficile dans le chef de l'internaute de démontrer un véritable intérêt à agir. Ainsi, dans une récente décision *Akdeniz c. Turquie*, la Cour européenne des droits de l'homme a considéré que l'utilisateur régulier de sites Web consacrés à la musique ne pouvait se prétendre « victime » d'une violation de ses droits garantis par l'article 10 de la Convention européenne des droits de l'homme pour se plaindre de leur blocage par les autorités turques[86].

À notre avis, la seule manière de ménager le droit du public à recevoir des informations et des idées par le biais de l'internet à l'égard des mesures de blocage ou de filtrage ciblé, c'est d'imposer au juge de tenir compte de l'exercice de ce droit dans la mise en balance qu'il doit lui-même effectuer entre le droit à la liberté d'expression et les intérêts légitimes qui justifient l'adoption d'une mesure restrictive de ce droit[87].

d. *Le sort des moteurs de recherche non visés par le régime particulier de responsabilité prévu par le droit européen*

Enfin, une quatrième et dernière difficulté consiste à définir le statut des intermédiaires qui ne seraient pas visés par le régime spécifique de responsabilité des intermédiaires. L'on songe en particulier aux moteurs de recherche auxquels la Cour de Justice de l'Union européenne a récemment considéré, par un arrêt *Google Spain*, qu'il pouvait être fait obligation de déréférencer des résultats qui, affichés après une requête sous les nom et prénom d'une personne physique, renverraient vers des informations jugées « incomplètes, inexactes, inadéquates, excessives ou pas ou plus pertinentes », en l'absence d'un intérêt prépondérant du public à pouvoir accéder à ces données, et quand

86 Cour eur. D.H., 2e sect., déc. *Akdeniz c. Turquie*, 11 mars 2014.

87 Voir Q. Van Enis, « Le droit de recevoir des informations par le biais de l'internet, parent pauvre de la liberté d'expression dans l'ordre juridique européen ? », in *JEDH*, n° 2, 2015, à paraître.

bien même ces dernières seraient licitement publiées sur la Toile[88]. C'est ce qui est souvent désigné comme un « droit à l'oubli » opposable aux moteurs de recherche mais qui constitue plus exactement une faculté déduite des droits existants permettant à toute personne concernée par un traitement de données à caractère personnel de s'opposer, dans certaines circonstances, au traitement de ses données.

Nul ne minimisera l'importance de la protection des données à caractère personnel dans l'univers numérique. On peut néanmoins s'étonner du peu de cas qui a été fait dans l'arrêt *Google Spain* du droit à la liberté d'expression et, en particulier, du droit du public à recevoir les informations, qui se trouve pourtant consacré par les textes de protection des droits de l'homme[89]. À cet égard, la formulation de l'arrêt est éloquente. Pour la Cour de Justice, les *droits fondamentaux* au respect de la vie privée et à la protection des données *prévalent en principe* non seulement sur *l'intérêt* économique du fournisseur de moteur de recherche mais également sur *l'intérêt* du public à accéder à l'information, à moins d'un intérêt prépondérant du public à accéder à l'information[90]. Une nouvelle fois, la Cour de Justice laisse aux moteurs de recherche – soit à des entreprises privées – le soin d'opérer la balance entre les intérêts en présence et de définir eux-mêmes ce qui ressortit à cet intérêt prépondérant du public. Contrairement à sa position dans l'affaire *UPC*, la Cour n'a cette fois nullement fait écho à la nécessité de mettre en place un mécanisme judiciaire destiné à ménager le droit du public à accéder aux informations. On relèvera d'ailleurs au passage que rien n'a été prévu par la Cour pour que les auteurs et les éditeurs des contenus déréférencés soient informés de ce

88 CJ (GC), 13 mai 2014, *Google Spain SL, Google Inc. c. Agencia Española de Protección de Datos (AEPD), Mario Costeja González*, C-131/12, § 81 et § 97. La présente contribution ne vise pas à livrer un commentaire exhaustif de cet arrêt. À cet égard, nous renvoyons le lecteur vers d'autres études. Voir notamment le dossier spécial de la *Revue Lamy droit de l'informatique*, n° 106, juillet 2014, p. 67-93. Voir également E. Cruysmans et A. Strowel, « Un droit à l'oubli face aux moteurs de recherche : droit applicable et responsabilité pour le référencement de données 'inadéquates, non pertinentes ou excessives' », in *JT*, 2014, p. 457-459 ; A. Cassart et J.-F. Henrotte, « Arrêt *Google Spain* : la révélation d'un droit à l'effacement plutôt que la création d'un droit à l'oubli », in *JLMB*, 2014, p. 1183-1191 ; E. Frantziou, « Further Developments in the Right to be Forgotten : The European Court of Justice's Judgment in Case C-131/12, Google Spain, SL, Google Inc v Agencia Española de Protección », in *Human Rights Law Review*, 2014, p. 761-777 ; J. Ausloos et B. Van Alsenoy, note, *A&M*, 2014, p. 411-416 ; E. Defreyne et R. Robert, « L'arrêt 'Google Spain' : une clarification de la responsabilité des moteurs de recherche... aux conséquences encore floues », in *RDTI*, 2014, p. 73-114.

89 Voir à cet égard, Q. Van Enis, « Le droit de recevoir des informations par le biais de l'internet... », *op. cit.* Voir également E. Frantziou, *op. cit.*, p. 761-777.

90 Arrêt *Google Spain* précité, § 81 et 97.

déréférencement, et pour qu'ils soient en mesure de le contester auprès d'un moteur de recherche ou, en cas de contestation, devant un juge.

L'arrêt rendu par la Cour de Luxembourg ne laisse pas de surprendre. Rendu sur conclusions contraires de l'avocat général, l'arrêt rend les moteurs de recherche responsables en première ligne de l'ajustement de la balance entre la protection des données à caractère personnel et la protection de la liberté d'information des internautes. L'on peut raisonnablement se demander s'il n'aurait pas été plus logique et moins attentatoire à la liberté d'expression de soumettre le déréférencement à une exigence de subsidiarité imposant d'agir en priorité en amont contre l'éditeur du contenu litigieux avant d'agir en aval contre ceux qui se bornent à les référencer de manière automatique.

4. CONCLUSION

Dans l'imaginaire collectif, l'internet a longtemps été perçu comme un espace de liberté où chacun pourrait participer au libre marché des idées.

S'il est indéniable que le réseau a révélé des possibilités inédites de partage des idées et des informations, il faut cependant admettre qu'à l'aube du XXIe siècle, les défis ne manquent pas pour la liberté d'expression dans l'univers numérique.

La protection effective de la liberté d'expression sur l'internet suppose tout d'abord une relecture fonctionnelle des grands principes protecteurs dégagés dans le contexte des médias traditionnels. Au prix d'une interprétation évolutive des textes en vigueur, les cours et tribunaux, nationaux et internationaux, se montrent généralement enclins à intégrer l'internet dans la sphère de protection de la liberté d'expression. Dans l'adaptation des règles existantes à la réalité numérique, les juges devraient se garder de tirer prétexte de ce contexte nouveau pour justifier un retour en arrière dans la protection octroyée. Il en va d'autant plus ainsi que l'internet est voué, dans un avenir moins éloigné qu'on ne le pense, à prendre définitivement la relève des médias traditionnels.

Il est fréquent que derrière des débats d'apparence technique se cachent de véritables enjeux de société. On l'a vu, l'assertion se vérifie pleinement s'agissant de la liberté d'expression sur la Toile.

L'exercice effectif de cette liberté fondamentale dans l'univers numérique suppose que les internautes puissent accéder au réseau et aux différents services qui s'y trouvent offerts, sans ingérence et sans discrimination injustifiées, et qu'ils puissent s'appuyer sur des intermédiaires qui exercent pleinement leur rôle de courroie de transmission de contenus dans la société de l'information.

À l'heure où le réseau apparaît comme un outil incontournable dans la réalisation des besoins et des droits fondamentaux de l'être humain et où les alternatives crédibles au média numérique apparaissent chaque jour comparativement moins efficaces, la garantie d'un accès à l'internet apparaît de plus en plus incontournable. Si certains aspects d'une telle garantie se trouvent protégés par le droit à la liberté d'expression et par la régulation des communications électroniques, une consécration comme droit fondamental à part entière, outre son évidente force symbolique, présenterait l'avantage de donner une direction claire aux politiques publiques futures.

La garantie de la neutralité du réseau, inscrite dans l'ADN de l'internet depuis sa création, apparaît également essentielle à la préservation de la liberté d'expression des internautes – comme récepteurs et transmetteurs d'idées et d'informations – et du pluralisme des médias. En tant que principaux débiteurs de l'obligation de respecter, de protéger et de réaliser les droits de l'homme, les États ont un véritable rôle à jouer à cet égard.

Enfin, pour que les intermédiaires – généralement constitués sous la forme d'entreprises privées – soient en mesure de s'acquitter de la mission qui est la leur, les autorités publiques devraient s'abstenir de les ériger en censeurs privés des propos échangés sur la Toile et les inciter à prendre dûment en considération la liberté d'expression des internautes dans la recherche de modèles économiques attractifs.

LA TYRANNIE DES BONNES INTENTIONS

JEAN BRICMONT,
Physicien et essayiste, professeur à l'Université catholique de Louvain et Membre de l'Académie royale de Belgique

Je remercie l'Académie et son Secrétaire perpétuel d'avoir organisé ce colloque et de m'y avoir invité. Je remercie également M. Hottois de son aimable présentation.

Le but de mon exposé est de critiquer les lois dont on a dit, à d'autres moments de ce colloque, qu'elles constituaient des restrictions légitimes à la liberté d'expression, c'est-à-dire celles réprimant l'« incitation à la haine » et la « négation de l'histoire[1] ».

Je commencerai donc en rappelant la conception classique de la liberté d'expression exprimée entre autres par la Déclaration universelle de 1948, et dont l'article 19 stipule que : « Tout individu a le droit à la liberté d'opinion et d'expression, ce qui implique le droit de ne pas être inquiété pour ses opinions, et celui de chercher, de recevoir et de répandre, sans considération de frontières, les informations et les idées par quelque moyen d'expression que ce soit. » Voilà pour la définition classique qui, comme nous l'avons dit plusieurs fois, remonte aux Lumières et en particulier, du côté anglais, à John Stuart Mill. On a déjà cité cette observation où Mill avance un très bon argument : « Mais ce qu'il y a de particulièrement néfaste à imposer silence à l'expression d'une opinion, c'est que cela revient à voler l'humanité » ; il parle là des générations futures, en effet, « si l'opinion est juste, on les prive de l'occasion d'échanger l'erreur pour la vérité ; si elle est fausse, ils perdent un bénéfice presque aussi considérable, une perception plus claire et une

[1] Pour plus de détails, je renvoie à mon livre, *La République des censeurs*, Paris, L'Herne, 2014.

impression plus vive de la vérité que produit sa confrontation avec l'erreur[2] ». Il estime donc que la vérité se renforce dans la confrontation avec l'erreur et au contraire s'affaiblit en cas de censure.

Certaines personnes pensent que cette idée est propre au monde anglo-saxon et qu'il faudrait la rejeter au même titre que le ketchup et le hamburger. Mais nous avons en réalité des sources françaises, et pas seulement Voltaire, car c'est toujours lui qu'on cite ; on peut citer un auteur un peu plus controversé, Robespierre, qui dit des choses très justes. Voici ce qu'il disait en 1791 :

> La liberté de publier son opinion ne peut être autre chose que la liberté de publier toutes les opinions contraires. Il faut, ou que vous lui donniez cette étendue, ou que vous trouviez le moyen de faire que la vérité sorte d'abord toute pure et toute nue de chaque tête humaine. Elle ne peut sortir que du combat de toutes les idées vraies ou fausses, absurdes ou raisonnables. Si ceux qui font les lois ou ceux qui les appliquent étaient des êtres d'une intelligence supérieure à l'intelligence humaine, ils pourraient exercer cet empire sur les pensées ; mais s'ils ne sont que des hommes, s'il est absurde que la raison d'un homme soit, pour ainsi dire, souveraine de la raison de tous les autres hommes, toute loi pénale contre la manifestation des opinions n'est qu'une absurdité[3].

Remarquons que dans ces textes on parle d'opinion, sans ajouter « à condition qu'elle ne soit pas raciste, homophobe, antisémite, etc. » ou jugée telle par des associations qui se proclament gardiennes de la pureté de la pensée. C'était en 1791, mais depuis lors nous avons fait de « grands progrès », en tout cas en France où, en 1972, on a introduit la loi dite Pleven, qui réprime toutes sortes de choses comme la provocation à la violence et à la discrimination, que je vais laisser de côté et que je ne conteste pas, mais qui réprime aussi les *discours* qui ont « provoqué à la haine à l'égard d'une personne ou d'un groupe de personnes à raison de leur origine ou de leur appartenance à une ethnie, une nation, une race ou une religion déterminée ». Comme l'a fait remarquer le professeur Le Pourhiet, on n'appartient pas à une religion, on adhère à une religion, ce qui pose déjà un problème concernant l'incorporation de la religion dans ce texte.

Mais le problème fondamental soulevé par cette loi est de savoir ce que signifie « provoquer à la haine. » C'est sur ce point que l'arbitraire se glisse.

2 J. S. Mill, *De la liberté*, Paris, Gallimard, coll. Folio Essais, 1990 (édition originale 1859).

3 Discours sur la liberté de la presse, prononcé à la Société des Amis de la Constitution, le 11 mai 1791, par Maximilien Robespierre, député à l'Assemblée nationale, et membre de cette Société. Disponible sur le site du Projet Gutenberg : www.gutenberg.org/ebooks (Discours par Maximilien Robespierre.)

Pensez aux relations entre francophones et néerlandophones en Belgique et demandez-vous quand des remarques faites par les uns à propos des autres peuvent être considérées comme des incitations à la haine.

Il ne faut pas se faire d'illusions, presque tout individu s'identifie à un groupe et, quel que soit le groupe, nourrira des préjugés à l'encontre d'autres groupes humains. À partir de quand ces préjugés, c'est-à-dire ces opinions — souvent positives à l'égard de son propre groupe et négatives à l'égard d'autres — deviennent-elles de la haine, et à partir de quand leur expression est-elle une incitation à la haine ? Voilà tout le problème.

Je vais donner un exemple de ce qui est considéré comme une incitation à la haine. Il s'agit du caricaturiste Siné qui tenait une chronique dans *Charlie Hebdo* et qui écrit en 2008 que Jean Sarkozy, le fils de Nicolas Sarkozy, « vient de déclarer vouloir se convertir au judaïsme avant d'épouser sa fiancée, juive, et héritière des fondateurs de Darty[4] ». Il ajoute : « Il fera du chemin dans la vie ce petit ! » Suite à cela, il est licencié et poursuivi pour incitation à la haine. Or, on lit dans *Libération* quelques jours avant : « Patrick Gaubert, président de la Licra et ami de Nicolas Sarkozy, [...] remarque qu'aujourd'hui le fils de Nicolas Sarkozy, Jean, vient de se fiancer avec une juive, héritière des fondateurs de Darty et envisagerait de se convertir au judaïsme pour l'épouser[5]. » Où est la différence entre les deux textes ? La différence c'est « il fera du chemin dans la vie ce petit ». Donc, dans ce journal qui se prétend le grand défenseur de la liberté d'expression, où on se permet soi-disant tous les excès, en particulier quand il s'agit des musulmans, où on considère que le droit d'insulter les musulmans est sacro-saint, en revanche, si on publie cette phrase-là, on est licencié et poursuivi pour « incitation à la haine ». Il est vrai que Siné a gagné son procès. Il n'empêche, ce n'est pas agréable d'être poursuivi devant les tribunaux, même si on gagne à la fin. On peut trouver d'autres exemples dans *La République des censeurs*, concernant le présentateur de *France-Inter* Daniel Mermet, ou le sociologue Edgar Morin ; ils ont été poursuivis pendant des années devant les tribunaux, procès qu'ils ont fini par gagner.

Siné s'est illustré par d'autres « excès » , par exemple un dessin représentant une nonne qui se masturbe avec un crucifix dans le vagin. Aux gens ayant d'autres sensibilités que celles de la direction de *Charlie Hebdo* et qui seraient choqués par ce dessin, on répond que c'est couvert par la liberté d'expression.

4 Y.-M. Labé, « Quand *Charlie Hebdo* ne fait plus rire », in *Le Monde*, 29 juillet 2008.

5 Ch. Ayad et A. Guiral, « Sarkozy comme chez lui en Israël », in *Libération*, 23 juin 2008.

Par ailleurs, si ce genre de dessins ou si les caricatures anti-musulmanes de *Charlie Hebdo* passent pour une critique de la religion, pourquoi le fait de se moquer d'une conversion à la religion juive, dont Siné supposait, à tort ou à raison, qu'elle se faisait pour raison d'opportunité, devient-il une incitation à la haine ? Après tout, s'il est une expression bien française, c'est « Paris vaut bien une messe. » Était-ce une incitation à la haine anti-catholique ?

Passons maintenant à l'autre extrémité du spectre politique avec Jean-Marie Le Pen qui a été condamné pour avoir déclaré dans *Rivarol* : « En France du moins, l'occupation allemande n'a pas été particulièrement inhumaine, même s'il y eut des bavures, inévitables dans un pays de 550 000 kilomètres carrés[6]. » Ces propos lui ont valu d'être condamné à trois mois de prison avec sursis et à 10 000 euros d'amende. Comparons ces propos avec deux autres textes. L'un est un manuel d'histoire pour les agrégés en histoire en France, où on lit : « L'occupation en France varie en fonction de critères ethniques. Elle est très dure à l'égard des Slaves, moins répressive, par exemple, de la France[7]. » Ce n'est évidemment pas le même langage, mais la différence sur le fond est-elle très grande ? Le second, plus étonnant encore, est un texte de Stéphane Hessel, un ancien résistant :

> Aujourd'hui nous pouvons le constater : la souplesse de la politique d'occupation allemande permettait même à la fin de la guerre une politique culturelle ouverte. À Paris, on pouvait jouer les pièces de Jean-Paul Sartre ou écouter Juliette Gréco. Si, en tant que personne concernée, j'ose me permettre une comparaison audacieuse, j'affirme ceci : l'occupation allemande, si on la compare par exemple avec l'occupation actuelle de la Palestine par les Israéliens, était relativement inoffensive, mises à part les exceptions comme les arrestations, internements et exécutions ainsi que le vol d'œuvres d'art. Tout cela était affreux. Mais il s'agissait d'une politique d'occupation qui voulait avoir un aspect positif et pour cela rendait le travail de nous autres combattants de la résistance si difficile[8].

Ainsi, où est la grande différence entre, par exemple, « bavure » chez Le Pen et « exception » chez Hessel, « pas particulièrement inhumaine » chez Le Pen et « voulait avoir un effet positif » chez Hessel ? Comme disait

6 « Jean-Marie Le Pen définitivement condamné pour ses propos sur l'Occupation », in *Le Monde*, 19 juin 2013.

7 P. Chassaigne (dir), O. Dard, J.-L. Margolin, S. Schirmann, *Les Sociétés, la guerre et la paix*, Paris, CNED-Sedes, 2003, p. 140.

8 S. Hessel, « Wie ich Buchenwald und andere Lager überlebte », in *Frankfurter Allgemeine Zeitung*, 20 janvier 2011.

Robespierre à propos des délits d'opinion, « l'un trouvera le crime dans la chose, l'autre dans l'intention, le troisième dans le style[9] ». D'aucuns soutiendront que les *intentions* de Hessel sont différentes de celles de Le Pen, mais il s'agit bien là d'un aspect crucial du problème. Quand un meurtre a lieu, on peut poser la question de savoir s'il est accidentel ou volontaire parce que le meurtre, en soi, est illégal. Mais si l'on décide que des paroles sont illégales, il faudrait alors montrer qu'elles le sont dans tous les cas, quand elles sont similaires, indépendamment des intentions, sans quoi on réinstaure le délit d'intention en même temps que le délit d'opinion : c'est l'intention elle-même qui devient constitutive du délit, qui définit le délit, tandis que le meurtre est un délit, qu'il soit accidentel ou volontaire.

Voyons maintenant quelques exemples de ce que l'on *peut* dire. Par exemple, Marx, dans *La Question juive,* écrit : « Quel est le culte profane du Juif ? Le trafic. Quel est son Dieu profane ? L'argent. Eh bien, en s'émancipant du trafic et de l'argent, par conséquent du judaïsme réel et pratique, l'époque actuelle s'émanciperait elle-même[10]. » Ce livre a été réédité de nombreuses fois, il est trouvable en librairie et dans les bibliothèques. Le problème n'est pas qu'on risque de l'interdire, ainsi que des centaines d'autres textes classiques, mais au nom de quoi va-t-on interdire des propos similaires tenus à l'époque contemporaine ? Si Dieudonné tient ces propos dans un de ses spectacles en ne disant pas que c'est tiré de Marx, il sera poursuivi. S'il cite Marx, qu'en sera-t-il ?

Voici un autre exemple de ce qu'on peut dire. Alain Finkielkraut déclare dans *Haaretz* : « Je suis né à Paris et suis le fils d'immigrants polonais, mon père a été déporté de France, ses parents ont été déportés et assassinés à Auschwitz, mon père est rentré d'Auschwitz en France. Ce pays mérite notre haine. Ce qu'il a fait à mes parents était beaucoup plus brutal que ce qu'il a fait aux Africains. Qu'a-t-il fait aux Africains ? Il n'a fait que du bien. » Ces propos ont bien évidemment provoqué un tollé chez les Africains qui n'ont pas nécessairement de bons souvenirs de l'action positive de la France. Mais là n'est pas la question. Il ajoute dans la suite de l'interview que dans sa famille on ne lui a jamais appris la haine : « Ce n'est pas comme les Africains qui apprennent la haine à leurs enfants[11]. » La question est de savoir ce que

9 Discours sur la liberté de la presse, *op. cit.*

10 K. Marx, *La Question juive* (1843). Suivie de *La question juive* par Bruno Bauer. Introduction par Robert Mandrou, Paris, Union générale d'Éditions, 1968, p. 28-29.

11 A. Finkielkraut, in *Haaretz*, 18 novembre 2005, disponible en traduction française, par Michel Warschawski et Michèle Sibony dans : « Les égarements d'Alain Finkielkraut », sur le site de la Section de Toulon de la Ligue des droits de l'homme.

signifie « ce pays mérite notre haine ». Que veut-on dire quand on affirme qu'une entité abstraite comme un pays mérite la haine ? Que peut-on désigner d'autre que les habitants du pays en question ? Et les habitants du pays, mais à quelle époque ? À l'époque de Pétain ou aujourd'hui ? Est-ce transmissible aux descendants ? Et pourquoi ne serait-ce pas une incitation à la haine des Français ? Le fait d'être Français découle aussi d'un accident de la naissance.

Passons à un autre exemple. Oriana Fallaci, dans *La rage et l'orgueil*, écrit que « les fils d'Allah, au contraire, se multiplient comme des rats[12] ». Tout en estimant qu'elle succombe à la « tentation raciste », Alain Finkielkraut ajoute : « Oriana Fallaci a l'insigne mérite de ne pas se laisser intimider par le mensonge vertueux. Elle met les pieds dans le plat, elle s'efforce de regarder la réalité en face[13]. » À l'inverse, des propos tels que « les fils de Yahvé se multiplient comme des rats », tenus envers une communauté juive qui a beaucoup d'enfants, risqueraient de provoquer des réactions différentes. On peut toujours faire l'expérience ; étant physicien, je suis favorable à l'expérimentation.

Passons à Nicole Guedj, conseillère d'État UMP, qui parle du Quai d'Orsay comme d'une « maison bourrée d'Arabes déguisés[14] ». Ici aussi, nous pourrions tenter l'expérience, pour voir ce que ça donne, d'affirmer qu'un ministère français est une maison bourrée d'Israéliens déguisés.

Évoquons maintenant la loi Gayssot, loi sur la négation de l'histoire. Autant la loi Pleven est vague et autorise tous les abus, autant la loi Gayssot pose problème parce qu'elle est extrêmement spécifique : elle dit essentiellement que seront condamnés les gens qui contestent certains aspects du jugement de Nuremberg ; le texte porte essentiellement sur celui-ci, sur l'Holocauste et les chambres à gaz. Cette loi remonte à 1990 et, pour la remettre dans son contexte historique, il faut remonter à l'affaire Faurisson au début des années 1980. Faurisson avait publié dans *Le Monde* des articles à caractère négationniste[15], contestant l'existence des chambres à gaz. Il a été poursuivi et condamné en première instance en 1981 et en appel en 1983. Les attendus du jugement de 1983 sont très intéressants et assez surprenants. En voici un extrait :

12 O. Fallaci, *La rage et l'orgueil*, Paris, Plon, 2002, p. 146.

13 A. Finkielkraut, in *Le Point*, 24 mai 2002.

14 Oumma, 16 mars 2012.

15 Le 29 décembre 1978 et le 16 janvier 1979.

> Il n'est pas davantage permis d'affirmer, eu égard à la nature des études auxquelles il s'est livré, qu'il a écarté les témoignages par légèreté ou négligence, ou délibérément choisi de les ignorer. Qu'en outre, personne ne peut en l'état le convaincre de mensonge lorsqu'il énumère les multiples documents qu'il affirme avoir étudiés et les organismes auprès desquels il aurait enquêté pendant plus de quatorze ans. Que la valeur des conclusions défendues par M. Faurisson relève donc de la seule appréciation des experts, des historiens et du public[16].

Le jugement a fait enrager les organisations qui poursuivaient Faurisson, mais défendait totalement sa liberté d'expression. Par contre, Faurisson a été condamné parce qu'il avait exprimé ses conclusions d'une manière qui était blessante pour les survivants, qu'il avait parlé de mensonges à propos du génocide et qu'il « cherchait à atténuer le caractère criminel de la déportation ». Ces thèses pouvaient donc être exprimées du moment qu'elles l'étaient de façon plus prudente. C'était donc avant la loi Gayssot. Après la loi, ce genre d'argutie juridique n'a plus été nécessaire puisque le texte indique en termes extrêmement clairs que la négation de l'existence des chambres à gaz est condamnable.

Mais cette loi mène à l'arbitraire, comme l'illustre l'affaire Gollnisch. En 2004, ce membre important du Front national donne une conférence de presse dans laquelle il tient des propos « ambigus » sur les chambres à gaz. On ne dispose pas de l'intégralité des propos qui ont été récoltés par des journalistes, qui lui étaient hostiles. Il a été poursuivi et suspendu pendant cinq ans, sans salaire, de l'enseignement d'une chaire de civilisation japonaise à l'université de Lyon et a été condamné à de lourdes amendes. Mais l'affaire s'est terminée devant la Cour de Cassation qui a cassé sans renvoi devant une Cour d'appel, ce qui est rarissime. Voici ce qu'a dit la Cour de Cassation : « Les propos retenus dans la citation, qui renferment des énonciations contradictoires, ne permettent pas de caractériser à la charge du prévenu le délit de contestation d'un ou plusieurs crimes contre l'humanité[17]. » L'essence du message de Gollnisch était que les historiens devraient être libres et pas sous la tyrannie d'une loi ; c'est ce que la Cour de Cassation a retenu. Les sanctions administratives à son encontre à l'université n'ont pas été réparées et son retour à l'université a occasionné des manifestations « antifascistes ».

Pour comparer les propos de Gollnisch avec ce que l'on *peut* dire, prenons le livre d'Arno Mayer intitulé *La « solution finale » dans l'histoire*. Arno Mayer

16 Cour d'appel de Paris, 1re chambre, section A, Arrêt du 26 avril 1983, sur appel d'un jugement du tribunal de grande instance de Paris du 8 juillet 1981.

17 Cour de cassation, chambre criminelle, Audience publique du mardi 23 juin 2009.

est professeur d'histoire à Princeton. Ce livre a été traduit de l'anglais et est préfacé par Pierre Vidal-Naquet. On lit dans cet ouvrage :

> Les sources dont nous disposons pour étudier les chambres à gaz sont à la fois rares et peu sûres [...] On n'a jusqu'à présent découvert aucun ordre écrit prescrivant nommément les gazages [...] Nos connaissances se fondent, pour l'essentiel, sur les dépositions des fonctionnaires nazis et de leurs exécutants lors des procès de l'après-guerre et sur les souvenirs des survivants et des témoins. Ces sources doivent faire l'objet d'une critique attentive, parce que leur valeur peut dépendre de facteurs subjectifs très complexes [...][18]

L'auteur est bien sûr orthodoxe, et il ne nie pas l'existence des chambres à gaz. Il n'empêche, ce genre de propos est pour le moins « ambigu », bien plus que ceux de M. Gollnisch. Si un physicien ou un biologiste disait que les sources pour étudier les atomes et l'évolution sont rares et peu sûres, on trouverait cela très bizarre.

En 1986, Serge Klarsfeld donne une interview où il annonce la parution d'un livre de Jean-Claude Pressac, *Les Crématoires d'Auschwitz. La machinerie du meurtre de masse,* qui a été publié par le CNRS[19] et dont une version avait été publiée auparavant en anglais par la Beate Klarsfeld Foundation[20]. Il dit que cet ouvrage constituera enfin la preuve des preuves. Il n'existe donc pas de vraies preuves, lui demande-t-on ? Ce à quoi il répond : « Il y avait des débuts de preuves qui embarrassaient les faurissonniens, mais ne les avaient pas encore réduits au silence[21]. » On nous dit cela quarante ans après Nuremberg et quatre ans avant la loi Gayssot.

En 1995, Pressac donne une interview à Valérie Igounet, historienne du négationnisme qui a publié en 2000 un livre sur l'histoire du négationnisme en France[22] dont voici quelques extraits : « 95 pour cent du Zyklon B livré à Auschwitz était employé à l'épouillage et seuls 5 pour cent maximum servait à asphyxier les juifs, au contraire des dires de Raul Hilberg [grand historien des déportations et de l'Holocauste] ». Pressac dit également, à propos de la loi Gayssot : « Cette imbécillité réactionnaire communiste votée par une majorité de députés soi-disant 'progressistes' ne pourra encadrer

18 A. Mayer, *La « Solution finale » dans l'histoire*, Paris, La Découverte, 1990, p. 406-411.

19 J.-Cl. Pressac, *Les Crématoires d'Auschwitz. La machinerie du meurtre de masse*, Paris, CNRS éditions, 1993.

20 J.-Cl. Pressac, *Auschwitz: technique and operation of the gaz chambers,* New York, The Beate Klarsfeld Foundation, 1989.

21 « Les historiens du mensonge », Interview par Philippe Lemaire, dans *VSD*, 29 mai 1986.

22 V. Igounet, *Histoire du négationnisme en France*, Paris, Éditions du Seuil, 2000.

politiquement l'histoire encore très longtemps, parce que les acquis historiques ne sont pas fixés pour l'éternité et fluctuent en fonction des décisions politiques, des documents retrouvés ou d'enquêtes de recoupements inattaquables. » Sur le nombre de morts, Pressac déclare : « Le coefficient multiplicateur émotionnel varie de 2 à 7 et est en moyenne de 4 à 5. Cette moyenne s'applique parfaitement à Auschwitz. » En conclusion, il dit :

> Tout changement historique entraîne une dévalorisation de cette mémoire fixe et présentée comme définitive. Or de nouveaux documents surgiront inévitablement et bouleverseront de plus en plus les certitudes officielles. La forme actuelle, pourtant triomphante, de la présentation de l'univers des camps est condamnée. Qu'en sauvera-t-on ? Peu de choses [...] De tous ces faits, terribles parce qu'ayant provoqué la mort de femmes, d'enfants et de vieillards, ne survivront que ceux établis. Les autres sont destinés aux poubelles de l'Histoire[23].

À nouveau, si Gollnisch était ambigu, Pressac l'était bien davantage. Quel était le fond de sa pensée, ses intentions ? Personne n'en a aucune idée et c'est bien pour cela qu'il ne faut pas faire intervenir ce genre de considérations dans le droit. Pressac est mort en 2003 ; pourquoi ne l'a-t-on pas poursuivi entre 2000 et 2003 ? Sans doute parce qu'on pouvait difficilement poursuivre celui qui était présenté comme le héros terrassant les négationnistes dans les années 1980. Notons aussi que Pressac n'était pas historien mais pharmacien. Néanmoins, la seule question qui se pose est de savoir pourquoi Gollnisch a été poursuivi et non Pressac, si ce n'est qu'on attribue des intentions à l'un et pas à l'autre.

Venons-en à une petite histoire belge. Le 15 octobre 2014, je suis invité par M. Van De Plas, échevin des sports à la commune de Kraainem, à parler de *La république des censeurs*. Peu après, la presse est alertée à propos d'un mail *privé* — j'insiste sur ce mot car c'est le seul aspect qui m'intéresse — que M. Van De Plas avait envoyé un an auparavant et qui était à caractère négationniste (il nie être négationniste et dit que ses propos ne reflétaient pas sa pensée[24]). Cela fait la une du *Soir*[25], est discuté dans *La Libre Belgique*, et l'auteur de ces propos est interviewé par RTL et la RTBF, entre autres. M. Van De Plas a été exclu de son parti, le CDH, sans être entendu, et a perdu ses

[23] V. Igounet, *Ibid.*

[24] Voir http://r1.llb.be/file/d2/54798a3235707696baa17ed2.pdf.

[25] M. Metdepenningen, « CDH : l'échevin négationniste a été exclu », in *Le Soir*, 27 octobre 2014, p. 1 et 5.

fonctions échevinales. Cette affaire a fait tout un scandale. On a lu dans *Le Soir* que mon invitation avait fait « remonter à la surface » ce message.

La question que cette affaire soulève, indépendamment du contenu du message, est de savoir si on peut utiliser des mails privés à des fins politiques. Que se passerait-il si dans les entreprises, les universités ou à l'Académie, on rendait publiques toutes les remarques faites en privé à propos de collègues, de supérieurs hiérarchiques ou « d'amis » ? Cela provoquerait un chaos complet.

Voici un autre mail privé, dont je suis le destinataire : « Pourquoi n'allez-vous pas discuter de ce sujet à Tehran [*sic*] ou à Gaza au lieu de polluer notre Académie royale ? Des crapules comme vous ne méritent qu'une seule chose : une balle dans la tête sans procès [signé Belgium stands with Israel]. » Qu'est-ce qui est le plus grave, un mail privé qui conteste des faits historiques ou ce mail privé-là ? Personnellement, c'est celui-ci qui me semble le plus grave, mais je laisse le lecteur juge.

Venons-en aux conclusions. Je ne souhaite pas inciter à la haine, mais je pense que toutes ces mesures, toutes ces lois, ne font en réalité qu'attiser la haine. Je vais encore proposer deux textes à la réflexion du lecteur, le premier étant d'un intellectuel catholique italien, Franco Cardini :

> Ne sous-estimez pas ce que je vais dénoncer : c'est le fruit de l'expérience d'un vieux monsieur peut-être pas trop intelligent (mais assez cultivé et expérimenté), qui ne cesse de voyager, qui écoute ce que disent les gens dans le train ou dans les bars ; quelqu'un qui par sa profession participe constamment à des congrès et à des débats ; qui parle avec des jeunes de toutes les régions de l'Italie et du monde et qui est en contact, comme catholique, avec beaucoup de ses coreligionnaires. Eh bien, gardez-vous bien, parce que ceci est vrai : vous pouvez l'appeler comme vous voulez, désormais le «révisionnisme-négationnisme» est en train d'ouvrir une brèche en catimini ; le nombre de personnes qui, sans oser l'admettre, sont impressionnées et troublées par certains arguments ne cesse de croître. Le nombre de ceux qui en public affirment une chose et en privé soutiennent exactement le contraire est en train de croître aussi. Et vous savez pourquoi ? À cause du fait qu'on persécute ceux qui défendent ces idées et qu'on les condamne sans leur donner le droit de parler et sans riposter. Mais de cette manière se crée dans l'opinion publique le sentiment croissant que, si on en a peur, c'est que ces gens-là disent des vérités ; et c'est cela qui peut constituer les prémisses d'une nouvelle vague de préjugés antisémites, même s'il est difficile d'imaginer sous quelles formes elle pourrait se manifester. Il existe pourtant un seul moyen d'effacer le révisionnisme et le négationnisme en empêchant leurs adeptes de se donner des airs de victimes de la vérité. C'est de contester rationnellement et paisiblement leurs thèses, les réfuter, les détruire ; et ainsi discréditer définitivement ceux qui s'en font les hérauts.

[...] Cela est la seule manière d'effacer à jamais les calomniateurs de la Shoah. Israël et le monde juif ont tout intérêt à imposer cette confrontation, qui serait, aussi pour les médias de masse, un spectacle formidable. Qu'est-ce que nous attendons[26] ?

Mais les lois en vigueur empêchent ce genre de confrontation. Il est bien évident que personne ne va s'y lancer sachant qu'à la fin du débat il sortira peut-être menottes aux poignets parce qu'il aura tenu des propos illégaux. Avant d'organiser de telles confrontations, il faudrait abolir les lois réprimant la « négation de l'histoire ».

Voici maintenant une autre proposition, qui remonte à Henri IV — J'ai commencé avec Robespierre et je termine avec Henri IV, personne ne pourra me reprocher de pencher plus pour la République ou pour la monarchie ! Voici ce qu'il a écrit juste après les guerres de religion, dans l'Édit de Nantes :

Article I. Premièrement, que la mémoire de toutes choses passées d'une part et d'autre, depuis le commencement du mois de mars 1585 jusqu'à notre avènement à la couronne et durant les autres troubles précédents et à leur occasion, demeurera éteinte et assoupie, comme de chose non advenue. Et ne sera loisible ni permis à nos procureurs généraux, ni autres personnes quelconques, publiques ni privées, en quelque temps, ni pour quelque occasion que ce soit, en faire mention, procès ou poursuite en aucunes cours ou juridictions que ce soit.

L'article II de l'Édit de Nantes énonce :

Défendons à tous nos sujets, de quelque état et qualité qu'ils soient, d'en renouveler la mémoire, s'attaquer, ressentir, injurier, ni provoquer l'un l'autre par reproche de ce qui s'est passé, pour quelque cause et prétexte que ce soit, en disputer, contester, quereller ni s'outrager ou s'offenser de fait ou de parole, mais se contenir et vivre paisiblement ensemble comme frères, amis et concitoyens, sur peine aux contrevenants d'être punis comme infracteurs de paix et perturbateurs du repos public[27].

En d'autres termes, si nous appliquions la législation d'Henri IV, ce ne seraient pas les soi-disant racistes, antisémites et négateurs de l'histoire

[26] F. Cardini, « A Proposito del caso Williamson e del 'revisionismo-negazionismo' », 29 janvier 2009, francocardini.net.

[27] Édit de Nantes, Henri IV, 13 avril 1598. Cet édit, reconnaissant certains droits aux protestants, voulait mettre fin aux guerres de religion. Sa révocation par Louis XIV en 1685 entraîna un fort exode des protestants.

qui seraient en prison, mais les associations qui les poursuivent, ce qui n'est évidemment pas non plus souhaitable.

Au cours de ce colloque, nous avons entendu parler de la liberté d'expression qu'on considère souvent en Occident comme un principe sacré. Certes, mais le discours sur la liberté d'expression est empreint de beaucoup d'hypocrisie. En Allemagne, Horst Mahler a été condamné à douze ans de prison ferme, qu'il purge aujourd'hui, pour négation de l'histoire. Il n'a rien fait d'autre, n'a frappé personne, injurié personne. Douze ans de prison ferme, pour pur délit d'opinion. Son avocate, Sylvia Stoltz, a défendu ses thèses au tribunal et a écopé de trois ans de prison. Un expert, Germar Rudolf, qui avait été nommé par un tribunal allemand pour effectuer une enquête à Auschwitz et dont les conclusions sont considérées comme négationnistes, a aussi été condamné à trois ans de prison. Vincent Reynouard, citoyen français, également négationniste, qui s'était réfugié en Belgique, a été arrêté par la police belge et livré à la police française pour purger un an de prison. Suite à cela, j'ai signé une pétition pour sa libération ; si on n'est pas d'accord avec ces lois, il est normal d'être opposé à l'emprisonnement de ces gens sur la base de ces lois. À cause de cette signature, on a supprimé un séminaire que je devais donner dans un département de physique — on ne m'en a pas donné les raisons par écrit, mais on me l'a expliqué au téléphone.

Il y a donc une énorme hypocrisie quand on parle de liberté d'expression. On dit, par exemple qu'il n'existe pas d'interdiction préalable en Belgique. Or, la dernière fois que Dieudonné est venu à Bruxelles, la salle a été vidée *manu militari* par la police, en plein spectacle. Qu'on ne dise pas qu'il ne s'agit pas d'une interdiction préalable. Il n'y a même pas eu de poursuites pour « racisme » contre Dieudonné, pour un spectacle similaire qu'il avait fait à Liège. Le congrès dit de la dissidence, qui devait se tenir à Bruxelles en mai 2014, a été interdit, avant qu'il ne se tienne, pour cause de trouble à l'ordre public. Mais ces interdictions ne causent pas de trouble à l'ordre public même quand les gens sont attaqués par des autopompes. Ils font le geste de la « quenelle » mais n'opposent pas de résistance violente. Il y a beaucoup plus de résistance lors de manifestations ou de grèves. La situation a donc quelque chose de tout à fait surréaliste du point de vue juridique. Et l'hypocrisie est criante lorsqu'on fait la leçon aux arabo-musulmans, quand on voit la pratique en vigueur dans les pays occidentaux.

Hier encore, on a dit à Tariq Ramadan que les élèves musulmans ne veulent pas entendre parler de l'Holocauste dans les écoles. Peut-être faut-il souligner, d'une part, qu'on a soutenu la création d'Israël sur le dos des Palestiniens qui n'étaient pas responsables de l'Holocauste et qu'on attaque aujourd'hui les musulmans parce qu'ils ne veulent pas entendre parler d'un Holocauste qui est invoqué sans cesse pour justifier une politique israélienne qui ne leur plaît pas. Cela en faisant par ailleurs des lois qui augmentent nécessairement le scepticisme à l'égard de l'Holocauste : s'il n'y a pas de lois générales en histoire, il est pourtant certain que la censure augmente *toujours* le scepticisme à l'égard des thèses qu'elle est supposée protéger.

Cette hypocrisie et cette politique des deux poids deux mesures sont une source constante de conflits dans nos sociétés. La sagesse se trouve du côté d'Henri IV. Il vaudrait mieux cesser de s'accuser mutuellement de crimes commis dans le passé, dans lesquels nous n'avons aucune responsabilité, que nous n'avons pas commis, parce que nous n'étions pas là, que ce soit l'esclavage, le colonialisme, l'Holocauste, etc. Cela ne sert à rien non plus de se draper dans le manteau de la vertu et d'affirmer que nous aurions été du côté de la Résistance, car personne ne sait ce qu'il aurait fait s'il avait vécu à cette époque. Le bombage de torse et l'hypocrisie sont présents aussi dans les conflits entre Flamands et Wallons en Belgique. Que l'on critique la politique de la N-VA, c'est une chose, mais tout le débat sur le passé en est une autre. Si nous voulons réellement la paix entre les communautés, nous ferions mieux d'écouter Henri IV que la loi Pleven ou la loi Gayssot. Ces lois ont peut-être été faites avec les meilleures intentions du monde, mais le droit a besoin de réflexion et d'idées claires, pas de bons sentiments. Et là où le droit est corrompu, la tyrannie fait son chemin.

DÉBAT : LA LIBERTÉ D'EXPRESSION EST-ELLE EN DANGER ?

CORINNE BOULANGIER, SOUHAYR BELHASSEN, PHILIPPE DUTILLEUL, NADIA KHIARI, PIERRE KROLL, JEAN PLANTUREUX (ALIAS *PLANTU*)

Corinne Boulangier:

Merci d'être ici présents et si nombreux également. Je suis extrêmement impressionnée, beaucoup plus que je ne le pensais, d'intervenir dans cet endroit magnifique, au terme, qui plus est, de débats qui, depuis hier soir, ont été nourris, denses, riches et animés. Le thème que nous vous proposons durant l'heure et demie qui vient, « la liberté d'expression est-elle en danger », est vaste, c'est le moins qu'on puisse dire. À tel point que cela me donne envie de m'asseoir. Je dois bien vous avouer, c'est vrai, que quand on m'a proposé de traiter de cette question-là avec les invités que je m'apprête à vous présenter, je me suis dit qu'il s'imposait peut-être de procéder à un bref feed-back des jours passés, à un relevé non exhaustif de quelques faits mentionnés dans la presse internationale au cours des semaines écoulées. Je précise, il s'agit d'un relevé non exhaustif.

En Iran, les réseaux sociaux sont sous haute surveillance depuis que les autorités y ont trouvé des messages insultants à l'égard des dirigeants politiques, c'est le premier cas de figure. Selon Reporters sans Frontières, titre *Libération*, « très peu de pays jouissent d'une liberté de presse sans limite », voilà pour le deuxième cas. Le 1er janvier 2015, soit dans une poignée de jours, entrera en vigueur en Russie une loi obligeant les réseaux sociaux, les services de messagerie, les moteurs de recherche étrangers à stocker les données personnelles de leurs utilisateurs sur un serveur en Russie, dont l'emplacement devra être transmis aux autorités au cas où il faudrait les surveiller. En Syrie, un dessinateur de presse dont le trait moquait le régime de Bashar El Assad, a été enlevé, et ainsi de suite. Je m'arrête là.

Tant et si bien qu'en préparant ce débat, j'ai été tentée de me dire à un moment qu'il fallait répondre par l'affirmative à la question posée et nous arrêter là. Mais c'était trop simple et cela n'aurait eu aucun intérêt. Ce que je vous propose d'évoquer ensemble ce soir, c'est avant tout de creuser cette question, de ne pas renoncer, au-delà de ce constat, à savoir, qu'aujourd'hui on peut se dire que certaines menaces planent effectivement sur la liberté d'expression. Et de le faire avec ceux qui la défendent dans leurs activités, car ce sont effectivement des hommes et des femmes qui défendent la liberté d'expression, qui s'amusent à la défendre, qui sont avec nous ce soir. Je vous propose donc pendant l'heure qui vient d'approfondir la question de savoir si la liberté d'expression est en danger et, si c'est le cas, si elle l'est plus ou moins qu'hier. Faut-il dresser un constat si alarmiste ? Surtout, pourquoi est-elle en danger ? À cause de qui ? Est-ce que nous-mêmes ne la mettons pas aussi parfois un peu en danger ? Et pour quelles raisons ? Quelles stratégies seraient envisageables pour préserver cette liberté d'expression ? Voilà les quelques points que je vous propose d'évoquer en vrac. Et je vais déjà demander à mes invités de ne pas hésiter à m'interrompre parce que je pense que ce sont tousdes sujets de conversation qui mériteront à tout moment que vous n'hésitiez pas à prendre la parole. Je vais maintenant vous présenter les quelques invités qui sont avec nous.

À ma droite se trouve Nadia Khiari. Bonjour Nadia. Vous avez étés enseignante aux Beaux-Arts de Tunis. Vous êtes l'auteure de *Willis from Tunis*. Vous êtes dessinatrice de presse. *Willis from Tunis* est un petit chat, votre chat, qui commente l'actualité sur un ton d'humour grinçant dans des gags, comment dire, ironiques, indirects, grinçants, qui empruntent des voies détournées pour dire ce qu'on ne peut pas dire tout haut parce qu'un petit dessin de presse, un petit chat peut dire les choses plus facilement ?

Nadia Khiari :

Pour ma part, je chronique l'actualité. Le but n'est donc pas forcément d'inventer des gags, mais de raconter, de témoigner de ce qui m'arrive au jour le jour, de raconter mes discussions avec d'autres, d'illustrer ce que je ressens. J'ai commencé pendant la révolution, pendant le couvre-feu, sur les barricades, et cela continue encore aujourd'hui. La campagne présidentielle bat son plein pour le moment. Vingt-sept candidats sont en lice. Je les ai tous dessinés, vingt-sept dessins, je les ai tous faits sans exception ; tout le monde me déteste.

Corinne Boulangier :

Ce petit chat, il est né le 13 janvier 2011 pendant un discours de Ben Ali qui s'accrochait à ce moment-là au pouvoir en défendant, en annonçant l'arrivée de la liberté d'expression, tel fut l'élément déclencheur ?

Nadia Khiari :

Oui. Je dessinais déjà ce chat auparavant, mais dans des histoires de chats. Ce soir-là, par contre, j'ai utilisé ce chat comme avatar parce qu'il nous promettait la liberté d'expression, la levée de la censure sur Internet, dans la presse, etc. pour se maintenir au pouvoir. Il faisait bon nombre d'autres promesses. Il répétait sans cesse qu'on l'avait trompé et que ce n'était pas de sa faute. Il avait promis cette liberté d'expression et de lever la censure sur Internet alors que nous avions une page d'erreur qui s'affichait dès qu'on voulait visiter un site interdit, « error 404 not found ». On l'appelait « Amar 404 », le cyber-policier. J'ai vérifié sur Internet si le nom de domaine était libre, c'était le cas. Et c'est ainsi que j'ai commencé à balancer mes dessins ce soir-là, en restant anonyme. Et Ben Ali est parti le lendemain. Je ne m'attendais pas à ce qu'il parte aussi vite.

Corinne Boulangier :

Que représentait le premier dessin ?

Nadia Khiari :

Le premier chat représentait Ben Ali qui regardait des petites souris toutes contentes parce que le prix du fromage avait baissé et lui les regardait dans son coin en disant « je vous ai compris ».

Corinne Boulangier :

Merci Nadia. Honneur aux dames, Souhayr Belhassen est également des nôtres ce soir. Entre 2007 et 2013, vous avez été à la tête de la Fédération internationale des droits de l'homme. Vous avez été par ailleurs journaliste. D'après mes informations, vous êtes la petite-fille d'un homme qui a fondé des journaux satiriques nationalistes en Tunisie, ce qui lui avait valu d'être banni du pays au début des années 1950. Vous avez la résistance dans le sang dans la famille ?

Souhayr Belhassen :

Disons une certaine forme de résistance, car exercer le métier de journaliste, cela a été la galère pendant des années en Tunisie, même sous Bourguiba que nous portons tous aux nues désormais. Mais c'est surtout sous Ben Ali que les choses ont évolué de façon dramatique parce que la censure, mais aussi la répression, s'exerçaient sur les familles de journalistes, qui étaient prises en otage, ce qui n'était pas le cas avec Bourguiba. Bourguiba avait en fait une opposition et il ciblait cette opposition qu'il n'hésitait pas à mettre en prison quand il le fallait. Avec Ben Ali, ce qui a dramatiquement changé, et cela témoigne de cette époque assez dure et terrible, c'est qu'un journaliste ne pouvait pas exercer son métier sans être réellement dans le système. Il y avait une agence de censure, une agence de promotion dans le genre tout à fait soviétique qui invitait les journalistes étrangers afin qu'ils se montrent dithyrambique à l'égard de la Tunisie. Aujourd'hui, je ne peux pas exprimer l'exaltation que l'on ressent quand on a été journaliste. Le monde a basculé en quelque sorte. Pendant toutes les élections, personnellement, j'étais scotchée devant la télévision parce que je suivais les élections. J'étais une citoyenne normale. Je ne connaissais pas les résultats. Nous étions suspendus aux informations. On lisait le journal de A à Z. Vous ne pouvez pas vous imaginer ce que c'est. C'est tout à fait nouveau à mon âge. Je n'ai pas eu à voter, je n'ai pas eu à choisir, je n'ai pas eu à lire les journaux. Nous n'avions bien évidemment aucune confiance dans l'information parce que nous savions qu'elle provenait du système. Vous avez peut-être mieux connu le système soviétique dans le temps. C'était une photocopie qu'on impose. Et surtout la vie des journalistes à l'époque était infernale. Même les familles étaient prises en otages, disais-je à l'instant, y compris les enfants. On pouvait prendre le chat d'un enfant pour le tuer. C'était une menace. L'épicier se transformait en flic du quartier. Aujourd'hui, je crois que les journalistes ne se rendent pas compte du bonheur qu'il y a à exercer son métier. Et on y croit ! On croit à cette information ! C'est ça qui est extraordinaire, je pourrais en parler des heures, mais en fait il vaut mieux revenir au texte qu'ils nous ont préparé, qu'ils nous ont communiqué, parce que pour ma part je suis dans l'exaltation, je veux clamer « nous vivons un moment formidable », même s'il y a beaucoup de choses à dire.

Corinne Boulangier :
Eh bien je suis ravie de vous entendre et de vous voir adopter ce ton positif.

Souhayr Belhassen :
C'est vraiment la première fois que je porte ce témoignage. Jusqu'à présent, cela a toujours été le contraire.

Corinne Boulangier:

Voilà en tout cas qui fait du bien. Je vous avoue que je n'étais pas certaine d'entendre cela. À votre gauche se trouve Philippe Dutilleul, qui avec nous ce soir. Philippe Dutilleul, l'un des piliers mythiques — mais si on peut bien le dire, sous les ors de l'Académie qui plus est — d'une émission non moins mythique de la RTBF, et sur d'autres chaînes plus tard, à savoir *Strip-tease*. Et parmi plusieurs autres documentaires à votre actif, nous en recensons au moins deux autres qu'il faut citer comme de hauts faits d'armes qui ont longuement fait parler d'eux. *Une délégation de très haut niveau*, qui ne se souvient pas de ce documentaire réalisé en 2000 et qui relatait cette improbable visite d'une délégation de politiciens belges de différentes sensibilités politiques, ils y étaient tous, en Corée du Nord ? C'était aussi à l'invitation presque de la Tunisie, cela aurait pu être le cas d'après ce qu'on entend.

Philippe Dutilleul:

Je pense que c'était encore pire que la Tunisie.

Corinne Boulangier:

Des politiciens belges en tout cas dont l'image n'avait pas été glorifiée, on va le dire comme ça, par ce document.

Philippe Dutilleul:

Nous ne sommes pas là pour ça.

Corinne Boulangier:

C'est vrai, et ces politiciens s'étaient déclarés piégés. Le documentaire avait fait pas mal de remous dans le milieu politique belge. Et puis vous avez aussi signé le fameux *Bye Bye Belgium*. Vous vous souvenez peut-être d'un soir où, comme d'autres Belges, vous vous êtes demandé devant votre écran si c'était bien vrai ? Était-ce vraiment la fin de la Belgique ? Eh bien si vous êtes toujours fâché contre l'homme qui a commis cette émission, c'est lui, profitez-en.

Philippe Dutilleul:

Je suis vacciné maintenant.

Corinne Boulangier:

On ne va pas résumer bien sûr la personne de Philippe Dutilleul à *Bye Bye Belgium*, mais c'est un fait d'armes qui, dans le domaine de la liberté d'expression, pose la question de savoir jusqu'où on peut la pousser. Mais vos activités en la matière nous donneront certainement matière en suffisance ce soir. Pierre Kroll est avec nous également. Vous êtes caricaturiste du *Soir*, des émissions politiques de la RTBF, du *Moustique* aussi, est-ce que j'en oublie ?

Pierre Kroll:
Ciné Télé Revue aussi, ce n'est pas un journal extraordinaire, mais il me paie bien.

Corinne Boulangier:
Pierre Kroll, s'il y avait un dessin dont vous vous dites que rien que pour celui-là vous êtes content d'avoir choisi ce métier, duquel s'agirait-il ?

Pierre Kroll:
Celui-là (il désigne un dessin affiché sur l'écran) se voulait une réaction aux petites colombes toujours très gentilles que Jean dessine un peu partout et je voulais un peu dessiner la mienne, mais je crois qu'il l'aime bien malgré tout. Non, je ne pourrais pas isoler un seul dessin. Disons que ce qu'il restera peut-être de moi, et j'aimerais que ce soit un clin d'œil, c'est que je me dis parfois quand on voit des images de nos rois, qu'il ne reste finalement qu'un seul cliché. Par exemple, on parle beaucoup de la Première Guerre mondiale pour le moment et le roi Albert Ier reste le « roi soldat ». Je ne connais aucune autre image de lui que celle où il porte un casque de soldat, un uniforme brun sur des photos sépia. Peut-être qu'un jour lorsqu'on montrera le roi Albert II, qui a abdiqué il y a maintenant 500 jours, on le verra en robe de chambre et en pantoufles, comme je l'ai très souvent illustré.

Philippe Dutilleul:
Il n'a peut-être plus les moyens de se payer des pantoufles.

Corinne Boulangier:
Puis à votre droite Pierre se trouve Plantu, dessinateur de presse aussi, une signature qu'on trouve dans *Le Monde* depuis 40 ans, un petit peu plus même, 42 ans. Vous êtes aussi à l'initiative d'une association internationale de dessinateurs de presse, Cartooning for Peace, à laquelle d'ailleurs Pierre collabore aussi et dont Nadia fait partie également. À quand remonte la naissance de cette association ?

Jean Plantureux:
À 2006, au lendemain des *fatwas* contre les dessinateurs danois.

Corinne Boulangier:
Voilà, sous l'égide ou du moins la bienveillante collaboration de Koffi Annan et dont l'objectif est vraiment d'œuvrer à la liberté d'expression. 2006 est un moment déclencheur par rapport aux limites de la liberté d'expression, vous le rappeliez à l'instant, et il a été à la base de la fondation de cette association. À un moment vous vous êtes dit qu'il fallait faire quelque chose.

Jean Plantureux:
Exactement, il faut se souvenir que, dès septembre 2005, le *Jyllands-Posten*, le journal de Copenhague donc, avait déjà publié des dessinateurs danois et il ne s'était rien passé. Ce n'est que quelques mois plus tard, vers janvier et février 2006, que des manipulateurs ont commencé à agir. C'est pour cette raison qu'il est très intéressant de venir ici, et je remercie chaleureusement M. Hasquin d'avoir organisé ces rencontres car on y apprend énormément de choses, notamment sur le rôle de Facebook, sur le rôle d'Internet. Nous nous sommes rendu compte que grâce à Internet, ou à cause d'Internet, à vous de le déterminer, des fondamentalistes, qui se présentent comme moyenâgeux, savent parfaitement utiliser et manipuler Internet, savent très bien manipuler les foules. C'est dans ce contexte que les dessinateurs danois qui sont les auteurs des fameuses douze caricatures dites du prophète, qui correspondait à une blague entre dessinateurs, jouant en quelque sorte à celui qui dessinerait ce qui était le plus interdit, jusqu'à ce que l'un d'entre eux propose de dessiner Mahomet. C'était donc une blague d'adolescents attardés. L'un d'entre eux s'est tout de même demandé si dessiner Mahomet était vraiment indiqué. Mais ils y ont été malgré tout. Puis, avec Internet, ce jour-là, c'en a été fini de l'histoire de se faire plaisir entre nous dans une cave de Saint-Germain-des-Prés, à Copenhague ou à Bruxelles. Tout cela est fini. Avec Internet, nous avons basculé dans un monde nouveau avec lequel il faut vivre. C'est pour cette raison que nous avons proposé, avec Koffi Annan, avec tous mes amis dessinateurs — chrétiens, juifs, musulmans, agnostiques — d'essayer de trouver une grille de lecture pour qu'on continue à faire des dessins qui asticotent, qui énervent, soient dérangeants, mais à la fois en se disant que si on peut éviter de donner du grain à moudre à des fondamentalistes qui n'attendent que ça, c'est peut-être pas plus mal. C'est aussi comme ça que récemment, je vous le montrerai peut-être tout à l'heure, j'ai comparu devant le juge parce que j'avais dessiné le pape Benoît XVI…

Corinne Boulangier:
Devant le juge…

Jean Plantureux:
Oui, ça arrive, disons qu'on était à trois jours des régionales en France et on parlait beaucoup de la pédophilie, c'était il y a trois ans. Heureusement c'est fini la pédophilie, on sait bien. On avait donc vu que des prêtres allemands étaient mis en cause, à l'égard desquels Ratzinger aurait peut-être pu faire son boulot, pour calmer les choses et en tout cas essayer de protéger des enfants. J'ai donc dessiné le pape qui prend position, c'est déjà un peu casse-gueule, et il se trouve avec un petit enfant ; le geste, vous l'avez compris. Et le petit enfant qui se fait machiner dit : « quitte à se faire enculer, autant aller voter dimanche ». Donc il y a eu une ambiance. On a reçu 30 000 mails en une seule journée. C'était inédit. Le serveur du journal a explosé. Il faut donc savoir que désormais quand on crée des dessins, des images, de la vidéo, tout peut aller très vite. 30 000 mails cela veut dire qu'en réalité une centaine de personnes ont réagi, mais avec la manipulation, on en arrive à 30 000 en une seule journée.

Souhayr Belhassen:
Je voudrais réagir. J'ai porté aux nues la Tunisie et la liberté de presse. À propos des caricatures du prophète, je voudrais dire que Jabeur Mejri, un jeune de 26 ans, a dessiné une caricature du prophète après la révolution et il a envoyé… (rires causés par le dessin à l'écran)

Jean Plantureux:
Je vous le dis, il y aura des dessins sur les trois religions, il y en aura pour tout le monde.

Souhayr Belhassen:
Il a donc envoyé par mail un dessin du prophète, avec un copain, ils étaient deux. Le copain a pu fuir mais Jabeur Mejri a été arrêté et condamné à trois ans de prison ferme, non pas pour avoir attaqué le sacré, parce qu'on est très prudent sur le sacré, même la Constitution est très ambiguë à cet égard, mais pour menace de perturbation de l'ordre public. Il prend donc trois ans pour perturbation de l'ordre public. Il faut du temps pour que des personnes, des organisations se mobilisent, alors que la société civile est pourtant très mobilisée sur beaucoup de choses. Elle est au centre de tout. Mais il s'agit de

religion, du prophète, il a donc fallu du temps avant que la mobilisation ait lieu. J'ai été le voir en prison. À ce moment-là, nous nous battions pour qu'il obtienne la grâce du Président de la République. Celui-ci nous a assurés qu'il pourrait sortir parce qu'il pouvait quitter le pays, sans quoi il courrait certains dangers. Le pays était donc incapable de le protéger. Le délit était tellement énorme qu'on devait l'exfiltrer. Le jour de son départ, je reçois un coup de téléphone, car je devais l'accompagner à l'aéroport, et je m'entends dire qu'il ne peut pas partir, qu'il est sous le coup d'une nouvelle condamnation de trois mois. Aujourd'hui, il a enfin été amnistié, mais il n'est pas encore sorti. Vous le voyez, nous ne sommes pas encore tout à fait sortis de l'auberge.

Nadia Khiari :

Concernant Jabeur Mejri, il a pris sept ans et demi fermes au départ. Il a été gracié au bout de deux ans et demi, puis cette autre affaire lui est tombée dessus. Mais il a été gracié aussi parce qu'il y a une forte mobilisation. Lors de la ratification de la Constitution, beaucoup de chefs d'État sont venus en Tunisie. Avec des dessinateurs et aussi grâce à Jean, qui nous a beaucoup aidés, on a mené une action sans dessin pour la liberté d'expression et, pour Jabeur Mejri, on a créé un site et Jean a écrit aussi une lettre au Président pour demander la grâce. Il n'y a pas répondu. On s'est donc dit qu'on allait frapper fort. On allait attendre que tous ces chefs d'État soient là pour lancer cette action. Comme ça, tous les médias présents allaient en parler et c'est effectivement à ce moment-là que le Président a décidé de le gracier. Mais par la suite, il a dû retourner en prison. Aujourd'hui il est sorti mais il lui est interdit de quitter le territoire.

Corinne Boulangier :

Effectivement, en guise d'introduction à cette question que nous allons tenter d'évoquer, celle de savoir si la liberté d'expression est en danger, j'aurais voulu savoir tout d'abord, d'un strict point de vue littéral, où en est la liberté d'expression ? En effet, on constate aujourd'hui que des hommes et des femmes meurent. Ils sont emprisonnés, violentés, eux ou leur famille, pour leurs opinions, pour des propos qu'ils tiennent, des gestes qu'ils posent. Oui, en effet, aujourd'hui, au sens strict, la liberté d'expression est en danger. Souhayr Belhassen, vous avez occupé un poste d'observation privilégié à la Fédération internationale des droits de l'homme. Tout à l'heure vous aviez cet élan d'enthousiasme par rapport aux révolutions arabes et à la Tunisie. Même s'il y a d'autres notions plus subtiles que je voudrais creuser autour des menaces qui pèsent sur la liberté d'expression, s'il fallait démarrer par un strict point de vue géopolitique et international, au vu des évolutions des derniers mois et des dernières années, avez-vous le sentiment que les régimes sont de plus en plus autoritaires, de moins en moins autoritaires, où est le curseur ? Va-t-on vers un mieux ou la situation empire ?

Souhayr Belhassen:

Je crois qu'on ne peut pas donner une appréciation, ce serait trop léger. Concernant les normes, oui, les choses sont en train d'évoluer. Au sein des institutions internationales, on se bat pour que la situation évolue, pour faire avancer les textes, etc. Incontestablement, il y a évolution. Cela étant, dans la réalité, j'ai par exemple été dithyrambique concernant la Tunisie, car il y a de quoi, mais je voudrais ici vous interpeller. Nous sommes dans un contexte assez extraordinaire et je remercie les organisateurs de cette invitation, mais je voudrais attirer votre attention sur un pays qui est en train de couler, à la fois concernant la liberté d'expression et en général. Ce pays est l'Égypte. Il y a une cécité aujourd'hui en Europe et plus largement en Occident parce qu'on a l'impression que parce que Sissi a écarté les islamistes tout ira très bien. Or c'est une restauration du régime militaire qui est encore plus terrible que le régime de Moubarak. D'ailleurs il n'est pas étonnant que Moubarak ait été libéré aujourd'hui. Sissi est en train de passer un rouleau compresseur sur les Égyptiens. Il n'y a plus aucune organisation internationale au Caire ou en Égypte aujourd'hui. Plus aucune organisation nationale ne peut encore s'exprimer ou travailler en Égypte. La répression est violente. Un millier de personnes sont condamnées à mort, dont les 188 dernières ont été condamnées il y a à peine trois jours. On n'en parle pas. La communauté internationale ne réagit pas à la hauteur de ce qu'il se passe en Égypte. Ce qui s'y passe est terrible. Mais on a l'impression que Sissi va arrêter les islamistes et pourquoi pas demain Daesh, pendant qu'on y est ? Il y a une cécité voulue. Or il faut lever ce voile pudique sur Sissi qui a écarté les islamistes. Sissi est reçu par Hollande, par tout le monde et c'est en quelque sorte une imposture.

Jean Plantureux:

Il suffit juste de se demander comment travaillent les dessinateurs. Voilà un dessinateur qui s'appelle Bagori et c'est ainsi qu'il travaille dans le journal *Al-Aram*, le plus grand tirage en Égypte et en Afrique. Vous voyez sa photo toujours en haut à gauche de son dessin. Lorsque nous l'avions fait venir à Jérusalem pour *Cartooning for Peace*, Pierre était avec nous d'ailleurs, nous avions réuni comme toujours des dessinateurs de tous les horizons, des chrétiens, des juifs, des musulmans. Quand ce dessinateur est retourné en Égypte, il n'a pas été interrogé par la police, c'était bien pire, il a été interrogé entre guillemets par ses amis journalistes qui ne voulaient plus lui serrer la main. On lui demandait : « ton avion, où s'est-il posé ? » Mais je suis allé voir le tombeau du Christ, répondait-il. Ils l'ont boycotté pendant deux mois. Pour quelles raisons ? Parce qu'il n'était pas censé avoir le moindre contact avec un Israélien. Alors qu'il ne manque de courage. Sur ce dessin, qui représente l'Assemblée nationale, il se moque du voile en Égypte. Je lui dis qu'il est fou de faire ça. Il court mille dangers. Sinon, il y a aussi une fille formidable qui s'appelle Doha. Elle a dessiné Adam et Ève habillés alors que nous les dessinons à poil depuis toujours, et cela lui a valu des ennuis. Les salafistes l'ont menacée. Et nous le constatons de plus en plus souvent pour les dessinateurs de presse, il faut envisager la présence de gardes du corps, ce qui est un fait nouveau.

Corinne Boulangier :

Il y a des hommes et des femmes qui pour le dessin de presse aujourd'hui mettent réellement leur vie en danger. Au début, c'est sous le couvert de l'anonymat que vous avez publié Willis from Tunis sur les réseaux sociaux. Vous n'aviez pas affiché votre identité ?

Nadia Khiari :

Non, c'était un vieux réflexe de la dictature avant tout. Je me disait « il est parti », mais on ne sait jamais, il peut revenir. J'ai donc gardé l'anonymat au départ pendant les premiers mois. Après j'ai laissé tomber. Mais il y a eu des soucis par la suite qui n'étaient pas forcément toujours liés au dessin. En réalité, il suffit qu'il y ait une situation politique un peu tendue, qu'on ait besoin de détourner l'attention de l'opinion publique sur autre chose. Tiens, voilà un artiste, un dessinateur, c'est un bouc émissaire parfait. On va l'embêter, comme ça les gens vont se prendre la tête sur des débats stériles d'ordre moral et on va oublier les affaires de corruption d'un certain ministre.

Corinne Boulangier :

Un bon bouc émissaire donc. Plantu, je vous vois réagir.

Jean Plantureux :

Exactement, je vous montre là une autre dessinatrice, une Vénézuélienne, elle s'appelle Raima. Elle travaille à Caracas. Elle s'est moquée d'Hugo Chavez et plus récemment du président Maduro. Elle a dit que son pays était une république bananière. Rien que pour avoir dessiné la banane avec le roi, évidemment, puisqu'elle n'avait pas le droit de dessiner Hugo Chavez, dans son journal d'opposition à Caracas, les gens du gouvernement, Hugo Chavez, puis Maduro, communiquaient chaque dimanche son nom et son adresse et ses orientations sexuelles à la télévision et à la radio vénézuéliennes. Ils ont réussi. Avec des pétrodollars, ils ont racheté le journal de Raima depuis un mois et demi. Maintenant nous essayons de la faire venir en France, avec *Cartooning for Peace*, Amnesty International également. Pour sa part, elle ne peut plus travailler à Caracas, c'est fini, mais elle aimerait bien continuer à manier sa langue espagnole en Amérique latine. Avec nos amis mexicains, nous essayons donc de la faire venir en France d'abord et ensuite de lui mettre le pied à l'étrier dans un pays hispanophone.

Corinne Boulangier:

Bien, voilà un premier constat, une fois passé l'élan enthousiaste de tout à l'heure, un constat plus alarmiste qu'autre chose. Pierre Kroll, nous sommes en Belgique, dans un pays où l'État garantit, défend la liberté d'expression, en France c'est le cas aussi. Je voudrais maintenant quitter cette évocation des pays où la liberté d'expression n'est pas défendue. Pour en venir à nuancer : dans les pays qui sont censés la défendre et la garantir, est-elle forcément à l'abri de tout danger ? Voilà la question que je voudrais creuser avec vous. Pierre Kroll, y a-t-il une pression que vous sentez grandir vous sur le dessin de presse, dans un pays libre ?

Pierre Kroll:

Elle n'échappe pas à tout danger. En un sens ce que je m'apprête à dire pourrait clore d'emblée le débat car la réponse finale à votre question est « oui », la liberté d'expression est bien sûr menacée, partout, nous venons de le dire. Mais en réalité elle l'a toujours été. Ce serait perdre son temps de savoir si elle l'est parfois plus ou moins. Prenons par exemple les pays musulmans, heureusement d'ailleurs que Jean a montré le cas du Venezuela qui n'est pas un pays arabe et musulman, il ne faut pas croire que c'est toujours les mêmes qui causent les plus gros ennuis. Dans les pays musulmans, donc, la tradition de l'image n'est pas la même que la nôtre. Pour être honnête intellectuellement, il faut aussi comprendre que le sens de la caricature n'est pas exactement le même dans un pays où il n'y a pas la tradition de la bande dessinée, de la satyre politique par le dessin que nous avons en France et en Belgique depuis 1789. On peut citer des exemples historiques. Le XIXe siècle est souvent présenté comme l'âge d'or de la caricature en France et en Belgique, mais on observe pourtant une succession de moments où tout est verrouillé et de moments plus ouverts. Honoré Daumier est connu comme peintre et sculpteur, mais par le peuple surtout comme caricaturiste. Lui aussi a purgé une peine de prison de plusieurs mois pour avoir caricaturé le roi, je ne sais plus duquel il s'agissait, je ne m'y retrouve plus.

Jean Plantureux:

C'est Louis-Philippe et je te le dis en passant parce que cela peut nous intéresser comme dessinateurs puisque nous sommes en permanence harcelés. Il disait déjà alors qu'il était en prison à Sainte-Pélagie, c'est le nom de la prison, « au moins je suis tranquille, personne ne m'embête et je peux faire mes dessins en prison ». Je me suis dis que c'était peut-être une idée.

Pierre Kroll:

Voilà, ça c'était en 1832. Vers 1860, une loi sera adoptée qui abolit la censure. La situation changeait donc beaucoup. Aussi est-ce en permanence qu'il faut lutter. La liberté d'expression est toujours menacée.

Corinne Boulangier:

Mais sans remonter à Daumier, dans votre carrière, percevez-vous une évolution ? Et d'où vient-elle ? Est-ce vous qui vous imposez une forme d'autocensure ? Est-ce que vous avez le sentiment de dessiner aujourd'hui aussi librement qu'au début de votre carrière ?

Pierre Kroll:

Les pressions sont différentes et plus fortes, mais une carrière est une carrière, je veux dire par là qu'au début on est moins public qu'à la fin, quand on jouit d'une certaine notoriété. Il est donc difficile de comparer les époques.

Corinne Boulangier:

Plus on est connu, plus on s'autocensure ?

Pierre Kroll:

Non, au contraire, je peux faire aujourd'hui des choses beaucoup plus mordantes, transgressives, subversives peut-être que je ne pouvais le faire à vingt ans, quand j'en avais peut-être plus envie ou que j'étais peut-être moins embourgeoisé. Mais simplement, mon travail était moins visible et on pouvait me faire taire plus facilement qu'aujourd'hui dans la mesure où je suis plus populaire en quelque sorte. Mais pour répondre précisément à la question, il faut bien dire par honnêteté intellectuelle qu'il n'existe pas en Belgique de censure d'État, de pression de l'État. Les hommes politiques n'exercent aucune pression sur moi, ne me téléphonent pas parce qu'ils sont fâchés à cause de l'un de mes dessins, ne me téléphonent pas avant pour me dire ce que je peux faire ou ne pas faire.

Corinne Boulangier:
Personne ne s'est jamais plaint d'un dessin ?

Pierre Kroll:
Si, des gens se plaignent auprès des rédactions des journaux, c'est assez habituel. Mais je dois malgré tout le dire et j'en terminerai avec cette honnêteté intellectuelle, pour ceux qui ne le sauraient pas, je dessine tous les dimanches à la télévision dans un débat politique où sont invités des hommes et des femmes politiques, en direct, et mon dessin n'est tout simplement pas censurable. Si je fais une énorme faute d'orthographe, et encore parce que tous les réalisateurs n'ont pas forcément une meilleure orthographe que la mienne, ou, pour être très vulgaire, si je dessine des bites et des couilles, on va peut-être se demander ce que cela vient faire dans un débat sur la poste. Mais quoi qu'il arrive le réalisateur diffuse l'image au moment qu'il juge opportun. Je tiens à le dire parce que c'est important.

Corinne Boulangier:
Il est néanmoins arrivé que certains de vos dessins soient refusés par la presse.

Pierre Kroll:
Oui, mais pour ce qui concerne ces dessins refusés, cela arrive trois ou quatre fois par an dans le journal *Le Soir*, il est intéressant de savoir pour quelle raison. Bien souvent, il s'agit de dessins à propos de nos supposés adversaires. C'est-à-dire qu'on censure plus souvent un dessin qui se moque de Bart De Wever et de la N-VA, au motif qu'il ne faut pas jeter de l'huile sur le feu, que ça va encore les énerver, qu'un dessin sur nos hommes politiques francophones est plus important. Pour en venir à ce qui constitue peut-être l'originalité de ma réponse, la pression que je ressens a beaucoup changé avec le temps. C'est plutôt celle des réseaux sociaux, par exemple. De nos jours, le censeur principal en Belgique, je l'affirme, ce n'est pas l'État, ce n'est pas un organisme de censure, quand vous parlez d'une autocensure c'est un peu à cela qu'on arrive, car c'est nous tous qui avons une tendance à vouloir censurer tout le monde, ce qui aboutit en fait à la même chose que la censure

d'État ailleurs, c'est-à-dire que ne finiront par paraître que des choses qui ne dérangent personne. Mais aujourd'hui cette situation advient par l'addition arithmétique des volontés de ne déranger personne. Je parle par exemple du fameux « politiquement correct » qui nous vient des États-Unis. Je ne peux plus dessiner un Africain sans qu'on me reproche d'être raciste simplement parce que je l'ai dessiné noir. Je dois essayer d'expliquer que les Noirs savent qu'ils le sont. Je ne les vexe pas quand je fais ça.

Philippe Dutilleul:
Les Africains sont des Blancs qui s'ignorent, mon cher ami.

Pierre Kroll:
Et que c'est justement utile quand je veux faire un dessin antiraciste de montrer qu'on séparait les Noirs des Blancs dans les bus en Afrique du Sud. Il faut bien que je fasse les uns en noir et les autres en blanc. Lesquels vais-je faire en noir ? Plutôt les plus foncés. Mais je vous assure que c'est vraiment important. J'ai vu arriver ce politiquement correct dans les années 1980 avec un journal pas du tout politique et qui s'appelle *Femmes d'Aujourd'hui*. Je faisais des dessins alimentaires pendant l'été et je devais illustrer un article sur les coutumes locales. Il était question de Belges en voyage au Maroc, achetant un melon. Ils sont en short avec une banane et une casquette. Un petit Marocain leur vend des fruits et je le représente en djellaba. Le journal m'a appelé pour me demander si je ne pouvais pas l'habiller autrement, n'était-ce pas un peu raciste ? Mais ils en portent vraiment des djellabas, ce n'est pas du carnaval, c'est comme ça qu'ils s'habillent, ai-je répondu. Déjà dessiner un Arabe à Bruxelles en djellaba pourrait faire dire à certains que je donne peut-être l'impression qu'il n'a pas sa place ici. Mais c'était là-bas. Les repères sont effacés, c'est ça le politiquement correct. On a peur de blesser. Mais alors on a peur de blesser les handicapés, les femmes, les homosexuels, les femmes homosexuelles, les femmes handicapées, les femmes homosexuelles handicapées juives, les Noires, la liste est infernale. Si bien que quand vous devez produire un dessin, vous devez vous demander d'abord : qu'est-ce que je peux faire ? Le dessin que j'ai publié hier matin dans *Le Soir* portait sur Israël. Vous savez que la Belgique a promis de reconnaître l'État palestinien. Depuis hier, je reçois quantité de plaintes me disant que mon dessin n'est pas objectif parce qu'il n'est pas neutre, parce que je n'ai pas réussi, figurez-vous, je me crois un petit talent, mais je n'ai pas réussi à résumer deux mille ans de palabres en un seul dessin. Le dessin est un peu partisan, du moins celui-là. Car j'en fais d'autres véritablement contre le Hamas. Mais ce dessin-là critique les colonies de

peuplement. Il représente un Israélien dans une grue disant « t'imagine pas que ça va changer quelque chose », au cas où on te pique la terre . Il m'est reproché le manque de neutralité de ce dessin. Donc, ce que je veux dire, c'est que par l'addition des réactions destinées à vous apeurer, au bout du compte il ne restera plus qu'un tout petit canal ou alors les grosses facilités. Si je veux un dessin qui récolte autant de « like » que possible, alors je dois dire que notre Premier ministre est un pauvre imbécile qui se met de l'argent plein les poches et qu'il ne fout rien. Ça, ça marche toujours particulièrement bien. Pour moi, l'atteinte la plus importante à la liberté d'expression, c'est nous tous qui l'exerçons tout le temps en essayant d'exiger que les autres fassent des choses qui ne nous dérangent pas nous, au lieu de regarder plutôt celles qu'on veut regarder et se foutre des autres.

Corinne Boulangier:

Philippe Dutilleul, concernant cette notion de ne pas vouloir faire mal, de ne pas blesser, *Strip-tease* a toujours joué avec ces notions. Vous partagez ce qu'évoque Pierre ? Est-ce l'autocensure, la peur de vexer qui est aujourd'hui une des pires autocensures que nous pratiquons ?

Philippe Dutilleul:

En tous les cas, à l'époque où je faisais *Strip-tease* avec mes collègues, ce n'était pas du tout le cas. Ça l'est peut-être devenu aujourd'hui mais pas à l'époque. Je suis assez d'accord avec tout ce qui a été dit. Pour ma part, je n'ai jamais subi à titre personnel de pressions de la part d'un homme politique. Je vais tout de même vous livrer quelques petites anecdotes, ce sera sans doute plus parlant qu'un long discours. Quand je suis entré à la RTBF-Mons, j'étais un pur produit de l'enseignement libre, j'avais donc forcément l'étiquette PSC à l'époque. Pourtant, au moment d'être engagé à la RTBF, j'avais réussi un examen aux mutualités socialistes sans avoir la carte du Parti socialiste, et j'ai donc été étiqueté PS. Je présentais à l'époque des bulletins à la radio, je pense que l'émission s'appelait « Hainaut Matin ». Puis un jour le chef du centre dont je ne citerai pas le nom parce qu'il est décédé m'a appelé en me disant « tu sais bien de quelle tendance tu es ». Il faut savoir, c'est une parenthèse, que les journalistes de cette tendance-là se réunissaient régulièrement avec comme mentor Michel Henrion, que tout le monde connaît et que vous pouvez voir sur RTL, pour nous dire évidemment la bonne parole du Parti socialiste et comment nous devions nous comporter en tant que journalistes à la RTBF.

Corinne Boulangier:
Qu'est-ce que vous voulez dire, ce genre de pratique existait à la RTBF ?

Philippe Dutilleul:
Vous n'êtes pas au courant Corinne ? C'est juste une anecdote. En ce qui me concerne, cela n'a pas duré très longtemps parce que j'y suis allé une ou deux fois et finalement cette pratique n'interférait pas du tout sur notre indépendance. Il ne faut pas me faire dire ce que je n'ai pas dit, mais en tous les cas on essayait malgré tout de nous influencer en nous rappelant tout de même que si nous étions là c'était parce que nous avions réussi un examen et peut-être parce que nous avions à l'époque la bonne couleur politique, qui n'a d'ailleurs pas beaucoup changé. Pour en revenir à mon anecdote, le directeur du centre, par ailleurs une personne très sympathique, m'a dit un jour : « écoute Philippe, aujourd'hui les sondages sont bons pour le Parti socialiste, dans ta revue de presse, est-ce que tu ne pourrais pas insister lourdement sur le fait que les sondages sont bons pour le PS et donc citer d'abord les journaux qui en parlent ? »

Corinne Boulangier:
Est-ce que vous l'avez fait ?

Philippe Dutilleul:
Non pas du tout. Enfin si, j'ai cité ces articles de presse parce que c'était une information parmi d'autres, mais je ne leur ai pas donné à cette information la place qu'il m'avait été demandé de leur donner. C'est vraiment le seul moment où on a essayé de m'influencer. Et on a bien compris qu'avec moi ça ne marchait pas. Je ne sais pas ce qu'il en était de mes collègues. En tous les cas je crois qu'avec beaucoup de journalistes de la RTBF, du moins de ma génération, ça ne marchait pas. Une autre petite anecdote qui n'a rien à voir avec la RTBF, mais avec la liberté d'expression, et qui a un rapport avec ces lieux. Nous sommes dans les années 1974-1975 et je m'occupe à l'époque d'un journal de contrepresse, comme on disait à l'époque, qui était dans la foulée de l'agence de presse Libération, elle-même ancêtre du journal *Libération*, c'était la bonne époque, n'est-ce pas. Et donc, nous nous étions tous retrouvés au chômage après nos études, la crise ne date pas d'aujourd'hui. Avec d'autres, nous avions créé un journal de contrepresse qui s'appelait *L'Oreille*, dont les pages titillaient assez vertement le personnel politique du Tournaisis et du Hainaut occidental, ça s'appelait comme ça à l'époque, et où nous écrivions des articles vraiment dérangeants pour l'époque et où nous critiquions

aussi la presse régionale que nous trouvions beaucoup trop « plan-plan » et beaucoup trop accrochée aux basques des politiciens locaux. Cette expérience a duré 30 numéros que nous sortions si je me souviens bien tous les quinze jours. Nous avions un accord tacite avec le système de chômage, un peu comme aujourd'hui : nous percevions les allocations de chômage, mais on savait bien que nous avions cette activité-là. Puis du jour au lendemain j'ai été convoqué à l'Onem où l'on m'a dit que c'était terminé, qu'il existait à présent le cadre spécial temporaire, des mesures de mise au travail des chômeurs sous l'ère Spitaels. C'est fini, tu vas devoir aller travailler. Et je me suis retrouvé ici, puni vraisemblablement pour avoir créé ce journal, *L'Oreille*, dans les archives, ici quelque part. J'ai raconté cette anecdote à M. Hasquin qui l'ignorait. Pendant un an, j'ai classé des dossiers, le numérique n'existait pas du tout à l'époque.

Corinne Boulangier:
Cela n'avait rien à voir avec une censure à l'époque.

Philippe Dutilleul:
Cela n'avait rien à voir avec une censure mais je pense que c'était, malgré tout, lié au travail journalistique que nous faisions à *L'Oreille*. On nous a enlevé la possibilité de continuer à percevoir des allocations de chômage et à faire ce travail-là. Je voudrais raconter une dernière petite chose concernant *Bye Bye Belgium*. Je voudrais rappeler une chose à ne jamais oublier : les médias, surtout audiovisuels, sont des lieux et des enjeux de pouvoir. Il faut vraiment que vous vous mettiez bien cela dans la tête. Quand une révolution éclate dans un pays, bananier ou moins bananier, l'armée se soucie d'abord d'occuper la radio et la télévision. Petite parenthèse, au moment de *Bye Bye Belgium*, parmi les dizaines de milliers de mails et de sms qui nous sont parvenus, majoritairement vengeurs à l'époque, quelqu'un a dit une chose qui me semble importante et que je soumets à votre réflexion et qui pour moi est toujours très pertinente : « c'est la seule fois, avec cette émission, où la RTBF n'a pas été une radio et télévision d'État ».

Pierre Kroll:
On ne va pas refaire le débat de *Bye Bye Belgium*, cette anecdote me fait penser à autre chose sur notre pays où, je le répète, la liberté d'expression est large, quelque chose qui la menace aussi dans les médias, c'est le cloisonnement très très net. C'est très clair dans le cas de la télévision. Cette émission, certains ne l'aiment peut-être pas encore aujourd'hui et peut-être pour de

bonnes raisons, mais sa valeur incontestable est d'avoir d'un seul coup absolument tout décloisonné, puisque même la fiction et la réalité ont été décloisonnées. C'est important à dire. Et puisqu'il est question d'anecdotes, je vous en raconte une petite, mais nous ne sommes pas en dictature. Avant-hier, sur notre chaîne, la RTBF, nous faisions une émission spéciale, RTL faisait la même en face, pour fêter les 500 jours de règne de notre nouveau roi. Que faire pour mettre l'eau à la bouche des téléspectateurs pendant une demi-heure avant de lâcher les images extraordinaires qui montrent le roi dans son jardin avec ses enfants et sur une balançoire ?

Corinne Boulangier:
Ce sont des images rares.

Philippe Dutilleul:
Cela a été présenté comme tel !

Pierre Kroll:
On prend quelques invités, quelques journalistes, mais plutôt forcément de la presse people, donc Marc Durier de *Paris-Match*, par exemple. Puis on demande au caricaturiste national de venir dire quelques mots. Je suis invité sur ce plateau aussi. Et la question qu'on me pose et à laquelle évidemment je m'attends est la suivante : « est-ce que cela vous a pris du temps de changer de roi ? Vous avez perdu votre personnage et vous devez en dessiner un autre maintenant ? » Je m'apprête à répondre, mais à cet instant une sorte de mini-débat se fait autour de la question de savoir si l'image du roi a changé par rapport au prince qu'il était auparavant, que tout le monde disait un peu incapable, un peu maladroit ? Et la réponse vient de ces journalistes de la presse people : « oui, la fonction fait l'homme et il a changé après ». Je me permets d'intervenir puisque c'est un petit débat, nous sommes quasiment en direct et je précise que c'est surtout la télévision qui l'a fait. Le jour du couronnement, il y a eu douze heures de direct sur toutes les chaînes nationales en français et en néerlandais. Pour ma part, la veille encore, je recevais du courrier de gens me disant à quel point ils riaient parce que je dessinais le prince comme un idiot. Le lendemain, j'ai reçu des courriers me disant d'arrêter de faire çà — je n'avais même pas recommencé — parce que c'est un grand homme. Alors je lâche le mot, je dis que ça s'appelle de la propagande, je ne déteste pas mon pays, mais dans un autre pays cela s'appelle de la propagande. Très honnêtement, vous pouvez regarder cette émission, elle date d'avant-hier, je n'ai pas fait d'autre intervention dans l'émission. On m'a remplacé immédiatement

par le journaliste de *Paris-Match*. J'ai parlé 45 secondes. Ce n'est pas de la vraie censure mais la télévision c'est devenu du divertissement. Le rôle qui m'avait été dévolu était de divertir et pas de tenir ces propos.

Corinne Boulangier:

Il se trouve qu'aujourd'hui je suis aussi représentante d'une chaîne, la RTBF, où forcément j'essaie, et je m'exprime ici à titre personnel, tout en ayant bien conscience de ces pressions, tout en ayant bien conscience de la réalité, de la consommation, du marché des médias aujourd'hui, j'essaie malgré tout de rester indépendant et de faire les choses de façon indépendante. À un moment, de l'autre côté de l'écran, de l'autre côté des transistors, des smartphones, quand on parle du web, il y a des consommateurs. Alors c'est l'œuf et la poule, mais qui endort qui ? Nous sommes tous aujourd'hui dans des vies stressantes. On nous parle de l'info anxiogène. Dieu sait que, quand on s'installe le soir dans son canapé, on a parfois en tant que simple citoyen besoin de souffler et de se laisser aller à regarder un programme qui n'est peut-être pas très percutant, mais qui ma foi vous rassure un peu. Alors une fois ce constat posé, par où prend-on les choses ? À qui incombe la faute et comment dans cette complexité-là, on a parfois pas envie d'aller réveiller des médias qui s'endorment un peu. Par où commence-t-on pour faire changer les choses ?

Pierre Kroll:

Le divertissement n'est pas un problème. La caricature est bien là pour le montrer. Je fais des dessins pour qu'on s'en amuse aussi. Tous mes dessins ne sont pas révolutionnaires, ne sont pas des prises de conscience. Je trouve ça très bien qu'on se divertisse. D'ailleurs je dirais même que l'expression « détendez-vous », qu'on emploie pour dire aux gens de jouer au sudoku ou pour qu'ils aillent se promener au jardin, est un propos politique subversif important. Surtout ne vous préoccupez pas de toutes ces questions de religion et de politique et surtout qu'on se détende, qu'on arrive à en parler sans se taper dessus. Donc je ne vois aucun inconvénient à ce que l'on fasse beaucoup de divertissement. Je parlais juste du cloisonnement qui fait qu'à un moment on ne va s'adresser qu'à un public, qui sait ce qu'il vient chercher et qui ne risque donc pas d'être surpris. Il ne s'agit pas tout le temps d'être emmerdant et donneur de leçons. Je me suis par exemple battu pour qu'il existe une version animée de mes dessins après le JT. Il a été très difficile d'obtenir qu'il n'y ait pas de publicité entre la fin du journal et ce petit dessin. Moi je voulais qu'il soit à l'intérieur du journal et ça ce n'était pas possible parce que c'est un lieu de pouvoir comme le disait Philippe. Ce n'est donc pas grand-chose, mais le cloisonnement est évident. On met le générique de fin du journal et ensuite après seulement vous allez rire avec Kroll. Dans un journal papier, mon dessin est à côté des articles de fond. À la télé je ne peux pas.

Philippe Dutilleul:

Je voudrais juste ajouter quelque chose à ce qui vient d'être dit concernant les 500 jours de Philippe. Je n'ai pas regardé le reportage. Franchement, ça ne m'intéresse pas. J'ai vu par contre le lancement dans les deux JT. Nous avons donc vu les mêmes images. Je vous invite d'ailleurs à regarder. On nous a présenté exactement les mêmes images comme un scoop, comme des images rares. Mais enfin de qui se moque-ton ? Est-ce que ce n'est pas vraiment de la manipulation ? Pour moi, on est ici dans la manipulation. D'autant plus que je pense que l'un des dangers, Corinne, qui menace aujourd'hui non pas tant la liberté d'expression, mais le contenu même de l'information, c'est que nous confondons de plus en plus communication et information. Je vous le dis pour avoir suivi caméra à l'épaule pendant des jours, des semaines, parfois des années des situations en évolution, ce programme sur les 500 jours est un pur exercice de communication. Si j'avais été rédacteur en chef de la RTBF, ce que je n'ai jamais été, c'est un espoir que je n'ai même jamais caressé, je n'aurais jamais couvert ce genre de choses, parce que c'est de la manipulation. Comme l'a très bien dit Pierre, c'est de la propagande. À ce que je sache, la Belgique n'est pas aujourd'hui la Russie. Personnellement, je condamne sans appel ce genre de programme présenté comme de l'information alors que c'est de la communication.

Souhayr Belhassen:

Je voudrais poser une question à mes collègues, surtout à propos de l'information et des images qui passent aujourd'hui sur Daesh à la télévision, dans tous les médias. Elles sont très bien faites, elles sont extrêmement ciblées. Ce sont des images professionnelles qui ont été malheureusement faites par un journaliste professionnel qui a été enlevé et qui a filmé des images atroces sous la menace. On se demande où l'on va en matière de communication car c'est images sont tout de même terribles, qui montrent la mobilisation d'enfants pour en faire des armes de guerre, comme en Afrique. Je pense que l'on a dépassé quelque chose d'insupportable.

Corinne Boulangier:

Dans ce qu'on montre ?

Souhayr Belhassen:
Oui, dans ce qu'on montre et qui n'est pas mal fait, en plus.

Jean Plantureux:
Je vais donc rebondir sur ce que vous avez dit toutes les deux. Ce qui compte, c'est de savoir qui dit quoi et au moyen de quel support. Avec notre association, et Laure, qui est notre directrice éditoriale, nous essayons de faire en sorte qu'il y ait un véritable enseignement dans les écoles de journalisme. Nous dialoguons en ce sens auprès de la Culture, de l'Éducation nationale pour que nous soyons en mesure de livrer une réflexion aux enfants, aux jeunes, mais aussi aux moins jeunes. L'idée est de leur apprendre à se demander qu'est-ce qu'ils regardent quand ils sont confrontés à des images. Il faut se demander qui produit ces images et qui est le support de ces images. Je vais aussi rebondir sur une histoire que Nadia a suivie de près en Tunisie, il n'y a pas très longtemps. Je vous montre deux exemples. Tout d'abord celui de ce journal international européen qui publie la photo d'un footballeur très connu en Tunisie aux côtés de sa petite amie, une mannequin allemande. Jusque-là le journal est publié en Europe comme en Tunisie. Il n'y a aucun problème. Le support, tout le monde comprend, il est international, il n'y a aucun problème. Voici la même photo, réutilisée dans un journal tunisien de langue arabe. Là, on soulève un autre problème : la photo mélange cette photo plutôt glamour et la langue du Coran. Pour certaines personnes, qui ont manifesté contre ce journal, d'ailleurs le rédacteur en chef a été en taule, me semble-t-il, c'est un problème. En d'autres termes, il y a tout de suite un côté « casse-gueule ». Le dessinateur de presse a donc un regard passionnant a raconter, en ce sens qu'il peut se moquer de tout ça. Il se dit que finalement il va calmer les choses, et je vous montre donc le dessin d'une amie de Nadia, qui a voilé la petite mannequin, mis la barbe au footballeur et là nous avons un vrai problème de liberté d'expression car la dessinatrice dit « retoucheur, un métier d'avenir ». Nous sommes dans l'époque de la retouche. Et il faut s'y préparer. Un autre exemple maintenant pour vous montrer ce qui peut arriver dans nos sociétés. Et là, je réponds à ce que vous disiez Monsieur Dutilleul, quand vous parliez du roi et de ce qu'on montre, ce n'est pas une manipulation, c'est le reflet de la priorité donnée à l'audimat. Qu'est-ce qui intéresse l'audimat ? Au-dessus du toit de l'Académie, il y a des nuages et au-dessus de ces nuages, il y a l'audimat, il y a le marketing. Notre civilisation a pris un tournant « marketing ». Parlons maintenant de nos propres journaux. Moi j'adore mon journal. J'adore travailler au journal *Le Monde*. Pourtant, il y a trois ans, on me dit « écoute, en bas à gauche de ton dessin, laisse donc

un peu de blanc parce que ça va frotter avec une pub ; tu laisses un peu de blanc en bas à gauche ». Bien, en bon petit soldat, je laisse un petit peu de blanc en bas à gauche. Aucun problème. Et qu'est-ce qui se passe ? Regardez là mon dessin, en bas à gauche, une pub du Crédit lyonnais. Dans mon dessin. Dans mon dessin ! Le lendemain, dans mon dessin sur l'Afghanistan, une pub sur Suez. Je connais bien la fille qui dirige la publicité. Elle a des dents, quelque chose. À quel étage sommes-nous ? Au premier ? Et bien ses dents elles arrivent jusqu'au sous-sol. Qu'elle fasse son boulot, je veux accrocher, je veux mettre de la pub partout, c'est à côté du dessin dont elle a évidemment majoré le prix, ça je connais par cœur. Jusque-là ce n'est pas très grave. Je respecte totalement le monde de la pub et ce travail-là. Il faut juste qu'il y ait des garde-fous, c'est-à-dire des rédacteurs en chef. Et ce jour-là, je vais donc voir la rédactrice en chef technique. Et je lui demande « c'est quoi ça ? » On m'a fait trois fois le même coup cette semaine. Et elle me répond cette phrase incroyable : « Mais Jean fais pas chier ! » Et là je retombe de l'armoire. Je me rends compte que cette rédactrice en chef n'a pas compris. Alors évidemment j'ai ameuté tout le monde. J'ai failli étrangler dix personnes. Donc maintenant ils le savent. Et le nouveau directeur qui m'a demandé l'autre jour de réduire mon dessin à cause d'une pub, je lui dis « alors je vais t'expliquer ». Je lui ai montré ça. Et il me répond « je ne savais pas ». Ils font donc gaffe. Mais dans ma poche gauche, j'ai toujours un feutre, dans ma main droite j'ai une kalachnikov. Le marketing, je veux bien, je suis pour dans un journal. Mais il faut que le marketing laisse la place à la ligne éditoriale. Et ça c'est une grande leçon qu'on ne donne pas dans les écoles de journalisme.

Corinne Boulangier:

Vous évoquiez aussi à l'instant l'audace de la résistance, des rédacteurs en chef, de ceux dont c'est la tâche de veiller à garder le fil, à certains moments. Est-ce que c'est aussi un point sur lequel vous avez remarqué des évolutions au fil de vos carrières ? Des garde-fous, des garants de la liberté éditoriale plus ou moins forts ou faibles ? Vous avez assisté à une évolution ?

Jean Plantureux:

Bien sûr. Je vais juste vous montrer un dessin. J'écoutais la conférence sur le rôle de Facebook. Ils disaient que sur Facebook on avait interdit le tableau de Courbet, *L'Origine du monde*. Et avec l'arrivée de Sarkozy, il y a un dessinateur breton qui s'appelle Schwarz , et deux petits blacks disent « l'origine des emmerdes » et on voit l'arrivée de Sarkozy. Or, pour ce genre de dessin on peut se demander s'il est publiable partout. Il a pu le publier dans *Charlie*

Hebdo. Est-ce que pour ma part j'aurais pu le publier à la une du *Monde*, c'est casse-gueule. Je trouve ça très salvateur de voir ce genre de dessin. Moi ça me fait du bien et j'adore montrer et faire partager des dessins.

Je vous montre encore deux autres images. Avant le choc des *fatwas* contre les dessinateurs danois, ce dessin est signé par un caricaturiste autrichien qui s'appelle Haderer. Il habite Vienne et il a dessiné Jésus-Christ en train de faire de la planche à voile sur le lac de Tibériade. Bon voilà, c'est mignon. Et pour vous dire à quel point il va très vite Jésus-Christ, vous voyez que l'auréole est restée en arrière. Je trouve ça très sympathique. Eh bien les orthodoxes grecs ont vu ce dessin sur Internet, à Athènes donc, alors que le dessin a été publié à Vienne. Ils ont donc intenté contre Haderer un procès international. Verdict, si ce dessinateur met un pied à Athènes, il fait deux ans de taule. Ces faits remontent à 2004. Nous aurions donc dû comprendre qu'Internet peut servir à véhiculer les idées des fondamentalistes. Les orthodoxes grecs ne sont pas les plus généreux pour ça. Il faut donc faire très attention et il faut savoir où on met les pieds aujourd'hui. C'est pourquoi nous devrions toujours enseigner ce qu'est une image et ce que sont les réseaux sociaux. Il faut travailler avec les réseaux sociaux, mais il faut avoir conscience de ce que peuvent être les dérapages possibles. Cela peut s'enseigner et nous ne sommes pas protégés pour le moment.

Corinne Boulangier:
Philippe Dutilleul, une réaction rapide ?

Philippe Dutilleul:
Non, en tant que rédacteur en chef, je le répète une fois encore, j'ai toujours pu agir dans la plus grande liberté à la RTBF. Il n'y a vraiment aucun problème à cet égard, mais je rebondis sur ce qui a été dis. Il est clair qu'aujourd'hui le marketing et l'audimat, y compris sur les chaînes publiques et vous êtes bien placée pour le savoir, sont évidemment le moteur principal de la programmation et des contenus.

Corinne Boulangier:
Je vais tout de même nuancer. Ils ne dictent pas l'ensemble des contenus

Philippe Dutilleul:
Aux heures de pointe, oui !

Corinne Boulangier :

Nous sommes toujours dans une RTBF qui a la chance d'avoir un contrat de gestion et de ne pas être exclusivement dépendants des résultats publicitaires. Il faut le dire aussi.

Jean Plantureux :

Pour notre part, nous disons qu'il faut essayer de respecter les croyants des trois religions et on se permet quand même avec le dessin de Lou de faire Jésus-Christ avec les apôtres qui nagent à côté et qui disent « t'es con elle est bonne ». Ça j'adore, ce n'est pas humiliants pour les croyants, pour les chrétiens et ça fonctionne malgré tout.

Corinne Boulangier :

Votre message à tous est en réalité un appel à la vigilance, y compris à la vigilance du consommateur des médias, de ceux qui se laissent un peu trop faire, se laissent endormir. Pour en revenir aux révolutions arabes dont nous parlions tout à l'heure, est-ce qu'à un moment on n'a pas le sentiment que dans nos sociétés confortables, peut-être trop assoupies, on aurait besoin d'un petit vent de révolte ? C'est cela que vous semblez indiquer les uns et les autres ?

Nadia Khiari :

Pour ma part, il y a deux ans, je participais à une expo à Bruxelles avec le dessinateur Jacques Sondron et un autre dessinateur tunisien. Il nous a été demandé de créer l'affiche sur le thème « la révolution deux ans après ». Au même moment, c'était la guerre au Mali, il y avait la prise d'otages sur la plateforme pétrolière au sud de l'Algérie, qui s'est terminée dans le sang, en Tunisie des soldats explosaient sur des mines et des gens qui se faisaient égorger, ce n'était donc pas la fête, deux ans après. Avec Jacques Sondron, nous avons créé un dessin qui fête l'anniversaire de la révolution avec des barbus djihadistes qui arrivent avec une bombe et deux bougies, « joyeux anniversaire ». Voilà, c'est pas si rentre-dedans, je fais pire chez moi. Les organisateurs de l'expo ont refusé notre projet. Ils nous ont demandé de remplacer la bombe par un gâteau

Corinne Boulangier :

Parce qu'il y avait cette peur de choquer dont on parlait tout à l'heure ?

Nadia Khiari:

On m'a dit qu'on serait traité d'islamophobes. Je leur ai demandé s'ils étaient un peu au courant de ce qui se passe dans le monde en ce moment ? Non visiblement. Finalement, ils n'ont gardé que nos signatures pour l'affiche.

Corinne Boulangier:

Que les signatures ? Aucun dessin ?

Nadia Khiari:

Non, mais nous avons diffusé le dessin à tous les journalistes qui le voulaient bien, pour la communication. Je trouve ça vraiment frileux. En réalité, il n'y avait aucun risque, mais les gens sont frileux. On a peur, on se dit, laisse tomber, on n'a pas envie, ça va être mal perçu. Si on n'ose pas, on n'avance pas, les mentalités ne bougent pas. Si on ne banalise pas les tabous on n'avance pas.

Corinne Boulangier:

Tout à l'heure, vous avez évoqué la notion de culture et l'éducation également, ce qui permet d'être capable de recevoir quelque chose et d'en mesurer toute la nuance. Pour cela, il faut donc avoir un minimum de bagage culturel aussi. Je lisais récemment, Plantu, un texte où vous expliquiez que vous n'osiez plus faire allusion au cuirassé Potemkine ou à de grands faits de l'histoire ou du cinéma, ce n'est plus compris.

Jean Plantureux:

Quand on travaille pour le journal *Le Monde*, il y a encore 30 ans, par exemple, je pouvais encore faire allusion à une pièce de Molière avec Diafoirus, habillé avec les chapeaux des médecins de Molière. Diafoirus aujourd'hui, ça ne fera plus mouche. Nos amis américains nous disent qu'ils ne touchent à rien sur la culture. Pour nous, la culture c'est Michael Jackson et le foot américain, au-delà de ça, on ne pourra pas faire allusion à une pièce de théâtre ou à un tableau connu. Il faut donc savoir à qui on s'adresse. Je vous donne un exemple. Récemment, avec l'affaire de la Crimée, j'ai tout de suite pensé à ce plan formidable où l'on voit dans le film *Potemkine* la poussette avec le bébé qui dévale les marches d'Odessa. J'ai fait mon dessin à la une du *Monde* et j'ai fait un bide total. Parce qu'on ne l'a plus. Il faut savoir à qui on s'adresse. Je vous montre une autre image. C'est l'occupation, pendant la Deuxième Guerre mondiale. À qui s'adresse-t-on quand on fait un dessin et quand on écrit « liberté » sur un mur ? Tout d'abord, si on est en 1942 ou

1943, écrire « liberté », on est déjà dans le casse-gueule, surtout que les nazis ne sont pas bien loin. Moi j'aurais un copain avec son pot de peinture, je lui dirais : « écoute, si tu veux écrire liberté, ne le fais pas au moment où les Allemands passent par là ». Ensuite il va me dire « oui, regarde, j'ai mon drapeau bleu-blanc-rouge, on est en France ». Admettons, mais alors je vais lui dire « écoute, ta croix de Lorraine, je comprends ton idée, mais quand les Allemands passent fais gaffe, fais-le, mais sois malin ». Ce que je veux dire, c'est qu'il faut être plus malin que les intolérants, à commencer par les Nazis. Aujourd'hui, nous avons une autre réflexion à mener. Aujourd'hui, on peut dessiner un barbu sur la liberté de la caricature. On peut faire un barbu. Pas n'importe quel barbu, mais on peut le faire. Mais maintenant avec Internet, nous avons des camions remplis de gens qui peuvent nous regarder et qui nous disent « mais attendez, on lâche les chiens ». Il faut être plus malin qu'eux. J'ai un copain à Berlin qui s'appelle Stuttmann, un grand dessinateur allemand qui voudrait célébrer en 2016 les dix ans des attaques contre les Danois et il voudrait que tous les dessinateurs du monde entier fassent le portrait du prophète. Je lui ai répondu que s'il voulait absolument le faire, pourquoi pas, mais bon. Il y a eu 50 morts au Pakistan, très franchement, « est-ce que tu crois que c'est l'urgence du moment ? » Hier, pendant le débat avec Tariq Ramadan, j'ai trouvé ce type passionnant, son discours est très intéressant. Je me suis beaucoup moqué de lui à une époque, car il y a eu deux époques avec Tariq Ramadan. Quand il était très flou sur les lapidations des femmes dans le monde musulman à cause de la sharia, je faisais des dessins où je montrais que je n'étais pas d'accord. Aujourd'hui son discours a changé. Mais je trouve qu'ils ne se rendent pas compte à quel point certaines choses sont prioritaires. La lapidation des femmes, c'est aujourd'hui qu'il faut en parler. Ce qui se passe au-dessus des nuages, s'il y a le portrait du prophète ou peu importe, d'ailleurs tu le disais toi-même Nadia, mais dis-le ce que tu racontais à tes copains de *Charlie Hebdo* quand ils en ont remis une couche. Redis-le s'il te plaît.

Nadia Khiari :

C'est au moment où a eu lieu à Tunis une attaque contre l'ambassade des États-Unis par les salafistes et d'autres groupes. Le ministère de l'Intérieur les a laissés tranquillement mener leur attaque. Il y a eu des morts. L'atmosphère était vraiment « chaud-bouillant ». Les chars étaient déployés partout. Les salafistes ont attaqué l'école américaine. Ambiance lourde donc. Et *Charlie* en a remis une couche en publiant un dessin de Charb appelé « il faut pas se moquer ». La rédaction de Charlie m'avait dit « vous allez voir, on va choquer, vous aller voir la prochaine une ». Bon, cela m'avait fait rire malgré tout. Mais j'ai appelé un des dessinateurs pour lui dire qu'un char était posté devant chez moi, que la situation était extrêmement tendue, l'ambiance électrique et qu'en plus les personnes en face n'attendent que ça, sachant qu'à l'époque le leader du parti islamiste voulait absolument faire passer un article dans la Constitution, alors en rédaction, sur l'atteinte au sacré. Cette une, c'était donc lui servir la soupe, c'était lui donner cet article. Parce qu'il l'aurait utilisée à ses propres fins politiques. J'avais envie de leur dire « ne faites pas ça ». La discussion a été difficile. On s'est finalement compris. Je leur ai dit qu'ils auraient pu attendre un petit peu.

Corinne Boulangier:

Être malin aussi dans la provocation, dans la dénonciation, Pierre Kroll, on ne se rend pas compte en fait en tant que dessinateur de presse de la responsabilité que l'on peut avoir avec un dessin. Vous levez le crayon quinze fois avant de lâcher la petite bombe que peut représenter un dessin ?

Pierre Kroll:

Heureusement non, je fais cela un peu plus naturellement, mais c'est vrai que la responsabilité est importante. Vous parliez tout à l'heure des dessins qui sont parfois refusés par un journal. Je n'appelle pas cela de la censure. Je trouve que le journal a le droit de refuser de temps en temps un de mes dessins comme il refuse un article. Mais je veux toujours connaître la raison du refus en tous les cas. Et puis il faut être plus malin, comme disait Jean. Pour ma part, j'ai un album, le dernier vient de sortir grâce à vous qui l'achetez nombreux. Chaque fois que mon journal refuse un dessin, je peux donc leur dire que c'est formidable et que je le mettrai dans mon album. Du coup, maintenant, ils m'en refusent un peu moins. Ou alors vous avez effectivement Facebook et Internet qui peuvent servir *a contrario* pour publier quelque chose qui nous aurait été refusé. Il faut donc toujours jongler avec ça. Mais la responsabilité, oui, j'insiste car ce n'est pas un terme qu'on emploie souvent. Cela dit, il y a aussi des mauvais dessins. Il y a des mauvais dessinateurs. Et je trouve qu'il ne faut pas tout confondre. La liberté d'expression, ce n'est pas celle qui permet de dire tout et n'importe quoi. Oui, bien sûr au niveau pénal je suis pour. Mais il faut savoir percevoir ce qui est mauvais. Je prends un exemple. On est toujours un peu dans les mêmes sujets et on va croire que ce sont toujours les mêmes pays qui sont cités, mais tant pis. Il y a une quinzaine d'années, au début de la première Intifada, je vois un dessin d'un confrère belge qui n'est pas très connu et dont je tairai le nom. Son dessin est primé dans un concours à Knokke. Ce dessin résume le conflit israélo-palestinien. On y voit deux chars d'assaut qui font un bras de fer avec leur canon. L'un avec le drapeau palestinien, l'autre avec le drapeau israélien. Je trouve que la métaphore du bras de fer a quelque peu disparu, mais admettons. Sur le fond, ce n'est pas un dessin qui m'amuse ou qui m'intéresse parce qu'il renvoie les belligérants dos-à-dos, il ne prend absolument pas parti et il ne m'apprend rien. Je sais bien qu'il y a un conflit là-bas. Mais soit, c'est encore son droit, c'est même son droit d'être couillon, il en a totalement le droit. Seulement montrez-moi un char palestinien. Moi je n'en ai jamais vu. Ce n'est pas une guerre avec une armée contre une autre armée. Et quand je dis ça, je ne dis pas que les gens du Hamas sont sympathiques.

Corinne Boulangier:
C'est une mauvaise évaluation de la situation ?

Pierre Kroll:
Exactement, aucun rédacteur en chef ne laisserait passer un article pareil normalement et qui dirait que les chars de l'armée palestinienne sont entrés dans Tel Aviv. Je suppose qu'un tel article n'est pas publié. Le dessin peut donner l'impression que c'est ce qu'il se passe. Un dessin pareil, il faut donc le refuser. Il ne faut pas croire que tout doit être publié n'importe comment. Je voudrais formuler une dernière remarque. Je n'ai pas envie de dire que les gens de pouvoir, c'est-à-dire le rédacteur en chef, la télévision, les directeurs de la radio ou de la télé, et puis les ministres et le roi sont tous des gens qui veulent empêcher les libertés. Je n'ai pas envie de dire non plus que les gens sont tous des paresseux qu'il faudrait secouer et qu'il faudrait se révolter en permanence. Je ne crois pas. Parlons de nous, qui nous exprimons. Essayons d'abord de contourner et de vaincre cela. Mais luttons d'abord contre la bêtise, la bêtise dans la censure. Dans un pays où l'on censure des dessins politiques, le pouvoir sait parfaitement pourquoi il les censure. Il ne veut pas de ces révolutionnaires. Les religieux c'est différent. Ce sont parfois de gros crétins qui n'ont que deux idées en tête et quand on mélange la langue sacrée avec un dessin, c'est la bêtise de leur religion qui prend le dessus, ce n'est pas la foi dans le bon sens du terme. Cela existe aussi chez nous et dans le commerce. Je vais donc raconter une très brève histoire de censure, on peut le dire, qui m'est arrivée. Mon album de l'année dernière, vous l'avez sûrement tous, avait en une un dessin des Femen, on a beaucoup parlé d'elles pendant l'année et on a beaucoup parlé de Delphine Boël. Delphine Boël a aussi un combat à mener, comme les Femen, un combat plus personnel, faire dire à

Albert II qu'il est son père. J'ai donc dessiné Delphine seins nus sur la couverture avec écrit sur ses seins « le roi est mon père ». Puis c'est barré et c'est « mon frère », puisqu'il a abdiqué. Donc tout est dit dans un dessin. Et je lui ai fait des seins jolis. Comme je suis galant homme, j'ai envoyé le dessin à Delphine, non pas pour lui demander l'autorisation, je n'ai pas cette habitude, mais pour au moins la prévenir. Elle a ri. Elle m'a répondu qu'ils étaient plus beaux que les vrais. Je n'ai pas été vérifier. Elle ne m'y a pas autorisé. Passons. Eh bien mes livres existent aussi en version électronique. Ils ne se vendent presque pas et j'en suis ravi parce que je n'aime pas les versions électroniques de mes dessins. Seulement voilà, ça existe, on peut acheter le livre pour 10 euros pour le lire sur une tablette. Où cela se vend-il ?

Corinne Boulangier:
On vous a demandé d'adoucir la couverture ?

Pierre Kroll:
Non non, on le vend essentiellement sur l'App Store. Et vous pouvez aller voir, il est introuvable, il est marqué que le contenu est pornographique et qu'il est donc censuré par des gens à Cupertino en Californie qui ne savent absolument pas qui est Delphine Boël, qui ne savent pas ce que raconte mon dessin, ce qui est écrit sur son corps ; ils ne connaissent pas cette histoire-là. Ils ont juste vu deux seins. Certains me disent que ce ne sont même pas des gens mais des machines qui ont pris cette décision. Ces machines ont vu deux seins et donc interdisent deux seins. Alors moi je voulais intervenir avec des avocats américains, mais je ne l'ai pas fait, je ne vais pas aller me battre pour vendre dix albums. J'ai laissé tomber. Donc on s'écrase. Voilà ce qu'est la simple bêtise. Quand vous savez que l'on est maintenant capable de mettre au point des drones qui savent repérer quelqu'un qui a un comportement anormal dans une foule parce que c'est le marathon de Boston et qu'il y a un type qui court dans l'autre sens, nous aurons bientôt des drones qui tireront tous seuls. Voilà, ce sont des choses qui se passent aujourd'hui concernant la liberté d'expression et auxquelles il faut faire attention. Et elles relèvent essentiellement de la bêtise.

Corinne Boulangier:
À propos toujours de cette couverture, n'avait-elle pas aussi fait l'objet d'une demande d'édulcoration, de ces seins nus, parce que le livre devait être diffusé dans le commerce ?

Pierre Kroll:

Oui, on peut le rappeler. Les couvertures de mes livres sont montrées aux diffuseurs, il y a les éditeurs, les diffuseurs, il y a toute une série de métiers dans le livre, qui vont les présenter aux grands magasins et aux grandes surfaces. Et une de ces chaînes de grands magasins, très connue, a estimé qu'il vaudrait mieux que je revoie cette couverture, donc les seins de Delphine Boël, parce que nous ne sommes pas des libraires, nous sommes des marchands d'un tas de choses, de Coca-Cola et de poulet rôti, et entre autres nous vendons des livres, et si des gens qui viennent dans nos magasins et qui ne cherchent pas ce type de livres sont choqués, du coup, nous ne vendrons plus du Coca-Cola et du poulet rôti. Mon éditeur m'a alors demandé si je ne pouvais pas lui mettre un collier de fleurs. Je lui ai répondu « pauvre imbécile, si elle porte un collier de fleurs, elle deviendra une vahiné, et ce ne sera plus une Femen ». Le jour où je ferai un dessin avec des vahinés, je leur mettrai des colliers de fleurs. Dans ces cas-là, j'ai dis à mon éditeur de me censurer. Comme ça ce n'est pas moi. C'est toi qui colle des trucs dessus. Moi je crierai un peu dans des conférences. Je dirai que c'est con. Mais assume toi-même la situation si tu veux vraiment vendre ce livre dans des grands magasins.

Corinne Boulangier:

Est-ce que le livre, non censuré, a été vendu dans les grandes surfaces ?

Pierre Kroll:

Oui, parce qu'un autre réseau de grandes surfaces, il y avait Carrefour mais aussi Colruyt, Delhaize, etc. et les autres ont dit « dans ce cas-là on les prend tous ». La concurrence a joué et du coup tout le monde l'a pris. La liberté du marché est parfois une liberté aussi, bien sûr.

Corinne Boulangier:

Nadia, par rapport à cette manière de contourner adroitement, finalement, la censure, pour garantir la liberté d'expression, cette manière frontale ou pas d'y aller, vous devez aussi louvoyer dans vos dessins avec Willis from Tunis, histoire de dire mais sans attaquer de façon trop frontale. C'est l'art de la nuance que vous pratiquez vous aussi ?

Nadia Khiari:

Cela dépend des jours. Pour ma part je suis sur des réseaux sociaux. Je n'ai pas de patron. Je fais ce que je veux. À côté je travaille pour le journal *Siné* mensuel, donc le *Siné* qui s'est fait virer de *Charlie*. Il n'y a pas de censure.

Donc je fais vraiment ce que je veux. Après, ce que je dessine, j'y vais parce par exemple quand je parle de religion dans mon pays. Pour moi, dessiner le prophète, le problème n'est pas là. Le problème dans mon pays c'est qu'un parti se prend pour une religion, qu'il pense être sacré et qu'on ne peut pas le critiquer. Ce sont donc eux que je critique et leur manière d'instrumentaliser la religion à des fins politiques et comment ils utilisent la religion pour diviser les gens. Cela oui, je le dénonce et je le montre. Et je montre aussi des attitudes bigotes, débiles, aussi au jour le jour, le machisme traditionnel qu'on subit tous les jours. Ce sont des choses qui me heurtent tous les jours. Ce sont des choses qu'on subit tout le temps. Ce sont des sujets sur lesquels je dessine, parfois en frontal. Par exemple, un jour un député de l'Assemblée nationale tunisienne a dit à la télé que l'excision était une opération de chirurgie esthétique. Déjà c'est comique. J'ai donc fait un dessin tout de suite après qui disait : « l'excision est une opération esthétique ». Et une petite nénette en face lui dit : « et l'ablation des testicules aussi ».

Corinne Boulangier:

Philippe Dutilleul, on est en train de parler de nuances dans l'art et la manière. Je me demandais comment vous adhériez à tout ceci, car s'il y a eu l'art de la provoque parfois et même l'envie d'aller exactement trop loin, parce qu'on sait que c'est en allant exactement trop loin qu'on va faire réagir, est-ce que vous n'êtes pas plutôt partisan, vous, non pas de la nuance, mais du clash ?

Philippe Dutilleul:

Non, pas du clash, mais je pense que la liberté, c'est comme le reste, il faut user et un peu en abuser sinon elle s'autodétruit. Je suis donc vraiment partisan d'utiliser, on en parlait au niveau des opinions tout à l'heure, la liberté au maximum. Nous avons quand même la chance de vivre en démocratie sous toutes ses facettes. Je voudrais tout de même revenir sur deux choses dont on a discuté tout à l'heure. Je pense tout d'abord que les restrictions actuelles à la liberté d'expression sont liées aussi au contexte socio-économique. Je pense qu'il est plus difficile aujourd'hui d'être journaliste, d'un point de vue socio-économique, avec la surcharge de travail, avec Internet, que cela ne l'était de mon temps. Nous assistons à une dégradation des conditions socio-économiques du métier de journaliste. Je ne vous dis pas ce que gagne un journaliste en province et qui fait des piges.

Corinne Boulangier:

Comme il y a eu dégradation du métier d'enseignant...

Philippe Dutilleul:

Voilà, et cela nuit finalement à la crédibilité de ce métier. Parce qu'on travaille mal dans ces mauvaises conditions. Deuxièmement, je pense que c'est une erreur fondamentale, je l'ai toujours dénoncée, d'avoir accepté la publicité commerciale sur les chaînes publiques. M. Philippot n'est pas de cet avis, mais il n'est pas là pour se défendre et je l'ai par ailleurs toujours salué pour son rôle dans *Bye Bye Belgium*, mais ce n'est pas une attaque *ad hominem* et il n'en est d'ailleurs pas responsable. Je pense que c'est une erreur majeure que nous sommes en train commettre aujourd'hui. Nous avions imaginé à l'époque que les recettes publicitaires seraient bénéfiques, elles étaient l'apanage des chaînes commerciales, et il faut de la concurrence, je suis pour, il faut le pluralisme, parce que la condition principale de la liberté d'expression, c'est le pluralisme. Et je pense que pour des raisons entre autres socio-économiques, le pluralisme est effectivement en danger aujourd'hui. Toutes les opinions ne peuvent plus s'exprimer. C'est là que cela se joue. Quels sont les groupes de presse au niveau francophone, il y en a deux ou trois. Combien d'hebdomadaires y a-t-il, voyez un petit peu *Marianne Belgique* est en train je pense malheureusement, de se casser la figure pour des raisons qu'il ne m'appartient pas de juger. Donc voilà, il est extrêmement difficile de faire son trou aujourd'hui parce que le monde de la presse est devenu, il l'était déjà mais encore plus dans les conditions d'aujourd'hui, soumis au monde de l'entreprise. C'est un business comme les autres et je regrette que l'information aujourd'hui soit devenue une marchandise comme les autres. Tout à l'heure, on a dit qu'on va mettre les 500 jours de Philippe en *prime time* parce que ça va faire de l'audience. Mais pour ma part ce qui m'a toujours intéressé dans le métier que je fais, et ce n'est pas de l'orgueil, c'est d'essayer de toucher un maximum de personnes. Je vois qu'il y a un lissage assez manifeste dans la programmation en *prime time* et que les émissions intéressantes sont refoulées, y compris sur le service public, à des heures où les gens honnêtes et travailleurs sont au lit. On a beau me dire qu'il y a des enregistreurs, mais on sait parfaitement bien que personne ne regarde. Je trouve personnellement qu'il y a une émission assez fantastique sur France 3, elle est régulièrement menacée, c'est *Ce soir (ou jamais !)*. C'est la seule émission où je ne vois pas les mêmes experts que je vois sur toutes les chaînes, où je vois des gens différents, des gens tout aussi intelligents que les experts et qui ont le droit de s'exprimer. Pourtant cette émission est régulièrement remise en question parce que c'est peut-être un peu trop difficile. Je pense que si on continue à habituer les gens à avoir des goûts, je ne dirais pas simple, mais simplistes, lissés, à faire en sorte qu'ils n'utilisent plus leur esprit critique, et c'est aussi une des leçons à tirer de *Bye Bye Belgium*, je pense qu'au-delà de la liberté d'expression, c'est vraiment la démocratie qui est en danger.

Corinne Boulangier:
Il nous reste quelques minutes pour conclure. J'ai l'impression qu'on a tout survolé. Comme il fallait s'en douter, j'espère que nous avons pu distiller quelques éléments de réflexion. Il n'y avait pas d'autre ambition que celle-là. S'il fallait un petit mot de conclusion à tout ceci, quel serait-il, pour les uns et les autres ?

Nadia Khiari:
Je ne pense pas qu'il y ait un bon ou un mauvais usage de la liberté d'expression. Je pense qu'il n'y en a pas suffisamment. On ne l'utilise pas assez.

Philippe Dutilleul:
On fait un métier formidable, mais on vit une époque très difficile.

Souhayr Belhassen:
C'est une conquête toujours à renouveler. Je crois que la liberté d'expression n'est jamais acquise, elle risque toujours d'être remise en question. Il faut tout le temps remettre l'ouvrage sur le métier.

Pierre Kroll:
Je pense qu'il faut un peu inventer en permanence, un dessin reste un dessin mais peut paraître sur différents supports, comme je le disais tout à l'heure en ayant essayé de les animer, on en a beaucoup parlé avec Jean. Je dis souvent un peu par boutade et je commence à penser que c'est une expérience que je tenterai peut-être, s'il y a des capitalistes dans la salle qui veulent me prêter de l'argent, c'est de faire un journal qui tiendrait compte du politiquement correct, puisqu'il est un peu voulu par nous tous, j'en reviens à ce qu'on disait tout au début, ce sont ces gens qui vous disent « là vous me choquez en dessinant ça ». J'ai envie de leur dire de ne pas regarder alors parce que d'autres ont ri, et ainsi de suite. Ce serait donc de faire un journal dont la première page ne serait qu'une série d'avertissements. Vous savez qu'on met maintenant des avertissements sur les cigarettes. Pour ma part je savais que c'était mauvais, mais maintenant il paraît qu'il faut l'écrire en plus. Il faut

mettre « usage externe » sur des choses qu'il ne vous prendrait jamais l'idée d'avaler. Je trouve qu'un journal dont la première page dirait « attention, la page trois risque de choquer un homosexuel, la quatre un musulman, la cinq un imbécile, la six les femmes, la sept sera un peu compliquée parce qu'elle sera écrite par François, sur la politique, mais la six sera très facile. Et la huit sera pour les enfants. Ainsi personne ne pourra reprocher à ce journal d'avoir choqué puisque tout le monde aura été prévenu et qu'on aura tout dit.

Jean Plantureux:

Nous vous avons parlé de la liberté d'expression en Europe, en Belgique, en France. On arrive à jeter des ponts malgré tout entre des gens qui ne sont pas forcément d'accord. Je pense à Israël, par exemple, où un dessinateur israélien formidable, il s'appelle Avi Catz, essaie de réunir là où les dirigeants ne sont pas capables de se parler. Du côté israélien comme du côté palestinien, plein de dessinateurs jettent des ponts entre les deux parties. C'est une bonne chose, malgré les intolérances, malgré les interdits, malgré ces freins à la liberté de pensée, et cela ne nous empêche pas de faire des dessins rigolos, même sur des sujets graves comme celui-ci : mariée à neuf ans, « termine tes devoirs et viens te marier ». On peut aussi se faire plaisir et créer des dessins drôles, qui peuvent certes paraître indécents, mais sur des sujets graves. Je termine sur trois images qui sont trois photos que j'ai prises quand j'étais en Colombie. Nous nous trouvons à Medellín sur la place de la ville, un pays de narcotrafiquants, de militaires, les Farc, les terroristes du Farc dans la forêt vierge. La mairie de Medellín a demandé au sculpteur Botero de créer une œuvre qui sera placée au milieu de la place de la ville. Il a réalisé cette colombe. Et qu'arrive-t-il quinze jours plus tard, l'intolérance est toujours présente évidemment, le maire dit à Botero que ce n'est pas grave, on va l'enlever et on va la remplacer par une autre colombe. Et Botero a la plus belle réponse, plus claire et plus forte que toutes les formes d'intolérances. Donc finalement, sur la place de Medellín, il y a deux colombes, celle qui a explosé et une toute neuve et depuis cinq ans elles n'ont pas été touchées, ni l'une ni l'autre. Finalement, la création artistique sera quand même plus forte que toutes les formes de fondamentalisme ou d'intolérance.

Corinne Boulangier:

Il n'y a rien à ajouter après cela. Merci à vous cinq d'être venus partager ces quelques réflexions ave nous. J'espère que nous avons pu à la fois vous divertir, mais aussi vous interpeller et vous inspirer.

LES RESTRICTIONS JURIDIQUES À LA LIBERTÉ D'EXPRESSION : UNE GRAVE DISTORSION DU DROIT PÉNAL

PHILIPPE NEMO,
Philosophe, professeur à l'ESCP Europe

Un point saillant du débat sur la liberté d'expression est la modification profonde du droit pénal que la rage d'une nouvelle génération de censeurs a causée en France depuis deux ou trois décennies[1]. Pour comprendre ce qui s'est passé, il faut rappeler les motivations, les circonstances et le contenu même des nouvelles mesures qui ont été prises en matière de contrôle de l'expression publique.

Il se trouve qu'en France, certaines forces politiques peu amies du pluralisme ont d'abord voulu assurer leur emprise idéologique en contrôlant *de facto* l'enseignement et la plus grande partie de la presse. Puis elles ont entrepris de compléter ce dispositif par des moyens juridiques, c'est-à-dire par de véritables *lois de censure* de nature à empêcher la libre parole dans tout l'espace public.

Rappelons que la communication publique en France était régie depuis un siècle par la loi de 1881 sur la presse. Cette loi, qui était le fruit de décennies de luttes menées aux XVIIIe et XIXe siècles pour la liberté d'expression, avait supprimé toute censure. Bien entendu, elle continuait à admettre certaines restrictions à la liberté d'expression quand il s'agit de protéger l'ordre public, c'est-à-dire de réprimer les cas de diffamation, injure, atteintes à la pudeur, diffusion de fausses nouvelles, incitation à l'émeute, etc. Mais, pour le reste, elle autorisait l'expression de toute opinion, notamment politique. Elle consacrait le fait fondamental du pluralisme, de l'inévitable et féconde diversité

[1] Cet article est largement constitué d'extraits d'un travail déjà paru : *La régression intellectuelle de la France*, Bruxelles, éd. Texquis, 2011.

des opinions qui peut aller, le cas échéant, jusqu'à une hostilité mutuelle franchement déclarée entre divers courants idéologiques. Les leçons de l'histoire avaient en effet convaincu ses promoteurs que cette diversité est fondamentalement bénéfique malgré ses inconvénients apparents, qu'elle est la marque propre de la démocratie, et qu'elle seule confère aux sociétés modernes leurs capacités d'autocritique et d'innovation.

Sous le régime créé par la loi de 1881, il y eut en France, à la fin du XIXe siècle, plusieurs centaines de quotidiens allant d'une extrémité à l'autre de l'éventail politique, et l'on vit fleurir les publications les plus diverses, livres, brochures, etc., traitant librement de tous les sujets. Il est essentiel de comprendre que cette situation de pluralisme n'a pas fragilisé la France — pas plus que la Hollande, la Belgique, l'Angleterre ou les États-Unis, qui avaient des législations du même type — face aux propagandes totalitaires et ne l'a pas empêchée de demeurer une démocratie à travers les pires épreuves du XXe siècle, à l'exception de la période où elle fut occupée par une armée étrangère. C'est que le pluralisme porte en lui-même le remède aux opinions extrêmes dont il autorise l'expression. Les communistes, les fascistes, pouvaient s'exprimer et ne s'en privaient pas, mais les anticommunistes et des antifascistes aussi et, entre eux, toutes les nuances des modérés. Le peuple, exposé à tous ces messages, triait le bon grain de l'ivraie, et c'est un fait qu'il n'a jamais choisi les extrêmes. Dans une offre de presse et d'édition très ouverte, il a toujours trouvé les éléments dont il avait besoin pour désamorcer les propagandes radicales et se forger lui-même des convictions plus ou moins équilibrées.

Ce régime de liberté et de pluralisme établi par la loi de 1881 s'est prolongé sous les IIIe, IVe et Ve Républiques et, que l'on sache (en mettant à part, je le répète, la période de l'Occupation), la France n'est devenue ni nazie, ni antisémite, ni xénophobe, ni homophobe, ni homophile, ni particulièrement intolérante ou tolérante sur le plan des mœurs, ni adepte de la scientologie, pas plus qu'elle n'est devenue communiste ou gauchiste, alors même que les publications en faveur de toutes ces doctrines et idéologies ont foisonné. Il n'y avait donc aucune raison de changer la loi de 1881.

C'est à cette loi, pourtant, qu'on n'a pas craint de porter atteinte. On a commencé à l'écorner à partir des années 1970, d'abord timidement, puis de plus en plus résolument, de sorte qu'on peut dire qu'avec ses dernières modifications la France est sans doute revenue en deçà du point où l'avaient conduite les grands combats de la Restauration, de la monarchie de Juillet ou du Second Empire pour la liberté de la presse, à une situation comparable à ce fameux « Ordre moral » tant critiqué par les républicains libéraux des années 1870 et qu'avait aussi tenté de restaurer Vichy.

1. LA LOI PLEVEN

La première atteinte à la loi de 1881 a été la loi Pleven du 1er juillet 1972 promulguée sous le gouvernement de Jacques Chaban-Delmas, prophète de la « Nouvelle Société ». C'était, en principe, la simple application à la France de la « Convention internationale sur l'élimination de toutes les formes de racisme » de l'ONU que le gouvernement venait de ratifier. De fait, la loi instituait diverses mesures nouvelles réprimant plus sévèrement les actes et comportements racistes. Le problème est qu'elle touchait aussi à la liberté d'expression. Elle modifiait la loi de 1881 en y introduisant les notions nouvelles de « provocation à la discrimination » et « à la haine » :

> Article premier. Ceux qui [par tout moyen de communication publique] auront provoqué à la discrimination, à la haine ou à la violence à l'égard d'une personne ou d'un groupe de personnes en raison de leur origine ou de leur appartenance ou de leur non-appartenance à une ethnie, une nation[2], une race ou une religion déterminée, seront punis [de prison et d'amende].

La notion de « provocation à la haine » innovait dangereusement. La haine, en effet, est un sentiment, ce n'est pas un acte, elle n'a pas d'effets extérieurs visibles. Elle ne peut donc être, par elle seule, un délit. Et si elle n'est pas un délit, comment le fait d'y « provoquer » pourrait-il l'être ? Constituer la provocation à la haine en délit revenait donc à faire sanctionner par le droit pénal des faits plus ou moins inconsistants et indémontrables. Cela constituait un glissement fâcheux par rapport à la notion classique d'« incitation à la violence ». La violence, elle, est un acte visible et extérieur, et si l'on peut montrer que le violent a agi après avoir entendu ou lu certains propos, on pourra soutenir que l'auteur des propos porte une part de responsabilité dans

[2] Ici, la loi allait au-delà de la convention de l'ONU signée par la France qui réservait explicitement le droit des nations à se protéger par divers dispositifs juridiques. Le fait de refuser certains droits aux étrangers ne tombait pas dans le champ des « diverses formes de racisme » que la convention entendait prohiber. En raison de l'introduction de la notion de nation dans l'article de loi cité, au titre des discriminations délictueuses, toute personne qui, dans la presse, suggérera quelque forme de « préférence nationale » ou autre mesure qui impliquerait qu'on discrimine entre nationaux et étrangers, pourra tomber sous le coup de la loi. Voir à ce sujet A.-M. Le Pourhiet, « Judiciarisation et discrimination », in *La Société au risque de la judiciarisation*, Paris, Litec, coll. « Colloques et débats », 2008.

le délit lui-même. Mais, étant donné que la haine n'est pas visible tant qu'elle ne s'est pas traduite en actes, l'incitation à la haine ne pourra être elle-même que supposée, supputée, de façon essentiellement subjective et arbitraire.

Un rappel historique s'impose ici. Les sentiments intimes ont été placés hors de portée du droit pénal depuis le XIIe siècle quand Pierre Abélard, dans sa fameuse *Éthique*, a distingué *péché* et *crime*. Le péché est évidemment très grave, puisqu'il peut être puni des peines de l'enfer. Mais il n'est connu que de Dieu qui, seul, « sonde les cœurs et les reins ». Il est donc hors du ressort des tribunaux humains qui ne peuvent juger que les actes qui troublent l'ordre public de façon visible, objective et mesurable. En faisant cette distinction, Abélard, un des premiers grands maîtres de l'Université française, faisait accomplir aux Européens du Moyen Âge un pas en avant considérable et rendait possible, à terme, le développement des libertés intellectuelles modernes et donc de la science. En effet, c'est grâce à cette distinction que les universités furent autorisées à développer les savoirs nouveaux, toujours suspects aux conformismes et orthodoxies de la société extérieure, dès lors qu'il n'en résultait pas de troubles manifestes à l'ordre public.

Par cet article de la loi Pleven, le droit pénal revenait donc en deçà d'Abélard. Il était sommé de punir des propos n'ayant encore causé de tort à personne et dont personne n'était en mesure de démontrer qu'ils en causeraient. Il était invité à agir en amont des actes, au niveau de la seule pensée. Il commençait à devenir une *police de la pensée*.

La loi de 1881 fut l'objet ultérieurement d'autres atteintes de plus en plus graves.

D'abord la loi votée le 13 juillet 1990 à l'initiative du député communiste Gayssot, dite depuis lors « loi Gayssot ». Elle visait les « révisionnistes » et interdisait donc de soutenir, au sujet de la Seconde Guerre mondiale, toute thèse différant si peu que ce soit de celles énoncées en 1945 au Tribunal de Nuremberg au sujet des crimes de guerre et crimes contre l'humanité, même dans un contexte de recherche historique désintéressée. La loi Gayssot *rétablissait donc explicitement le délit d'opinion*, type de délit qui avait été écarté du droit pénal depuis les débuts de l'ère libérale moderne et les grandes déclarations des droits de l'homme. Cette censure allait à l'encontre de la recherche scientifique : si elle avait été édictée en 1945, les historiens, par exemple, n'auraient pas eu le droit d'enquêter sur le massacre de quelque 20 000 officiers polonais à Katyn et n'auraient donc jamais pu établir que ce massacre avait été perpétré non par les nazis, mais par les Soviétiques. La même loi a permis de condamner deux fois en justice (avant qu'il ne soit finalement blanchi par la Cour de cassation, mais non sans avoir auparavant été radié de l'Éducation nationale) un haut responsable du Front national, M. Bruno Gollnisch, qui avait répondu à des journalistes qui l'interrogeaient sur les camps d'extermination nazis que cette question « devait être traitée par des historiens ». Il n'avait rien dit d'autre que ces quelques mots, et n'avait en rien remis en cause l'existence des camps de la mort, mais cela avait suffi à deux tribunaux pour juger que c'était une manière implicite, et d'autant plus coupable, de remettre en cause la vérité officielle rendue obligatoire par la loi Gayssot...

Trois ans plus tard, un décret[3] inséré dans le nouveau Code pénal (article R. 625-7) accomplissait une nouvelle innovation juridique révolutionnaire en créant trois infractions, celles de diffamation, d'injure et de provocation à la discrimination *non publiques* « envers une personne ou un groupe de personnes à raison de leur origine ou de leur appartenance ou de leur non-appartenance, vraie ou supposée, à une ethnie, une nation, une race ou une religion déterminée », critères auxquels on ajoutera en 2005 « à raison de leur sexe, de leur orientation sexuelle ou de leur handicap ». Non seulement, désormais, des propos publics contraires à une certaine *doxa* officielle pouvaient être incriminés, mais aussi des propos privés, c'est-à-dire ceux qu'une personne privée tient à une autre personne privée dans un lieu privé, sans témoin ou devant un petit nombre de témoins. Toute la vie quotidienne se trouvait donc désormais placée sous surveillance. L'État s'arrogeait le droit d'intervenir dans le contenu même des conversations privées, pouvoir auquel, jusqu'à cette date, seuls des régimes totalitaires avaient prétendu. Il y eut ensuite les lois dites « mémorielles », à commencer par la loi Taubira[4] du 21 mai 2001, ainsi formulée :

> La République française reconnaît que la traite négrière transatlantique ainsi que la traite dans l'océan Indien d'une part, et l'esclavage d'autre part, perpétrés, à partir du XVe siècle, aux Amériques et aux Caraïbes, dans l'océan Indien et en Europe, contre les populations africaines, amérindiennes, malgaches et indiennes constituent un crime contre l'humanité.

En qualifiant ces événements historiques anciens de « crimes contre l'humanité », la loi Taubira permettait donc de leur appliquer les rigueurs de la loi Gayssot, donc de sanctionner quiconque les « contesterait ». On constate à nouveau ici la contradiction d'un dogme d'État avec la vie normale de la science. En ne qualifiant de crime contre l'humanité que la traite et

3 Pris par le gouvernement socialiste Bérégovoy.

4 Mme Taubira, aujourd'hui ministre de la Justice, était alors députée de Guyane.

l'esclavagisme perpétrés en certains temps et lieux expressément indiqués, précisions qui aboutissent à viser les seuls Européens, la loi empêchait de rapprocher ces agissements d'autres pourtant parfaitement comparables, à savoir la traite négrière des Arabes et la traite intra-africaine qui se sont pratiquées à la fois antérieurement et postérieurement à la traite européenne. En effet, ces rapprochements reviendraient à banaliser ce crime inexpiable qu'est l'esclavagisme d'origine blanche et européenne ; on risquerait de suggérer, soit que les comportements des Européens ne furent pas si graves qu'on le dit puisqu'ils ne faisaient que se conformer à une pratique banale à l'époque, soit, à l'inverse, que les Africains et les Arabes ont eux aussi commis des crimes contre l'humanité, ce qui serait attentatoire à leur « dignité » et à leur « honneur », dûment protégés par ailleurs contre toute injure ou diffamation publique ou privée. Toute recherche historique en la matière devait se conformer à ce nouveau dogme.

La situation juridique créée par la loi a donc permis qu'un historien français, Olivier Pétré-Grenouilleau[5], soit inquiété simplement pour avoir écrit un ouvrage traitant de l'esclavage dans son ensemble et mettant en évidence qu'il s'agissait d'un phénomène pluriséculaire ayant affecté de nombreuses civilisations et cultures (livre dans lequel, comme on s'en doute, l'auteur ne faisait à aucun moment et sous aucune forme l'apologie de cette pratique[6]).

Vint ensuite la loi sur la HALDE (« Haute autorité de lutte contre les discriminations et pour l'égalité ») du 30 décembre 2004 qui, dans son titre III (« Renforcement de la lutte contre les propos discriminatoires à caractère sexiste ou homophobe[7] »), modifiait à nouveau la loi sur la presse de 1881 en y introduisant le paragraphe suivant (qui complétait l'article 24 déjà modifié par la loi Pleven) :

> Seront punis [d'un an d'emprisonnement et de 45 000 euros d'amende ou de l'une de ces deux peines seulement] [...] ceux qui [...] auront provoqué à la haine ou à la

5 Auteur de la thèse *Les Traites négrières, essai d'histoire globale*, Paris, Gallimard, 2004.

6 Le procès n'eut finalement pas lieu, tant les arguments de l'association qui avait porté plainte étaient inconsistants, voire fantaisistes. Mais l'épée de Damoclès de la loi Taubira n'en continue pas moins à peser sur la recherche historique dans ces domaines.

7 Remarquons l'introduction dans un texte de loi de deux mots qui n'appartiennent pas à la langue française. Il ne s'agit (de même que « handiphobe », « islamophobe », etc.) que de néologismes journalistiques dont il n'existe pas de définition rigoureuse, encore moins de définition officielle, et dont un juge peut donc retenir et utiliser la définition qui lui plaît. Quand le terme désigne des délits passibles de sévères sanctions pénales, ce flou est, par lui-même, une cause d'abus de pouvoir.

violence à l'égard d'une personne ou d'un groupe de personnes à raison de leur sexe, de leur orientation sexuelle ou de leur handicap ou auront provoqué, à l'égard des mêmes personnes, aux discriminations prévues par les articles 225-2 et 432-7 du Code pénal.

Elle modifiait également les articles 32 et 33 portant sur la diffamation et l'injure. Désormais était condamnée toute « diffamation » ou « injure » (privée aussi bien que publique, puisque l'article R. 625-7 du Code pénal, cité ci-dessus, est également modifié par la loi) commise « envers une personne ou un groupe de personnes à raison de leur sexe, de leur orientation sexuelle ou de leur handicap ». Il devenait ainsi un délit de porter atteinte, par des propos publics ou privés, à l'« honneur » ou à la « considération » de certains groupes de personnes à raison des nouveaux critères ainsi introduits ou de « provoquer à la discrimination » de ces mêmes groupes.

Ces nouvelles prohibitions permirent, entre autres, la condamnation d'un député en exercice, M. Christian Vanneste[8]. Ce parlementaire fut condamné deux fois (en première instance, le 24 janvier 2006, par le tribunal de grande instance de Lille, puis en appel, le 27 janvier 2007, par la cour d'appel de Douai) pour avoir simplement tenu, dans une interview accordée aux journaux *La Voix du Nord* et *Nord-Éclair*, les propos suivants : « L'homosexualité est inférieure à l'hétérosexualité. Si on la poussait à l'universel, ce serait dangereux pour l'humanité. » M. Vanneste, qui est agrégé de philosophie, s'exprimait en termes kantiens. Il voulait dire qu'on ne peut généraliser l'homosexualité sans contradiction, puisque, si tout le monde devenait homosexuel, l'humanité cesserait bientôt d'exister. Mais le fait d'exprimer cette vérité d'évidence était devenu un délit. S'appuyant sur la loi de décembre 2004, les deux tribunaux jugèrent en effet, le premier, que ces propos « dévalorisaient » les homosexuels et étaient « méprisants » pour eux, le second, qu'ils étaient « contraires à [leur] dignité » et qu'ils étaient « de nature à inciter à la haine, à la violence ou à la discrimination » à leur égard. Ils considérèrent, en conséquence, qu'ils étaient constitutifs du « délit d'injure publique envers un groupe de personnes à raison de leur orientation sexuelle ». Il se trouve que ces jugements ont été annulés par la Chambre criminelle de la Cour de cassation le 12 novembre 2008 (d'ailleurs sans donner de meilleures raisons de leur jugement positif que les juges de première instance et d'appel de leur jugement négatif ; ils ont seulement choisi une autre majeure de leur syllogisme ; sans doute les juges de l'auguste Cour étaient-ils un peu plus âgés et gardaient-ils quelque souvenir de ce qu'est la liberté d'expression).

8 Sur l'affaire Vanneste, cf. l'excellent petit livre de François Billot, *L'Affaire Vanneste*, Paris, éd. François-Xavier de Guibert, 2008.

2. UNE PÉNALISATION NON D'ACTES, MAIS DE PROPOS

Examinons maintenant en quoi ces lois dénaturent le droit pénal. Elles le dénaturent par le fait qu'en sanctionnant des *propos* et non des *actes*, elles font sortir le droit pénal du seul registre où il peut avoir un sens rationnel et donc une légitimité dans une société moderne laïque et acquise en principe à l'esprit de science.

Prenons l'exemple du concept de « provocation à la discrimination ». En quel sens rationnel et légitime peut-il désigner un vrai délit ? Seulement si la formule vise une incitation à adopter certains *comportements* discriminatoires prévus et sanctionnés par le Code pénal, et à condition, bien entendu, que cette incitation soit directe et explicite, ou du moins qu'on puisse prouver qu'un *lien causal* existe entre la « provocation à la discrimination » incriminée et certains comportements discriminatoires effectivement constatés.

Des lois de 1994 (Nouveau code pénal), de 2001 et de 2006 définissent en effet ainsi la « discrimination » (nouvel article 225-1 du Code pénal actuellement en vigueur) :

> Constitue une discrimination toute distinction opérée entre les personnes physiques à raison de leur origine, de leur sexe, de leur situation de famille, de leur grossesse, de leur apparence physique, de leur patronyme, de leur état de santé, de leur handicap, de leurs caractéristiques génétiques, de leurs mœurs, de leur orientation sexuelle, de leur âge, de leurs opinions politiques, de leurs activités syndicales, de leur appartenance ou de leur non-appartenance, vraie ou supposée, à une ethnie, une nation, une race ou une religion déterminée. Constitue également une discrimination toute distinction opérée entre les personnes morales à raison de l'origine, du sexe, de la situation de famille, de l'apparence physique, du patronyme, de l'état de santé, du handicap, des caractéristiques génétiques, des mœurs, de l'orientation sexuelle, de l'âge, des opinions politiques, des activités syndicales, de l'appartenance ou de la non-appartenance, vraie ou supposée, à une ethnie, une nation, une race ou une religion déterminée des membres ou de certains membres de ces personnes morales.

Il est évident que chacun fait en permanence dans la vie sociale de telles distinctions. Mais comme ce sont des opérations intellectuelles normales, sans conséquences *a priori* délictueuses, un second alinéa du même article (art. 235-2) précise les circonstances dans lesquelles ces distinctions pourront constituer des « discriminations » au sens délictuel du terme. Il y aura délit quand et seulement quand, sur la base des distinctions définies à l'alinéa précédent, certains auront refusé de traiter également des personnes physiques ou morales en matière d'embauche et de licenciement, de fourniture de biens ou de services, et, généralement parlant, dans les « activités économiques ». On voit donc que ce qui est sanctionné par l'article 235 du Code pénal pris comme un tout, ce sont seulement des comportements discriminatoires rompant avec l'égalité devant la loi, c'est-à-dire des *actes*.

Or, désormais, la loi de 1881 sur la presse sanctionne les discriminations non dans des actes, mais dans de simples *propos*. Cela aurait à la rigueur un sens (bien qu'en toute hypothèse parler ne soit pas la même chose que faire) si seuls pouvaient être incriminés des propos qui ont incité directement certains à adopter des conduites discriminatoires au sens de l'article 235-2.

Il n'en est rien. Pour qu'il y ait matière à poursuites pénales, il suffira que, dans le cadre d'une simple analyse, d'une simple description, en un mot d'une démarche informative et de connaissance, l'auteur des propos ait formulé des distinctions entre certaines personnes ou catégories de personnes, et qu'ensuite une association, puis un juge, puissent estimer que ces distinctions intellectuelles sont, en tant que telles, de nature à causer chez certains des comportements discriminatoires à l'égard des personnes ou catégories ainsi désignées. Pour que le délit soit réputé constitué, il ne sera nullement nécessaire que l'accusation établisse que des comportements discriminatoires ont été adoptés du fait que les propos ont été tenus, ni que des comportements discriminatoires pourraient éventuellement survenir dans l'avenir, ni, enfin, qu'un lien causal existe entre les propos tenus et des comportements discriminatoires réels ou virtuels. Autrement dit, il n'est pas demandé aux accusateurs ni aux juges de montrer en quoi l'auteur du propos porte une part quelconque de responsabilité, au sens classique du droit pénal, dans des comportements discriminatoires.

Comme le montrent les jugements qui ont condamné M. Vanneste, il ne sera pas nécessaire que le propos appelle explicitement à de tels comportements discriminatoires, ni qu'il soit injurieux, ordurier, hyperbolique, ni qu'il soit expressément dépréciatif ou hostile, ni même qu'il comporte, d'une manière générale, quelque tonalité négative que ce soit. Il suffira 1) qu'il opère intellectuellement une distinction entre diverses catégories de personnes, et 2) que le fait d'avoir opéré cette distinction puisse être interprété par certains comme étant de nature à nuire un jour, de quelque manière non précisée, à la catégorie concernée, du seul fait qu'il l'aura distinguée d'une autre.

On n'est donc plus du tout dans le cas de figure de l'employé ou du locataire constatant que, dans telle circonstance précise, on a agi avec lui de façon discriminatoire, avec certains effets pratiques objectivement constatables, par exemple qu'il n'a pu louer le logement espéré ou obtenir l'emploi désiré alors qu'il réunissait toutes les conditions requises. Il ne s'agit plus d'un *dommage* causé à quelqu'un par l'*acte* de quelqu'un d'autre, dommage qu'un juge pénal ordinaire pourrait constater objectivement et mesurer matériellement. Il s'agit d'une situation d'un type complètement différent et que n'avait jamais eu à traiter jusqu'à présent le droit pénal, du moins aux Temps modernes : celle où un propos paraît faux ou choquant à certaines personnes qui le lisent ou l'entendent, autrement dit une simple situation de désaccord entre plusieurs opinions. Il n'est pas nécessaire qu'un fait concret quelconque, comportement discriminatoire ou dommage subi, puisse être allégué ; tout se passe dans la seule sphère idéologique, dans le seul monde immatériel des pensées.

On suppose, il est vrai, que le propos est de nature à porter tort d'une certaine manière aux membres de certaines catégories sociales réputées fragiles. Mais, d'une part, ce quelqu'un n'est jamais identifié avec précision. D'autre part, aucun lien causal entre le propos prononcé et le tort éventuellement subi par quelqu'un n'a besoin d'être établi. Reprenons ces deux points.

La victime n'est pas identifiée, puisque ce n'est ni un ni quelques individus connus, mais une catégorie sociale essentiellement anonyme et sans contours définis (les homosexuels, les immigrés...). Au demeurant, elle n'est pas représentée à l'audience. Seuls sont présents les membres des associations auxquelles la loi Pleven a donné le droit d'agir en justice dès lors qu'elles ont inscrit la « lutte contre le racisme » dans leurs statuts. Ce sont donc des personnes qui, de leur propre chef, ont décidé de militer pour la cause de la catégorie en question, et dont la démarche est de nature seulement morale, idéologique, voire partisane, puisqu'elles ne sont ni des victimes demandant réparation pour un tort qui leur aurait été personnellement causé, ni les représentants légaux de telles victimes. En conséquence, le juge ne dispose d'aucun élément précis qui lui permettrait de mesurer ou même de constater la réalité d'un tort éventuellement subi par des personnes précises du fait que le propos général incriminé a été tenu, à la façon dont le droit pénal ordinaire constate et mesure le tort causé à une personne ou à ses biens du fait qu'une autre personne a agi avec elle d'une manière illicite.

On dira que la victime est la catégorie sociale tout entière. Mais que vaut en justice cette allusion à une personne collective sans visage ? D'autre part, qui peut soutenir qu'elle ait réellement subi un tort ou qu'elle va en subir ? Ce dommage collectif futur ne peut être supposé que d'une manière arbitraire. Personne en effet ne peut dire si une catégorie sociale dont quelqu'un n'a pas dit tout le bien que d'autres souhaitaient qu'on dît d'elle a ou non subi, de ce seul fait, un tort, et, si oui, de quelle nature et de quelle gravité ; il arrive même qu'une communauté bénéficie des critiques qu'on lui adresse. Donc, entre le propos prononcé et un tort quelconque subi par une communauté, il n'y a aucun lien direct de cause à effet. Pourtant, pour qu'il y ait responsabilité pénale, il faudrait qu'il y ait quelque forme de lien causal entre le propos incriminé et un tort subi par quelqu'un. Or ce type de chaîne causale ne peut jamais être établi.

Ce point est bien connu des épistémologues des sciences sociales. Les idées circulent, elles se mêlent et se confrontent à des milliers d'autres dans l'espace de communication d'une société. Chaque individu en reçoit en provenance de multiples sources, il en fait une synthèse qui lui est propre, et c'est cette synthèse qui détermine ses actions et décisions. Opérée dans la « boîte noire » de son esprit, cette synthèse est opaque et absolument imprévisible par des tiers (elle l'est même souvent par le sujet lui-même.) Donc aucun lien de cause à effet entre une parole dite sur l'espace public et l'acte accompli plus tard par quelqu'un ne peut être démontré (sauf, je le répète, en cas d'incitation explicite à la violence ; mais nous parlons ici d'incitation à la haine et à la discrimination).

Inversement, une même idée flottant dans l'air, captée par des individus différents, pourra avoir sur leurs comportements respectifs toute une gamme d'effets différents, voire des effets diamétralement opposés. Cela dépendra de toutes les autres idées qu'ils ont dans leur esprit, fruit d'une longue histoire antérieure qui diffère pour chaque individu. Donc aucune parole dite sur l'espace public ne peut être réputée nuisible par elle-même, du moins rationnellement, c'est-à-dire au sens où l'on pourrait démontrer l'existence d'une chaîne causale.

Ainsi, de quelque façon qu'on tourne le problème, on peut affirmer qu'aucune science n'est capable d'établir que telle idée générale émise par quelqu'un à tel moment pourra ou non déterminer tel acte concret chez quelqu'un d'autre à tel autre moment. C'est parce que cette situation gnoséologique, liée à la nature même de l'esprit humain, qui n'est pas omniscient, a été bien comprise en Europe au long des siècles où se sont développés l'esprit critique et l'esprit de science, que, depuis Abélard, et en tout cas depuis qu'ont été établies les libertés intellectuelles modernes — liberté religieuse et de conscience, liberté de recherche scientifique, liberté d'expression, liberté de la presse... —, on a renoncé à faire d'une simple idée l'équivalent d'un acte et, partant, à punir l'auteur d'une idée comme on punit l'auteur d'un délit.

3. UNE PENSÉE MAGIQUE ET FÉTICHISTE

Ce que les nouvelles lois françaises de censure demandent aux juges, c'est donc de revenir à l'irrationalité qui consiste à sanctionner des idées en tant que telles. C'est de revenir à des temps obscurantistes, antérieurs à la naissance de la science, où les mots étaient censés avoir une causalité par eux-mêmes, c'est-à-dire avoir une sorte de potentiel intrinsèque d'action, soit pour faire le bien (bénédictions), soit pour faire le mal (malédictions). C'est revenir à un type de pensée *magique* et *fétichiste*, même si, bien entendu, ce ressort intime de la pensée des juges devra être habillé dans un langage moderne et pseudo-rationnel.

En effet, si la loi Gayssot, seule en son genre, demande aux juges de sanctionner les idées sous le rapport de leur vérité ou de leur fausseté, donc selon une logique explicitement dogmatique (la loi Gayssot est « honnête » à cet égard), les autres lois *leur demandent seulement d'estimer la potentialité de nuisance sociale des propos incriminés, indépendamment de leur valeur de vérité.*

En ce sens, même une idée parfaitement vraie, comme celle exprimée par Éric Zemmour disant qu'il y a dans les prisons françaises une majorité de personnes d'origine étrangère, ou l'affirmation de M. Vanneste (encore lui !) selon laquelle il y a eu, pendant la Seconde Guerre mondiale, très peu de personnes déportées de France vers les camps d'extermination du seul fait de leur homosexualité, peuvent être jugées délictueuses (c'est pourquoi les attaques n'ont pas cessé contre ces deux hommes publics même après que des autorités scientifiques incontestables eurent confirmé la vérité de leurs affirmations). En effet, pour que ces propos soient considérés comme délictueux, il suffit que l'on estime qu'ils ont attenté à la réputation de catégories protégées ou incité à la discrimination à leur égard. *Ainsi, dire le vrai peut être désormais un délit*, thèse monstrueuse dont on suppose que le corollaire est qu'il est vertueux d'être dans l'erreur, de mentir et de diffuser des mythes.

De toute façon, le problème est que, comme nous venons de le voir, le lien entre la parole incriminée et une certaine nuisance sociale est strictement indémontrable selon les moyens d'investigation classiques du droit pénal. Faute qu'il le soit, les juges seront donc contraints de se livrer à un exercice de pensée non scientifique. Ils devront raisonner en moralistes, en philosophes, sur un mode essentiellement approximatif et conjectural. Ils devront se faire psychologues sociaux, sociologues, politologues ou historiens, c'est-à-dire se comporter en personnes prétendant avoir une certaine connaissance des mécanismes sociaux, susceptibles de faire en ces matières des prédictions ayant quelque degré de précision et de dire que la diffusion de tel type de message aura certainement tel type d'effets néfastes sur le devenir de la société.

Par exemple, puisque M. Vanneste a été condamné, c'est que les juges ont considéré comme établi que le fait de dire que « l'homosexualité est inférieure à l'hétérosexualité, puisque, si tout le monde était homosexuel, l'espèce humaine s'éteindrait » est de nature à causer des comportements discriminatoires à l'encontre des homosexuels. Certes ils n'en ont pas encore causé qu'on puisse repérer et prouver, mais il est certain qu'ils en causeront un jour ou l'autre. De même, si le procès de M. Pétré-Grenouilleau avait eu lieu, les juges auraient été conduits à donner une réponse apodictique à la question de savoir si la publication des analyses de cet auteur sur le caractère pluri-millénaire et universel de l'esclavage était effectivement de nature à causer dans l'avenir une recrudescence de comportements raciaux discriminatoires. Sans cette certitude, en effet, quelle justice y aurait-il à infliger des sanctions pénales à M. Vanneste ou à M. Pétré-Grenouilleau ?

Le problème, je le répète, est que des prédictions de ce genre n'ont aucun fondement scientifique concevable et ne peuvent donner lieu à aucune sorte de certitude auprès de personnes de bonne foi. D'abord, pour avoir une opinion de quelque valeur sur le fait qu'un certain propos causera ou non dans l'avenir un mal à une certaine catégorie sociale, il faudrait, pour le moins, que le juge ait de très hautes compétences en sciences sociales, qu'il soit par exemple un moraliste accompli, un philosophe génial, un profond sociologue, un économiste émérite, un éminent historien. Même dans cette hypothèse, il ne pourrait donner qu'un avis d'intellectuel qui n'aurait de valeur qu'indicative et non cette valeur démonstrative que doit avoir tout jugement dans un droit pénal rationnel. Enfin, à supposer qu'un propos du type « si tout le monde était homosexuel, l'espèce humaine ne pourrait survivre » puisse jouer un rôle quelconque dans la genèse de l'état d'esprit de quelqu'un qui, plus tard, aura un comportement discriminatoire avec un homosexuel, ce délit n'a pas encore eu lieu à la date du propos, et il n'y a aucune raison de supposer que l'auteur du propos approuverait ce comportement futur postulé, encore moins qu'il serait disposé à le pratiquer lui-même. De sorte que lui attribuer une part de responsabilité dans cet hypothétique délit futur relève de l'arbitraire.

4. UNE DÉMARCHE MENTALE HOLISTE

En conséquence, lorsqu'une loi exige qu'un juge tranche ce type de questions, elle lui demande, en réalité, de procéder selon une logique préscientifique, bien connue par les anthropologues qui ont étudié dans les sociétés archaïques les phénomènes de culpabilité collective et d'exclusion de « boucs émissaires. » En effet, les lois de censure placent les juges dans l'obligation de raisonner selon un schéma du type suivant : il existe de méchantes gens (l'extrême-droite, les « machistes », les « racistes », les « antisémites », les « Français de souche », les « identitaires », etc.), catégories dont on suppose que la nuisance sociale est établie (par qui l'a-t-elle été, et quelle est la valeur scientifique de telles « démonstrations », la question n'a pas besoin d'être résolue à la barre, ni même d'être évoquée) ; le hasard, ou la diligence d'une association, font que nous tenons un de ces méchants dans nos filets ; il faudra qu'il paie pour les autres, car, quand bien même il serait personnellement innocent, le châtiment que nous allons lui infliger aura la vertu de tenir en respect les citoyens qui pourraient penser comme lui, parmi lesquels il existe certainement des coupables virtuels ou réels. Donc, même s'il n'est pas avéré que l'homme que nous avons sous la main est personnellement un méchant, il reste qu'en le condamnant, nous combattons un mal. Telle est la démarche mentale holiste que les nouvelles lois de censure, tout à la fois, présupposent et engendrent chez les juges.

Démarche très proche de celle des Inquisiteurs de jadis. Les Inquisiteurs pensaient, et une grande part de leurs contemporains avec eux, que la communauté encourrait un risque grave si elle laissait certains de ses membres exprimer ou même couver dans leur cœur des idées hérétiques ou autrement peccamineuses dont Dieu serait fondé à se venger sur la communauté tout entière. Comme ils ne savaient pas exactement en quoi les idées en question mécontentent Dieu (qui, seul, redisons-le, sonde les cœurs et les reins) ni par quels châtiments il les ferait expier à la communauté, ils pensaient qu'il fallait anticiper la colère divine et la priver d'avance de motif en éliminant les hérétiques sans faiblir ni apporter de nuances. Tuons-les tous, Dieu reconnaîtra les siens.

Dans la France d'aujourd'hui, bien entendu, cette dimension théologique ou superstitieuse n'est pas explicite. Mais l'analogie est réelle. Dans les deux cas, c'est parce qu'on ne comprend pas en détail les mécanismes sociaux en cause que l'on se décide à procéder selon une démarche générale et prophylactique. Tel citoyen a dit sur « les Arabes », « les Juifs », « les femmes » ou « les homosexuels » telle chose qu'il ne fallait pas dire selon l'orthodoxie du petit milieu social qui est parvenu à imposer ses idées à notre pouvoir législatif ? Il faut condamner ce citoyen, afin que personne dans le pays n'ose plus dire ni même penser rien de tel. Il ne s'agit pas, comme dans le droit pénal normal, de punir un coupable (dont on sait très bien, et dont plusieurs attendus avouent candidement, qu'il est indémontrable qu'il ait causé un tort à quiconque), mais il s'agit d'exorciser des idées qu'on estime mauvaises et dangereuses. On assume, comme Ponce Pilate ou comme Machiavel, qu'il est licite d'acheter un bien futur supposé de la communauté au prix de la condamnation d'un innocent. Autrement dit, on sacrifie sur l'autel de l'idéologie le principe le plus sacré de la Justice.

5. REVENIR EN DEÇÀ D'ABÉLARD

Insistons sur le fait que la conviction d'un juge que tel propos est « dangereux » ne peut avoir d'autres bases intellectuelles que des opinions. On demande aux juges français modernes, comme jadis aux théologiens de l'Inquisition, de vérifier la conformité des pensées de chacun à une certaine orthodoxie que certains ont imposée sans preuve comme condition supposée d'une vie sociale favorable. Ce qu'on leur demande, c'est de punir non un délit, mais une dissidence ou une hérésie, non un crime, mais un péché. Au moins l'Église, pour mener sa tâche de censure, disposait-elle d'un dogme explicite et solidement établi. Les Inquisiteurs étaient recrutés au titre de leurs compétences théologiques. Ils pouvaient juger précisément à l'aune du dogme la pensée des suspects. Bien entendu, leur démarche n'était pas scientifique au sens où nous l'entendons aujourd'hui, mais elle avait une sorte de cohérence intellectuelle. S'ils posaient une question à un accusé et que celui-ci répondît de façon déviante, par exemple que Dieu est dual et non trine, ou qu'il n'y a pas de communication des idiomes entre la nature humaine et la nature divine du Christ, l'écart était incontestable, la sanction s'imposait. Comme le dogme était public et connu de tous les clercs, la sanction judiciaire était dans une certaine mesure anticipable, ce qui conférait aux chrétiens soumis à la juridiction inquisitoriale ce qu'on appellerait aujourd'hui une forte sécurité juridique.

Par contraste, les milieux politiques qui ont fait voter les lois françaises de censure n'ont pas encore osé imposer explicitement une idéologie d'État unique et obligatoire, ni former des commissaires politiques diplômés à qui ils puissent confier officiellement le mandat de vérifier la conformité de la pensée des citoyens à cette idéologie. Ils ont préféré dissimuler leur volonté de mainmise idéologique sur le pays sous le masque de lois pénales ordinaires. Le résultat est qu'ils ont confié aux juges une mission de discernement idéologique qui est parfaitement étrangère à leur vocation et à leur formation classiques, et dont ils ne peuvent s'acquitter qu'en fonction de leurs idées personnelles, c'est-à-dire, selon le cas, en militants politiques de droite ou de gauche, ou plus souvent en Gribouilles à l'esprit imprévisible. Ainsi s'expliquent les variations de la jurisprudence signalées plus haut.

Une chose est sûre : les lois françaises évoquées ci-dessus établissent un immense éventail de nouveaux délits d'opinion. En effet, dès lors qu'elles n'exigent, pour frapper de sanctions pénales certains propos, rien d'autre que la conviction intime d'un juge que ces propos auront des effets néfastes sur la société, conviction nourrie seulement par la « vision du monde » des juges, elles mettent hors la loi tout ce qui s'écarte des préjugés de ceux-ci. Les idées sociales de chaque juge étant, par nature, limitées, floues et contingentes, elles excluent tout un éventail d'autres idées qui n'agréent pas aux juges ou qu'ils ne sont pas en mesure de comprendre. Tout un éventail de nouveaux délits d'opinion est donc créé par la seule ombre portée des idéologies présentes au sein du corps judiciaire — idéologies spontanées ou, parfois, construites au sein des partis, syndicats ou sectes dont les juges peuvent être membres. Ainsi le nouveau droit français viole-t-il de façon évidente les principes constitutionnels les plus sacrés garantissant la liberté d'expression et les instruments juridiques internationaux de protection des libertés auxquels la France a souscrit.

*

Ce qui s'est passé à Paris en janvier 2015 illustre jusqu'à l'absurde les thèses ici défendues. Des crimes abominables ont été commis au nom de l'islam par des personnes d'origine étrangère. Si l'on veut éviter le retour de tels événements, la raison exigerait qu'on réfléchisse à leurs causes, donc à l'islam et à l'immigration. Or la loi l'interdit. Quelques jours à peine après les attentats, un procureur de la République a intenté une action judiciaire contre un des plus célèbres et brillants journalistes français, M. Philippe Tesson, coupable d'avoir dit en termes un peu vifs que la laïcité et l'ordre public étaient menacés aujourd'hui en France par les musulmans et pas du tout par les catholiques. Si M. Tesson se tait et que, par crainte d'être à leur tour inquiétés, les journalistes l'imitent, on voit que le débat public français n'a que très peu de chances de s'approfondir et de déboucher sur des solutions. Quand on pense en outre que le gouvernement français a fait venir à Paris les principaux dirigeants de la planète et a fait défiler des foules immenses au nom de la « liberté d'expression », on se demande ce qu'il faut le plus incriminer chez nos politiciens, la schizophrénie ou l'inconscience.

JUSQU'OÙ PENSER, PARLER, ÉCRIRE LIBREMENT ?

La prolifération des délits d'opinion et la subjectivisation du droit pénal français

ANNE-MARIE LE POURHIET,
Professeur à l'Université Rennes 1

> *La Liberté avait été citée à comparaître devant la Cour Universelle de Justice créée en 2060 par l'Organisation des Nations Hautement Civilisées (...). Elle était devenue le grand fléau du troisième millénaire. Madame la Procureure ne crut pas devoir requérir la peine de mort. Elle requit seulement son bannissement.*
>
> Jean-Denis Bredin, « Le procès de la liberté », dans *La liberté dans tous ses états, Liber amicorum en l'honneur de Jacques Georgel*, Rennes, Éditions Apogée, 1998.

Les libertés d'opinion et d'expression sont au cœur de l'articulation entre démocratie et libéralisme. La démocratie suppose le suffrage, donc l'option, la liberté de choisir. Pas plus le peuple que l'individu n'est libre face à un sens unique obligatoire. Pour que ces choix puissent exister et ne soient pas purement « formels », pour reprendre le vocabulaire marxiste, il existe un minimum de pré-conditions libérales dans la société dont la liberté d'expression et le pluralisme des médias, de la presse et de la recherche, constituent les piliers. Démocratie et totalitarisme, pour reprendre un titre aronien, sont contradictoires.

C'est ce que rappellent aussi en théorie nos textes et nos jurisprudences constitutionnels et conventionnels.

« La libre communication des pensées et des opinions est l'un des droits les plus précieux de l'homme » nous dit d'emblée l'article 11 de la Déclaration de 1789, tandis que la révision constitutionnelle du 23 juillet 2008 a rajouté à l'article 4 que la loi « garantit les expressions pluralistes des opinions ».

L'article 10 de la Convention européenne des droits de l'homme stipule, dans un vocabulaire maladroit, que « toute personne a droit à la liberté d'expression » et que « ce droit comprend la liberté d'opinion et celle de recevoir ou communiquer des informations ou des idées sans qu'il puisse y avoir ingérence d'autorités publiques et sans considération de frontière ».

Les juges respectifs de ces deux textes ont insisté sur l'importance de cette liberté. Le Conseil constitutionnel pose que la libre communication des pensées et des opinions constitue « une liberté fondamentale d'autant plus précieuse que son exercice est l'une des garanties essentielles du respect des autres droits et libertés et de la souveraineté nationale[1] ». On connaît aussi l'affirmation solennelle de la CEDH, dans l'arrêt Handyside[2], faisant de la liberté d'expression l'un des fondements essentiels d'une société démocratique et l'une des conditions primordiales de son progrès et de l'épanouissement de chacun.

Ces textes français et européen prévoient cependant *explicitement* les limites possibles à cette liberté. La Déclaration de 1789 ajoute à l'article 11 : « Tout citoyen peut donc parler, écrire, imprimer librement, *sauf* à répondre de l'abus de cette liberté dans les cas déterminés par la loi », tandis que l'article 10 alinéa 2 de la Convention énumère son habituel chapelet des restrictions possibles fondées sur la sécurité nationale, la défense de l'ordre, la prévention du crime, la protection de la réputation et des droits d'autrui, etc.

Le contraste est ici évident avec le 1er amendement de la Constitution américaine qui affirme péremptoirement « Le Congrès ne fera aucune loi qui restreigne la liberté de la parole ou de la presse », sans rien ajouter, et donc sans envisager explicitement de limites. Cette différence de rédaction va révéler un véritable fossé de part et d'autre de l'Atlantique, concernant le régime de ces libertés.

L'époque contemporaine ne connaît sans doute pas de nouvelle grande doctrine politique totalitaire comme le communisme ou le fascisme. Force est de reconnaître, cependant, que l'obsession égalitaire, issue d'une conception sociologique et non plus politique de la démocratie, assortie de son corollaire obligé qu'est le principe dit de « non-discrimination », aboutit à l'imposition autoritaire d'une *doxa* pénalement sanctionnée.

1 Décision nº 84-181 DC du 11 octobre 1984, Entreprises de presse.

2 Cour plénière, 7 décembre 1976, série A, nº 24, GACEDH, nº 7.

Commencée au début des années 1970 et concentrée à partir des années 1990 sur des revendications ethno-raciales ou religieuses (I), la construction de cet édifice liberticide s'est emballée au début du XXIe siècle sous l'influence du féminisme et de l'idéologie du genre (II), cette évolution s'inscrivant dans un mouvement plus large de subjectivisation et de privatisation du droit et des institutions (III).

1. LES REVENDICATIONS ETHNO-CULTURELLES

La recrudescence contemporaine des délits d'opinion de caractère ethno-racial et religieux dans le Code pénal français remonte aux années soixante-dix (A) mais s'est accélérée à partir des années 2000 avec les lois dites « mémorielles » (B) avant de déboucher récemment sur de nouveaux procédés de censure préventive (C).

La loi « Pleven »

La loi du 29 juillet 1881 sur la liberté de la presse incriminait traditionnellement l'injure et la diffamation commises à l'égard de tout individu et pour quelque cause que ce soit. Un décret-loi du 29 juillet 1939, pris en vertu de la loi de pouvoirs spéciaux du 19 mars 1939 et dit « loi Marchandeau », avait cependant déjà modifié le droit positif en punissant spécialement ces mêmes délits commis « envers un groupe de personnes qui appartiennent par leur origine à une race ou une religion déterminée, quand elle a pour but d'exciter à la haine entre citoyens ou habitants ». Abrogé par le régime de Vichy, ce texte fut remis en vigueur par l'ordonnance de 1944 portant rétablissement de la légalité républicaine.

C'est la ratification de la Convention internationale sur l'élimination de toutes les formes de discrimination raciale, adoptée à l'ONU le 21 décembre 1965, qui devait déclencher une nouvelle modification du droit français. La rédaction de cette convention, publiée par le décret du 2 novembre 1971, reste assez prudente concernant les opinions et leur expression. Les États s'engagent, en effet, en tenant compte des principes formulés dans la Déclaration universelle des droits de l'homme et de certains droits énoncés à l'article 5 de la convention (dont le droit à la liberté de la pensée, d'opinion et d'expression), à :

> déclarer punissables par la loi toute diffusion d'idées fondées sur la supériorité ou la haine raciale, toute incitation à la discrimination raciale, ainsi que tous actes de violence, ou de provocation à de tels actes, dirigés contre toute race ou tout groupe de personnes d'une autre couleur ou d'une autre origine ethnique, de même que toute assistance apportée à des activités racistes, y compris leur financement.

L'article 1er précise, en outre qu'il ne s'applique pas « aux distinctions, exclusions, restrictions ou préférences établies par un État partie selon qu'il s'agit de ressortissants ou de non-ressortissants » et qu'aucune de ses dispositions :

> [...] ne peut être interprétée comme affectant de quelque manière que ce soit les dispositions législatives des États parties concernant la nationalité, la citoyenneté, la naturalisation, à condition que ces dispositions ne soient pas discriminatoires à l'égard d'une nationalité particulière.

On voit donc que la convention ne vise aucunement la nationalité et que c'est uniquement le caractère raciste des idées propagées qui est visé à travers les termes de race, couleur, ou ethnie.

Le gouvernement français avait, de surcroît, assorti sa signature d'une déclaration indiquant que la France interprète la convention « comme déliant les États parties de l'obligation d'édicter des dispositions répressives qui ne soient pas compatibles avec les libertés d'opinion et d'expression, de réunion ou d'association pacifique ».

Plusieurs propositions de loi tendant à renforcer l'arsenal juridique ont cependant été déposées et le gouvernement s'est résolu à déposer lui-même un projet de loi plus répressif. La loi du 1er juillet 1972, dite « Pleven », va déjà très au-delà de ce qu'exigeait la convention puisqu'elle réprime « la provocation à la discrimination, à la haine ou à la violence à l'égard d'une personne ou d'un groupe de personnes à raison de leur origine ou de leur appartenance ou de leur non-appartenance à une ethnie, une nation, une race ou une religion déterminée. » On ne retrouve donc pas les précautions des rédacteurs de la convention. Alors que celle-ci ne visait que la « provocation à des actes de violence », la loi sanctionne la « provocation à la haine », beaucoup plus subjective et moins évidente à circonscrire ou définir. On comprend bien qu'un individu ou une association particulièrement susceptible s'adonnant, comme c'est le cas le plus fréquent, au militantisme sectaire et à la paranoïa identitaire et victimaire, verra une provocation à la haine dans n'importe quel jugement négatif ou péjoratif sur ses actes et comportements.

C'est exactement à cela que l'on aboutit aujourd'hui puisque le constat d'un comportement opportuniste répandu en Corse ou aux Antilles (décrit dans tous les rapports parlementaires) donne lieu à des plaintes pour provocation à la haine, de même qu'une chanson de cabaret humoristique racontant qu'en Bretagne « les garçons sont aussi méchants que les filles sont sales[3] ».

Mais, de plus, le législateur ne se limite pas du tout à la race, à la couleur de peau ou à l'origine ethnique mais leur ajoute dangereusement l'origine tout court, ainsi que l'appartenance à une nation ou une religion. Or l'origine est susceptible d'intégrer une infinité de sens (régionale, locale, familiale, sociale, professionnelle, etc.), tandis que la non-appartenance à une nation est susceptible d'englober toutes les différences inhérentes à la nationalité que la convention de l'ONU a précisément voulu exclure. Enfin la notion « d'appartenance à une religion » est une énormité philosophique et juridique contraire à tous les textes qui affirment la liberté de conscience ainsi que le droit de choisir sa religion et d'en changer. On adhère à une religion, ou on l'embrasse, mais on ne lui appartient certainement pas ! Il y a assurément des relents de pensée réactionnaire anti-libérale dans cet usage malencontreux du mot « appartenance », en contradiction avec le principe révolutionnaire d'auto-détermination.

Adoptée en 1972 à l'unanimité, cette loi n'a pas été déférée au Conseil constitutionnel qui venait alors tout juste d'intégrer les droits et libertés du préambule dans ses normes de référence et ne pouvait encore être saisi par l'opposition parlementaire. En 2008 cependant le constituant français a introduit une nouvelle procédure permettant au justiciable qui estime qu'une disposition législative applicable à son procès « porte atteinte aux droits et libertés que la Constitution garantit », de demander à ce que cette question préjudicielle soit transmise au Conseil constitutionnel, selon le cas, par le Conseil d'État ou la Cour de cassation. La loi organique de 2009 qui organise ce contrôle de constitutionnalité *a posteriori* des lois, dénommé QPC, prévoit que la juridiction suprême renvoie la question au Conseil constitutionnel si elle « présente un caractère sérieux ».

Il était donc prévisible que la loi Pleven fasse l'objet d'une QPC. Mais la chambre criminelle de la Cour de cassation a toutefois jugé, dans une décision du 16 avril 2013 (n° 2319), que la question de la conformité de cette loi à la liberté d'expression « ne présente pas, à l'évidence, un caractère sérieux ». Le brevet de constitutionnalité est donc délivré péremptoirement par le juge

3 Cass. crim. 3 décembre 2002, Ava Basta (Bull n° 218) ; Plainte du COFFAD contre Alain Finkielkraut, www.coffad.net ; Plainte du collectif breton pour la démocratie et les droits de l'homme contre Jacky Berroyer, www.agencebretagnepresse.com.

pénal en lieu et place du juge constitutionnel. La Cour de cassation manifeste ainsi une certaine « mauvaise humeur » à l'égard de la nouvelle procédure de contrôle de constitutionnalité.

Les lois dites « mémorielles »

La loi Gayssot du 13 juillet 1990 (*a*) a ensuite ouvert la boîte de Pandore de la surenchère des mémoires (*b*).

a. La Loi Gayssot

Ce texte introduit dans la loi du 29 juillet 1881 « sur la liberté de la presse » un article 24 bis punissant d'un an d'emprisonnement et de 45 000 euros d'amende ceux qui auront :

> [...] contesté l'existence d'un ou plusieurs crimes contre l'humanité tels qu'ils sont définis par l'article 6 du statut du tribunal militaire international annexé à l'accord de Londres du 8 août 1945 et qui ont été commis soit par les membres d'une organisation déclarée criminelle en application de l'article 9 dudit statut, soit par une personne reconnue coupable de tels crimes par une juridiction française ou internationale.

La Cour européenne des droits de l'homme a cependant jugé, dans son arrêt Garaudy c/ France rendu le 24 juin 2003, que la loi Gayssot n'était pas contraire à la liberté d'expression garantie par la Convention[4]. Elle a, en effet estimé qu'il « ne fait aucun doute que contester la réalité des faits historiques clairement établis, tels que l'Holocauste, ne relève en aucune manière d'un travail de recherche historique s'apparentant à une quête de la vérité », qu'il s'agit de « réhabiliter le régime national-socialiste et, par voie de conséquence, d'accuser de falsification de l'histoire les victimes elles-mêmes ». Elle a donc conclu que la négation ou la révision des faits visés « remettent en cause les valeurs qui fondent la lutte contre le racisme et l'antisémitisme et sont de nature à troubler gravement l'ordre public ». De tels actes sont, selon la Cour, incompatibles avec la démocratie et les droits de l'homme et leurs auteurs visent incontestablement des objectifs prohibés par l'article 17 de la Convention qui indique « qu'aucune des dispositions de la Convention ne peut être interprétée comme impliquant un droit quelconque de se livrer à une activité ou d'accomplir un acte visant à la destruction des droits et

4 J.-F. Flauss, « L'histoire dans la jurisprudence de la Cour européenne des droits de l'homme », in *RTDH*, 2006, n° 65, 2006, p. 5.

libertés reconnus dans la convention ou à des limitations plus amples de ces droits et libertés que celles prévues à ladite convention ».

L'on s'attendait évidemment à ce que le Conseil constitutionnel soit aussi saisi à l'initiative d'un justiciable en vertu de la nouvelle procédure de question prioritaire de constitutionnalité introduite en 2008.

Or dans une affaire pénale mettant en cause Jean-Marie Le Pen et le journal *Rivarol* au sujet de propos tombant sous le coup de la loi Gayssot, la Cour de cassation a, par un arrêt du 7 mai 2010, refusé de transmettre la question au Conseil constitutionnel au motif que l'article 24 bis de la loi du 29 juillet 1881 sur la liberté de la presse « ne porte pas atteinte aux principes constitutionnels de liberté d'expression et d'opinion » et qu'il ne s'agit donc pas d'une question sérieuse[5]. La motivation est fort confuse pour ne pas dire indigente et manifeste clairement que la Cour de cassation s'arroge le contrôle de constitutionnalité qui aurait dû revenir au Conseil constitutionnel.

Devant la mission parlementaire sur les lois mémorielles, Robert Badinter avait rappelé qu'il présidait le Conseil constitutionnel au moment du vote de la loi Gayssot et qu'il se disait à l'époque « qu'il serait extraordinairement intéressant pour le Conseil d'être saisi de ce texte[6] ». Celui-ci en aura finalement été pour ses frais, l'herbe lui a été coupée sous le pied par la Cour de cassation et les constitutionnalistes ont été nombreux à critiquer cet arrêt[7]. Mais la loi Gayssot avait amorcé la concurrence victimaire et l'engrenage de la concurrence des mémoires catégorielles.

b. La surenchère mémorielle

Après des mois de harcèlement du Sénat par le *lobby* arménien, le Parlement français a fini par adopter, le 29 janvier 2001, la loi « reconnaissant publiquement le génocide arménien de 1915 ». Il s'est, dans un premier temps, contenté de ce texte purement déclaratif dépourvu de caractère normatif.

Puis la loi dite « Taubira » du 21 mai 2001 « reconnaît » à son tour que la traite et l'esclavage, limités à certaines zones géographiques et à certaines populations, constituent un « crime contre l'humanité », sans assortir cette reconnaissance d'un délit de négationnisme. Celui-ci figurait dans le projet de loi initial, mais a été supprimé en cours d'examen en raison d'une objection constitutionnelle. Il est vrai que ce délit, dans la loi Gayssot, porte sur l'existence matérielle des faits jugés à Nuremberg et non sur leur qualification

5 Cass., QPC, 7 mai 2010, nº 12008.

6 Assemblée nationale, rapport d'information, nº 1262, novembre 2008, p. 431.

7 A.-M. Le Pourhiet, « Politiquement correct mais juridiquement incorrect », dans *Constitutions*, nº 3, 2010, p. 366 ; sur la réaction du comité Balladur, voir *Le Figaro*, 23 mai 2010.

juridique. Or personne n'a jamais contesté l'existence de l'esclavage comme certains ont nié celle des chambres à gaz de telle sorte que l'on voit mal à quoi et à qui aurait servi une telle extension de l'incrimination. Mais l'objection avait surtout porté sur le fait que c'est le législateur lui-même qui qualifiait l'esclavage de crime contre l'humanité alors que c'était un tribunal qui avait constaté ce crime à Nuremberg.

Puis les associations arméniennes ne se sont pas contentées de la simple « reconnaissance » votée en 2001 et sont revenues à la charge pour exiger, dans un second temps, que l'on incrimine aussi la négation du génocide. L'Assemblée nationale a adopté, le 12 octobre 2006, une proposition de loi socialiste en ce sens, déclenchant des pétitions d'historiens, d'intellectuels et de juristes.

L'inquiétude de ceux-ci a été accentuée par l'adoption d'une décision-cadre de l'Union européenne en date du 28 novembre 2008[8] imposant aux États-membres de réprimer l'apologie, la négation ou la banalisation grossière publiques des crimes de génocide, crimes contre l'humanité et crimes de guerre tels que définis par le statut de la Cour pénale internationale ainsi que des crimes visés par le statut de Nuremberg[9].

Le Sénat ayant cependant réussi à enterrer ce premier texte, une nouvelle initiative a encore été lancée par des députés relayant à nouveau leur clientèle et débouchant cette fois sur l'adoption, le 23 janvier 2012, d'une loi punissant des mêmes peines que la loi Gayssot ceux qui « ont contesté ou minimisé de façon outrancière, quels que soient les moyens d'expression ou de communication publiques employés, l'existence d'un ou plusieurs crimes de génocide défini à l'article 211-1 du code pénal et reconnus comme tels par la loi française ».

De nouveau, les historiens et les juristes se sont manifestés et, chose exceptionnelle, le bureau de l'Association française de droit constitutionnel a même déposé un *Amicus Curiae* au Conseil constitutionnel saisi d'un recours des parlementaires[10]. Dans sa décision du 28 février 2012 (n° 2012-647 DC) le Conseil a censuré la loi au motif « qu'en réprimant ainsi la contestation de l'existence et de la qualification juridique de crimes qu'il aurait lui-même reconnus et qualifiés comme tels, le législateur a porté une atteinte inconstitutionnelle à l'exercice de la liberté d'expression et de communication ».

8 2008/913/JAI.

9 P. Nora et Fr. Chandernagor, *Liberté pour l'histoire*, Paris, CNRS Éditions, 2008.

10 A.-M. Le Pourhiet, A. Levade, B. Mathieu, F. Mélin-Soucramanien, X. Philippe, D. Rousseau, « *Amicus curiae* dans l'affaire de la pénalisation de la négation du génocide arménien », dans *Constitutions*, n° 3, 2012, p. 390.

Le commentaire de la décision fait par le service juridique du Conseil précise que celui-ci n'a pas voulu préjuger la conformité à la Constitution de dispositifs répressifs visant d'autres formes de « négationnisme », notamment la loi Gayssot du 13 juillet 1990.

Bien entendu, certaines associations d'Outre-mer ont encore surenchéri à leur tour en demandant de nouveau la pénalisation d'un introuvable négationnisme de la traite et de l'esclavage transatlantiques.

Une mission parlementaire d'information sur les questions mémorielles a estimé, dans son rapport rendu en novembre 2008, qu'il ne faudrait pas remettre en cause les lois existantes, mais qu'il ne faudrait plus en voter de nouveau à l'avenir, le procédé de la résolution parlementaire, récemment introduit dans notre Constitution, étant plus approprié aux exigences de reconnaissance[11].

Ces recommandations n'ont pas empêché le dépôt de plusieurs nouvelles propositions de lois mémorielles en attente concernant notamment la reconnaissance des victimes des essais nucléaires, de la répression des manifestants algériens du 17 octobre 1961, du génocide vendéen et du génocide tzigane. Il convient de rappeler que les deux candidats à l'élection présidentielle de 2012 avaient, en outre, promis une nouvelle loi aux associations arméniennes, cette promesse électoraliste gratuite n'ayant évidemment aucune chance d'aboutir sauf à envisager une révision constitutionnelle, particulièrement difficile sur un tel sujet.

La censure préventive : l'affaire Dieudonné

L'on ne saurait conclure ce catalogue sans terminer par l'épisode qui a récemment encore énervé les publicistes français, à savoir l'affaire Dieudonné, dans laquelle le Conseil d'État nous a enseigné que lorsque les lois pénales précédemment décrites se révèlent insuffisantes, rien ne vaut l'interdiction administrative préventive des réunions publiques sur ordre du ministre de l'Intérieur. Le ministre ayant, en effet, adressé aux préfets une circulaire leur ordonnant de faire interdire le nouveau spectacle de M. Dieudonné, partout où il était annoncé, l'humoriste et son producteur ont introduit des procédures de référé-liberté devant le juge administratif. Le Conseil d'État a rendu en urgence trois ordonnances des 9, 10 et 11 janvier 2014 dont la première était motivée de façon si contestable que les deux suivantes ont été rédigées différemment[12].

[11] Assemblée nationale, XIIIe législature, rapport d'information n° 1262, 2008, p. 181.

[12] n° 374508, n° 374528, n° 374552, SARL Les productions de la Plume et M. Dieudonné M'Bala M'Bala, RFDA, n° 2014, n° 1, p. 92, note Olivier Gohin.

Le Conseil d'État énonce en effet « qu'au regard du spectacle prévu [...] les allégations selon lesquelles les propos pénalement répréhensibles et de nature à mettre en cause la *cohésion nationale* ne seraient pas repris, ne suffisent pas pour écarter le risque sérieux que soient de nouveau portées de graves atteintes au respect des valeurs et principes, notamment de *dignité de la personne humaine*, consacrés par la Déclaration des droits de l'homme et du citoyen et par la *tradition républicaine* ». Il juge donc que le préfet n'a pas commis d'illégalité grave et manifeste en interdisant purement et simplement le spectacle.

Ces ordonnances ont été vivement débattues en doctrine, tant du point de vue de l'admission jurisprudentielle d'un régime de contrôle préventif en matière de spectacle, que de la motivation retenue. Il est vrai qu'invoquer la tradition républicaine pour justifier une censure préalable était passablement « osé », à tel point d'ailleurs que cette motivation de la première ordonnance a disparu dans les suivantes qui n'invoquent plus que l'ordre public et la provocation à la haine et la discrimination raciales. Le Conseil d'État avait aussi cru nécessaire de mentionner dans les visas de sa première ordonnance les arrêts *Benjamin* du 19 mai 1933 (concernant le contrôle de proportionnalité sur les mesures de police), *Commune de Morsang-sur-Orge* du 27 octobre 1995 (incorporant la dignité dans la notion d'ordre public au sujet d'un spectacle de « lancer de nains »), et *Mme Hoffman-Glemane* du 16 février 2009 (reconnaissant la responsabilité de l'État français dans l'holocauste), mais ces visas ont aussi disparu dans les deux ordonnances suivantes.

Une nouvelle initiative communautaire tendant à faire interdire administrativement l'exposition « Exhibit B » portant sur les « zoos humains » est encore menée actuellement, pour cause de « négrophobie ».

2. LES REVENDICATIONS SEXUELLES

La répression de ce que l'on pourrait résumer par le terme de « l'offense au genre » constitue le dernier avatar de la tournure anti-libérale de nos sociétés dites « progressistes ». La loi du 30 décembre 2004 portant création de la Halde et pour l'égalité contient un volet pénal consacré « à la lutte contre les propos discriminatoires » à caractère sexiste, homophobe et handiphobe (A). Cette loi a ensuite été complétée par la répression de la « transphobie » et par la mise en place d'un arsenal sans précédent de ré-éducation de la jeunesse (B).

La répression du sexisme et de l'homophobie

Le terme « lutte contre » est devenu incontournable dans le langage du législateur français et il témoigne déjà, à lui seul, d'une inquiétante obsession purgative de même que le suffixe « phobie » qui érige la pensée dissidente en maladie mentale.

Le projet de loi, tendant à réprimer les provocations à la haine, à la violence et à la discrimination ainsi que les injures et diffamations commises à l'égard d'une personne ou d'un groupe de personnes en raison de leur sexe, de leur orientation sexuelle ou de leur handicap[13], avait fait l'objet de critiques sévères de la part du Conseil d'État et de la Commission nationale consultative des droits de l'homme (CNCDH).

À ces avis négatifs s'ajoutaient les inquiétudes de la presse française ainsi que des représentants des grandes religions, voyant soudainement leurs commandements érigés en délits par la loi française. Mais harcelé par le *lobby* homosexuel, le gouvernement semblait cependant incapable de faire marche arrière.

Les débats parlementaires ont révélé le fort degré d'assujettissement au politiquement correct de la classe politique française mais aussi, plus profondément, son défaut de formation et de rigueur juridiques. Le législateur ne semble, en effet, plus capable de procéder au travail premier qu'exige la confection d'une norme c'est-à-dire la définition des termes. On cherchera en vain, dans les travaux préparatoires, la définition des termes de discrimination, d'homophobie ou de dignité. Aucun approfondissement non plus des notions de « provocation à la haine » et d'« injure », ni d'essai de comparaison de ces deux notions avec celle de « provocation à la discrimination », alors qu'il s'agissait pourtant du cœur du sujet.

On ne trouvera pas non plus d'interrogation sur ce que d'aucuns ont appelé « l'absence de hiérarchie entre les discriminations » qui semblait faire l'unanimité. Il a paru tout à fait évident aux élus présents que l'orientation sexuelle devait être mise sans discussion sur le même plan que la race, le sexe et le handicap. Plusieurs députés ont déclaré sans sourciller que le texte avait surtout une « vocation pédagogique » et qu'il s'agissait de « forcer les mentalités à évoluer ». Le fait que cette pédagogie et cette ré-éducation mentale se fassent pénalement à coup de peines d'emprisonnement ne semblait pas les interpeller. Nul ne s'est non plus inquiété de l'usage liberticide du terme

13 Les injures et diffamations à caractère sexiste n'étaient pas sanctionnées dans le texte initial et le handicap a été rajouté par la suite de façon à camoufler l'influence trop évidente du *lobby* LGBT.

éminemment subjectif et fourre-tout de « dignité »[14]. Quant à la notion de « vide juridique » et à sa signification normative, ce n'est pas non plus dans l'hémicycle que l'on aura pu trouver une trace des réflexions de Hans Kelsen. Hormis les tentatives éparses de quelques parlementaires plus lucides et exigeants que la moyenne, les échanges ont été complètement plombés par le politiquement correct, comme si les encéphalogrammes de nos représentants étaient devenus plats.

Le gouvernement a tenu compte de certaines objections en limitant le délit de provocation à la discrimination à celles qui sont « prévues par les articles 225-2 et 432-7 du code pénal » c'est-à-dire pratiquées dans le domaine économique et social (refus d'embauche ou de fournir un bien ou service, etc.), de façon à ne pas interdire le débat sur des sujets de société comme le mariage ou l'adoption homosexuels. Mais bien entendu, il ne s'est trouvé aucun président d'assemblée, ni soixante députés ou sénateurs, pour déférer ce texte au Conseil constitutionnel[15].

Quoi qu'il en soit, les parlementaires opposés au texte avaient vu juste puisque l'un d'entre eux allait immédiatement en faire les frais. Lors du débat à l'Assemblée nationale, le député Christian Vanneste avait en effet manifesté son opposition au dispositif en considérant qu'un comportement choisi devait toujours pouvoir être critiqué et avait ajouté : « L'introduction même de l'idée d'homophobie tend à accréditer que le comportement homosexuel aurait la même valeur que d'autres comportements, alors qu'il est évidemment une menace pour la survie de l'humanité. » Invité à s'expliquer dans la presse locale, suite à la réaction des militants LGBT, il a confirmé le jugement de valeur exprimé dans l'hémicycle et a aussitôt fait l'objet de poursuites pénales sur le chef d'injure publique envers un groupe de personnes en raison de leur orientation sexuelle.

Le tribunal correctionnel l'a condamné à une amende de 3 000 euros et la Cour d'appel de Douai a confirmé le jugement le 25 janvier 2007 par un arrêt quasiment dépourvu de motivation. Les juges du fond, qui n'ont sans doute jamais lu la Constitution et ignorent qu'en démocratie libérale les parlementaires ont une liberté d'expression spécialement protégée, ont trouvé

14 A.-M. Le Pourhiet, « Le Conseil constitutionnel et l'éthique bio-médicale », dans *Études en l'honneur de Georges Dupuis*, Paris, LGDJ, 1997, p. 213 ; O. Cayla, « Le coup d'État du droit », dans *Le Débat*, n° 100, 1998, p. 108 ; « La négation de toute possibilité d'identité européenne par la Charte européenne des droits fondamentaux », dans G. Lebreton (dir.), *Regards critiques sur l'évolution des droits fondamentaux de la personne humaine*, Paris, L'Harmattan, 2002, p. 103 ; G. Carcassonne, « Devoir de mémoire et droit à la sensiblerie », dans *Frontières du droit, critique des droits, - Billets d'humeur en l'honneur de Danièle Lochak*, Paris, LGDJ, 2007, p.171.

15 B. Mathieu, *op. cit.*

le moyen d'estimer que le mandat de député était une circonstance aggravante ! La Cour de cassation a finalement relaxé le député mal-pensant dans un arrêt du 12 novembre 2008 jugeant que ses propos ne tombaient pas sous le coup de la loi. Il aura donc fallu trois ans de procédure et de frais d'avocat pour aboutir à cette relaxe et il s'est donc passé exactement ce que le gouvernement prétendait éviter, c'est-à-dire une tentative de censure d'un débat de société. Il est heureux que la Cour de cassation ait immédiatement mis le holà à un nouveau risque de dérive sectaire, mais elle a quand même montré qu'elle entendait conserver la maîtrise de l'interprétation de ce texte en refusant encore, en 2013, de transmettre au Conseil constitutionnel une QPC le concernant, toujours pour défaut de caractère sérieux de la question[16].

L'ampleur de la réaction de la société civile au projet de loi sur le mariage gay fut ensuite telle que les associations LGBT ont été débordées et se sont bornées à dénoncer en permanence l'homophobie sans pour autant prendre d'assaut les tribunaux. Il est vrai que ceux-ci auraient sans doute éprouvé quelques difficultés à juger des millions d'homophobes.

L'élargissement de la « cage aux phobes » et l'éradication des « stéréotypes de genre »

Dès l'installation en 2012 du nouveau ministre des Droits des femmes, l'on a pu vérifier que c'était essentiellement l'idéologie du genre dans sa version *queer* qui allait dorénavant infiltrer les normes sociales et pénales françaises.

La loi du 6 août 2012 relative au harcèlement sexuel, votée juste après la nomination du nouveau gouvernement et destinée à remédier au « vide juridique » laissé par une censure du Conseil constitutionnel[17], s'est enrichie de la création de nouveaux délits de presse ajoutant le critère de l'identité sexuelle à celui de l'orientation sexuelle dans la définition des délits précédemment examinés de provocation à la haine et à la discrimination, injure et diffamation, individuelle ou collective. Il s'agissait, selon des débats parlementaires d'une rare confusion intellectuelle, de réprimer la transphobie en plus de la seule homophobie, sans parvenir toutefois à fixer un critère convaincant et sérieux de distinction entre identité et orientation sexuelles.

Mais partant du principe que la prévention est aussi nécessaire sinon plus efficace que la répression, le nouveau ministre, aidé de son collègue de l'Éducation nationale, s'est attaché à planifier l'éradication de stéréotypes

16 Cass.crim, 16 avril 2013, n° 2320

17 Ccel, n° 2012-240 QPC du 04 mai 2012 (abrogation pour définition insuffisante des éléments constitutifs de l'infraction).

de genre, non seulement à l'école maternelle et primaire mais même dès la crèche. C'est ainsi tout un programme de ré-éducation mentale des enfants qui a été mis en place, soulevant de vives contestations de la part de certains parents.

Le juge administratif a cependant dû, par un retour de bâton, sanctionner les excès les plus criants du dispositif en invalidant l'agrément délivré à certaines associations homosexuelles intervenant en milieu scolaire et en annulant la circulaire du ministre de l'Éducation nationale invitant les recteurs à « relayer énergiquement » auprès des enfants un site Internet incitant ouvertement à la débauche et présentant même sous un jour favorable certains actes de délinquance[18].

3. L'OFFENSE À L'ÉTAT ET AUX INSTITUTIONS

Malgré une initiative tendant à réprimer l'offense aux symboles nationaux (A), force est de constater que la protection juridique de l'État et des institutions publiques a plutôt régressé, dans un mouvement général aisément observable de recul des valeurs communes et collectives au détriment des valeurs individuelles et communautaires (B).

L'outrage aux symboles nationaux

L'ultime sursaut de la raison d'État en matière de liberté d'expression s'est produite en France après que *La Marseillaise* fût abondamment huée, lors d'un match de football France-Algérie puis d'un match de coupe de France Bastia-Lorient.

La loi du 18 mars 2003 pour la sécurité intérieure introduit, en effet, un nouvel article 433-5-1 du Code pénal punissant de 7 500 euros d'amende et six mois d'emprisonnement l'outrage public à l'hymne national et au drapeau tricolore commis au cours de manifestations organisées ou réglementées par les autorités publiques. Le Conseil constitutionnel saisi n'a pas censuré la loi et l'a simplement entourée de quelques réserves d'interprétation[19]. L'on sait que la Cour suprême américaine s'est, à l'inverse, montrée absolument

[18] TA, Paris, n° 1211193/6-1, 23 novembre 2012, Confédération des Associations familiales catholiques et autres CE ; n° 369-965, 15 octobre 2014, Société Confédération des Associations familiales catholiques, concl. Rémi Keller.

[19] Ccel, n° 2003-239, 13 mars 2003.

intransigeante sur la même question et a refusé toute incrimination pénale de l'outrage au drapeau[20].

Cette question a encore rebondi récemment à la suite d'un concours de photographies organisé en mars 2010 par la FNAC de Nice. Un candidat a, en effet, présenté dans la catégorie « politiquement incorrect » une photographie d'un individu s'essuyant les fesses avec le drapeau tricolore. Cet agissement ne tombant pas sous le coup de la loi de 2003, le garde des sceaux a fait adopter un décret du 23 juillet 2010 faisant de l'outrage simple au drapeau une contravention de cinquième classe assortie d'une peine d'amende de 1 500 euros.

Mais hormis ce léger sursaut de défense des symboles nationaux, force est de constater que la protection de l'État et de la chose publique en général contre les outrages a plutôt reculé en France.

Une protection amoindrie de la « chose publique »

La Cour européenne des droits de l'homme a condamné en 2002 la disposition du Code pénal français instituant le délit d'offense envers un chef d'État étranger[21], qui a donc été abrogée en 2004. Mais le délit d'offense au Président de la République française, rangé par l'article 26 de loi de 1881 parmi les « délits contre la chose publique », distincts des délits contre les personnes, avait cependant été maintenu et restait puni d'une amende de 45 000 euros.

Souvent utilisé sous les mandats du général de Gaulle, cet article était depuis tombé en désuétude, avant d'être récemment réactivé. Un individu ayant brandi sur le passage du président Sarkozy une affichette reproduisant une insulte qu'il avait lui-même proférée, « Casse-toi, pov'con ! », le ministère public avait engagé des poursuites et l'auteur de l'affichette été condamné à 30 euros d'amende avec sursis par un jugement du tribunal correctionnel de Laval confirmé en 2009 par la Cour d'appel.

La recevabilité de la requête à Strasbourg, pour 30 euros d'amende avec sursis, a de quoi surprendre d'autant que la Cour se fonde sur la « perception subjective » de son préjudice par le plaignant. Mais, surtout, dans un raisonnement particulièrement confus, la Cour se borne à condamner la France, non pas pour la présence même dans son ordre juridique d'une disposition pénale potentiellement liberticide, mais seulement pour son application « disproportionnée » au cas d'espèce ! On peine raisonnablement, dès lors

20 *Texas v. Johnson*, 491, U.S. 397, 21 juin 1989, confirmé par *United States v. Eichman*, 486, U.S. 310, 11 juin 1990, voir É. Zoller, *Grands arrêts de la Cour suprême des USA*, Paris, PUF, 2000.

21 CEDH, Colombani et al. c/France, 25 juin 2002, in *RTDH*, 2003, p. 982.

que le délit existe et n'est pas condamné en lui-même par la Cour, à apercevoir de la disproportion dans une condamnation à 30 euros d'amende avec sursis.

Quoi qu'il en soit, la loi du 5 août 2013 portant diverses dispositions d'adaptation dans le domaine de la justice en application du droit de l'Union européenne, a abrogé ce délit spécial d'offense au chef de l'État pour le remplacer par une protection identique à celles des ministres, parlementaires et fonctionnaires contre les injures et diffamations (article 31).

Dans ce mouvement de recul de la protection de l'État, l'on peut aussi ranger la condamnation récente de la France par la CEDH, dans l'affaire Matelly c/ France[22], en raison de l'interdiction traditionnelle des syndicats dans nos armées. Là encore, la décision de la Cour est assez obscure. L'article 11 de la Convention prévoit expressément la possibilité des « restrictions légitimes » aux libertés de réunion et d'association pour les membres des forces armées. Mais la Cour tient ici un raisonnement totalement abstrait indiquant simplement que la restriction ne peut aller jusqu'à l'interdiction de former un syndicat ou d'y adhérer, sans que l'on comprenne quelles pourraient être les restrictions légitimes apportées à l'activité de syndicats militaires s'ils pouvaient être formés. La distinction entre l'essence et l'exercice de la liberté paraît ici assez intellectuelle. Quoi qu'il en soit c'est un important élément de l'identité nationale qui vient d'être ainsi condamné et qui démontre encore que le protocole additionnel n° 15 à la Convention n'est pas superflu.

En conclusion de ce panorama des délits d'opinion en France, l'on se référera à l'arrêt Handyside de 1976 dans lequel la Cour européenne pose que la liberté d'expression « vaut non seulement pour les informations ou idées accueillies avec faveur ou considérées comme inoffensives ou indifférentes, mais aussi pour celles qui heurtent, choquent ou inquiètent l'État ou une fraction quelconque de la population[23] ».

Nous venons de voir précisément que si la répression des outrages à l'État et à la chose publique a globalement reculé en France, nous assistons en revanche à une explosion des délits d'offense à des « fractions » de la population que les juridictions constitutionnelles et conventionnelles ne semblent pas vouloir condamner, à la différence de la Cour suprême américaine. Celle-ci, on le sait, n'admet pratiquement aucune forme de censure et a jugé encore récemment, à propos d'une manifestation anti-gay organisée lors des obsèques d'un soldat américain : « Notre nation a fait le choix de

[22] CEDH, n° 10609, 2 octobre 2014.

[23] Cour plénière, série A, n° 24, GACEDH, n° 7.

protéger le discours même blessant sur des questions publiques pour assurer que le débat public ne soit jamais étouffé [24]. »

Le phénomène de censure est très largement aggravé en France par le fait que le législateur accompagne tous ces nouveaux délits de la possibilité reconnue aux associations de défense communautaires de se constituer partie civile et donc de déclencher l'action pénale, de telle sorte que l'action dite « publique » se privatise, que le ministère public se féodalise et que le penseur, le journaliste, le chercheur ou n'importe quel citoyen vit désormais sous la menace d'une multitude de *lobbies* faisant régner une sorte de terreur judiciaire. Il faut également ajouter que même lorsque ces plaintes n'ont aucun fondement et que les associations les retirent en cours de procédure ou sont déboutées *in fine*, la personne incriminée est toutefois exposée à des tracas judiciaires et à des frais de procédure qui ne disparaîtront pas. La menace est d'autant plus arbitraire et de nature à provoquer la crainte et l'auto-censure que ces associations « choisissent » discrétionnairement de porter plainte dans un cas et pas dans un autre, pour des propos similaires, de telle sorte que l'égalité devant la loi et la justice est également bafouée.

Ce sont ainsi de véritables privilèges, au sens étymologique de lois privées, qui sont reconstitués au mépris, non seulement de la liberté, mais aussi de l'égalité républicaine. Le Conseil constitutionnel a plusieurs fois jugé, pour censurer la notion de « peuple corse » ou la parité sexuelle coercitive ou encore la Charte sur les langues régionales, que nos principes constitutionnels « s'opposent à ce que soient reconnus des droits collectifs à quelque groupe que ce soit, défini par une communauté d'origine, de culture, de langue ou de croyance [25] ». Il est regrettable qu'il n'ait jamais été amené à sanctionner aussi le « communautarisme pénal » qui s'est répandu dans notre législation.

Ce constat rejoint celui qu'effectuait de façon générale le doyen Jean Carbonnier sur la « pulvérisation du droit objectif en droits subjectifs » et que l'on retrouve encore dans le rapport Kaspi sur les commémorations qui constate que « les commémorations sont de moins en moins nationales, de plus en plus particularistes », l'unité spirituelle de la France se perdant ainsi dans « un agrégat plus ou moins lâche de compassions [26] ».

Le philosophe Pierre Manent apporte une réponse ferme aux questions ici posées : « Parce que notre régime est un régime de liberté et pour qu'il

24 *Snyder* v. *Phelps et al.*, 2 mars 2011 – n° 09-751.

25 Ccel, n° 99-412 DC, 15 juin 1999.

26 Commission de réflexion sur la modernisation des commémorations publiques, La documentation française, novembre 2008.

puisse le rester, nous n'avons pas le droit d'exiger de nos concitoyens qu'ils approuvent nos styles ou nos contenus de vie : ce serait tyrannie. Que la dignité de chacun puisse être respectée, c'est le moins que l'on puisse demander, mais c'est aussi le plus[27]. » Il complète ainsi le « billet d'humeur » de notre regretté collègue Guy Carcassonne selon lequel le triomphe d'une conception subjective de la dignité fait aujourd'hui de celle-ci, non plus la sœur jumelle ou siamoise de la liberté, mais son potentiel bourreau[28].

Si l'on prête attention aux discours récents du Pape devant le Conseil de l'Europe et le Parlement européen, à la tonalité paradoxalement plus républicaine que jésuite, c'est aussi cette critique de l'affirmation subjective et tyrannique des droits individuels face à l'intérêt général et au bien commun que l'on perçoit clairement. Il n'est cependant pas certain que ce discours soit entendu par les institutions européennes.

[27] P. Manent, *Cours familier de philosophie politique*, Paris, Gallimard, 2001, p. 326.

[28] G. Carcassonne, *Frontières du droit, critique des droits*, *op. cit.*, p. 172.

LA LIBERTÉ D'EXPRESSION ET LA CONFRONTATION DU DROIT AUX FAITS

Le point de vue de la Cour européenne des droits de l'homme

FRANÇOISE TULKENS,

Ancienne juge et vice-présidente de la Cour européenne des droits de l'homme, Professeure émérite de l'UCL et Associée de l'Académie royale de Belgique

Cette matinée se déroule sur le thème du « droit confronté aux faits ». Dans ce contexte, je vais tenter d'illustrer la complexité de la confrontation entre le droit à la liberté d'expression et des situations concrètes à travers des cas récents dont la Cour européenne des droits de l'homme a été saisie. Il s'agit d'affaires qui mettent à l'épreuve la liberté d'expression.

Dans un premier temps, je rappellerai brièvement le contexte, c'est-à-dire les fondements du droit à la liberté d'expression garanti par la Convention européenne des droits de l'homme comme socle de la démocratie (1). Ensuite, je présenterai et discuterai les cas que j'ai choisis qui soulèvent, chacun à leur manière, la question des limites de la liberté d'expression (2).

1. LA LIBERTÉ D'EXPRESSION, SOCLE DE LA DÉMOCRATIE

Les fondamentaux

Depuis près de quarante ans, la Cour le rappelle inlassablement : la liberté d'expression est un « fondement essentiel » de la société démocratique et constitue « une des conditions primordiales de son progrès et de l'épanouissement de chacun[1] ». La liberté d'expression est donc la condition *sine qua non* d'une véritable démocratie pluraliste. Cette affirmation de la fonction sociale de la liberté d'expression constitue la philosophie de base du droit à la liberté d'expression.

Il en résulte deux choses. D'une part, la liberté d'expression n'est pas seulement une garantie contre les ingérences de l'État (un droit subjectif), mais elle est aussi un principe fondamental objectif pour la vie en démocratie. D'autre part, la liberté d'expression n'est pas une fin en soi mais un moyen pour l'établissement d'une société démocratique. La démocratie ne s'accommode pas de la pensée unique car, comme le dit Paul Ricoeur, « seule est démocratique une société qui se reconnaît divisée ».

La liberté d'expression s'inscrit dans ce que l'on pourrait appeler la liberté de la pensée également garantie par la Convention européenne des droits de l'homme (article 9), laquelle a une dimension à la fois individuelle, sociale et politique. La liberté de pensée se décline aussi à travers la liberté d'opinion qui est non seulement le dénominateur commun des différents aspects de la liberté d'expression mais aussi la raison d'être et la justification de cette liberté. Sur ce point, l'approche de J. Rivero est éclairante : « On entend par liberté d'opinion la possibilité donnée à chaque femme, à chaque homme de déterminer par lui-même ce qu'il croit vrai dans quelque domaine que ce soit [...] L'opinion, en tous domaines, veut s'extérioriser : le droit se saisit d'elle au moment où ses manifestations, même élémentaires — la parole, le comportement — lui donnent une réalité sociale et permettent de la constater[2]. »

Aujourd'hui, la liberté d'expression est garantie dans tous les textes internationaux et régionaux de protection des droits de l'homme, le plus récent étant la Charte des droits fondamentaux de l'Union européenne. Est-ce un droit universel ? Oui, je le pense certainement et nul n'en a le monopole.

Les limites

La liberté d'expression est un droit relatif, contrairement au droit à la vie, à l'interdit de la torture et des traitements inhumains ou dégradants ou encore de l'esclavage et de la servitude qui sont des droits absolus. La liberté d'expression est un droit qui peut donc être soumis à des limitations. La question

[1] Cour eur. D.H., arrêt *Handyside c. Royaume-Uni* du 7 décembre 1976, § 49 ; Cour eur. D.H., arrêt *Parti communiste unifié de Turquie et autres c. Turquie* du 30 janvier 1998, § 45 ; Cour eur. D.H., arrêt *Özgür Gündem c. Turquie* du 16 mars 2000, § 57.

[2] J. Rivero, *Les libertés publiques : 1. Les droits de l'homme, 2. Le régime des principales libertés*, Paris, PUF, 6e éd., 1997, p. 160.

des limites de la liberté d'expression fait l'objet, en particulier en Europe (car la situation me semble sensiblement différente aux États-Unis), d'un débat passionné, tendu, permanent. Faut-il s'en étonner ? Certainement pas. Comme nous l'écrivions récemment dans la préface du livre de J. Englebert, « il n'y a pas de démocratie apaisée ; il n'y a que des démocraties endormies, ce qui n'est pas un bon signe[3] ». La démocratie substitue à l'affrontement, voire à la violence, le débat contradictoire entre les personnes et les groupes qui luttent, plus ou moins farouchement, pour des valeurs et leurs intérêts concurrents. Le régime de la liberté d'expression et de presse fixe les règles de cet affrontement et le débat sur ces règles et sur les limites de ce qui peut se dire ou s'écrire fait partie de l'affrontement lui-même.

Dans cette perspective, où et comment penser et inscrire les limites ? La liberté d'expression — fondement de la démocratie — s'applique non seulement « aux informations ou idées accueillies avec faveur ou considérées comme inoffensives ou indifférentes, mais aussi à celles qui heurtent, choquent ou inquiètent l'État ou une fraction quelconque de la population » car « [a]insi le veulent le pluralisme, la tolérance et l'esprit d'ouverture sans lesquels il n'est pas de société démocratique[4] ». Cette formule ne peut pas se limiter à être incantatrice ou rituelle mais elle doit rester la pierre angulaire du contrôle européen. Or, aujourd'hui, si la liberté d'expression constitue un acquis, une évidence qui ne requiert plus d'explication ni de justification, des questions cruciales se posent de plus en plus et elles se multiplient en ce qui concerne précisément les limitations, dans des domaines aussi sensibles que le racisme, la religion, la morale. Une grande vigilance s'impose car au principe qui veut que la liberté d'expression est la règle et les limites l'exception, se substitue parfois insidieusement le principe inverse.

2. LA LIBERTÉ D'EXPRESSION MISE À L'ÉPREUVE

La liberté d'expression est mise à l'épreuve non seulement dans des circonstances exceptionnelles, mais aussi dans des situations de conflits entre droits fondamentaux. Qu'est-ce qui est ou n'est pas légitime de dire ou de laisser dire ? C'est surtout pour répondre à cette question que l'on sent la nécessité pour le droit de se nourrir d'autre chose. Car, comme le dit encore Ricoeur, « les normes deviennent à leur tour muettes face à des cas de conscience

[3] B. Frydman et Fr. Tulkens, « Préface », dans J. Englebert, *La procédure garante de la liberté d'information*, Limal, Anthémis, 2014, p. 9-12.

[4] Cour eur. D.H., arrêt *Handyside c. Royaume-Uni* du 7 décembre 1976, § 49.

indécidables[5] » et je l'ai constaté très souvent en assumant cette redoutable fonction de juge à la Cour européenne des droits de l'homme. À cet égard, l'intérêt de ce colloque est précisément de croiser, sur une question cruciale et qui nous concerne tous, les approches juridique, philosophique, historique, psychologique et sociologique.

Le droit à la réputation

La protection de la réputation, comme élément du droit au respect de la vie privée, connaît aujourd'hui un développement, une hypertrophie considérable. Excessive ? Personnellement, je le pense, lorsqu'elle s'exerce au détriment du droit à la liberté d'expression.

Le premier cas est l'affaire qui a fait l'objet de l'arrêt *Lindon, Otchakovsky-Laurens et July c. France* (Grande Chambre) du 22 octobre 2007. J'ai choisi cette affaire surtout parce qu'il y a des opinions séparées (concordante et dissidente) qui montrent bien le dilemme et les termes de celui-ci. Nous sommes ici dans une situation, presque caricaturale, de conflit entre droits fondamentaux. Comme le constatait déjà, il y a près de vingt ans, notre confrère François Rigaux, « la vision unitaire, moniste, pacifiée, des ordres juridiques doit céder la place à l'appréhension d'espaces concurrents, conflictuels[6] ».

M. Lindon est l'auteur d'un livre présenté comme un roman intitulé *Le Procès de Jean-Marie Le Pen* qui relate le procès d'un militant du Front national qui, alors qu'il collait des affiches de son parti en compagnie d'autres militants, a tué de sang-froid un jeune Maghrébin. Ce roman s'inspire de faits réels et notamment du meurtre, en 1995, d'un jeune Marocain jeté dans la Seine par des *skinheads* en marge d'un défilé du Front national. Dès les premières lignes, à travers le personnage fictif d'un avocat, l'auteur pose la question de la responsabilité de M. Le Pen : « Le président du Front national n'est-il pas responsable du meurtre commis par un de ses militants, adolescent enflammé par ses discours ? »

Le Front national et M. Le Pen citèrent directement l'auteur et l'éditeur devant le tribunal correctionnel de Paris pour qu'ils répondent du délit de diffamation envers un particulier en raison de cette publication, conformément aux articles 29, premier alinéa, et 32, premier alinéa, de la loi du 29 juillet 1881 sur la liberté de la presse. M. Lindon et son éditeur sont condamnés par un jugement du tribunal correctionnel de Paris du 11 octobre

5 P. Ricoeur, *Soi-même comme un autre*, Paris, Seuil, 1990, p. 223.

6 Fr. Rigaux, « Justice et presse : réflexions comparatives », dans *Journal des tribunaux,* n° 21, 1996, p. 46.

1999 et ce jugement est confirmé par l'arrêt de la cour d'appel du 13 septembre 2000 qui pointe, notamment, deux passages du livre. Tout d'abord, estime la Cour, « [l]'affirmation selon laquelle M. Jean-Marie Le Pen n'est pas président d'un parti politique, mais chef d'une bande de tueurs, suivie qui plus est de l'assimilation à Al Capone, est à l'évidence diffamatoire ». Ensuite, « [t]raiter M. Jean-Marie Le Pen, président du Front national, de "vampire qui se nourrit de l'aigreur de ses électeurs, mais parfois aussi de leur sang, comme du sang de ses ennemis", porte atteinte à l'honneur et à la considération des deux parties civiles ». L'arrêt de la Cour de cassation du 27 novembre 2001 est magnifique de laconisme et de langue de bois : « [...] si l'article 10 de la Convention [...] reconnaît, en son premier paragraphe, à toute personne le droit à la liberté d'expression, ce texte prévoit, en son second paragraphe, que l'exercice de cette liberté, comportant des devoirs et des responsabilités, peut être soumis à certaines formalités, conditions, restrictions ou sanctions prévues par la loi, qui constituent dans une société démocratique, des mesures nécessaires à la protection de la réputation d'autrui ». Après l'épuisement des voies de recours internes, l'affaire était mûre pour Strasbourg. Les requérants dénoncent une violation de leur droit à la liberté d'expression, résultant de leur condamnation pour diffamation ou complicité de diffamation.

La Cour va utiliser sa méthode classique. Est-ce que l'ingérence, c'est-à-dire la condamnation de M. Lindon et de son éditeur, est prévue par la loi ? Oui, la loi sur la presse de 1881 énonce notamment que « toute allégation ou imputation d'un fait qui porte atteinte à l'honneur ou à la considération de la personne ou du corps auquel le fait est imputé est une diffamation », et la jurisprudence précise que celle-ci peut se faire à travers une œuvre de fiction dès lors que la personne qui se prétend diffamée est désignée de manière claire. Est-ce que l'ingérence poursuivait un but légitime ? Oui, la protection « de la réputation ou des droits d'autrui », ceux de M. Le Pen et du Front national.

Plus crucial, est-ce que l'ingérence était nécessaire dans une société démocratique ? De manière discutée et discutable, la Cour va considérer que l'ingérence était nécessaire et décider qu'il n'y a donc *pas* violation du droit à la liberté d'expression de l'auteur du roman, M. Lindon.

Pourquoi ? Essentiellement parce que les écrits « manquaient de "mesure" » : « [...] assimiler un individu, fût-il un homme politique, à un "chef de bande de tueurs", affirmer que l'assassinat perpétré par un personnage même de fiction a été "recommandé" par lui et le qualifier de "vampire qui se nourrit de l'aigreur de ses électeurs mais aussi parfois de leur sang", "outrepasse [...] les limites admises en la matière ». Elle considère d'ailleurs que, quelle que soit la vigueur des luttes politiques, il est légitime de vouloir leur conserver un minimum de modération et de bienséance, ce d'autant plus que la réputation d'un politicien, fût-il controversé, doit bénéficier de la protection garantie par la Convention[7].

Les opinions séparées qui sont jointes à l'arrêt sont révélatrices des points de convergence et de divergence. Dans une opinion concordante, un juge souligne que « [...] la jurisprudence en matière de liberté d'expression a occasionnellement fait preuve d'une sensibilité excessive et accordé au droit à la liberté d'expression une surprotection par rapport au droit à la réputation, la liberté d'expression étant considérée comme une valeur prioritaire autorisant dans beaucoup de cas à priver les victimes de diffamation d'un recours approprié pour le rétablissement de leur dignité ».

L'opinion dissidente de quatre juges — et je dois préciser que j'en étais — s'oriente dans une toute autre direction et conclut à la violation de l'article 10 de la Convention. « Lorsque la Cour est confrontée, comme en l'espèce, à une situation de conflit entre la liberté d'expression et le droit à la réputation, la démarche qui est la sienne est celle de la pondération des intérêts afin de vérifier si un juste point d'équilibre a été atteint entre les droits et libertés en conflit. » C'est en quelque sorte la métaphore de la balance qui est utilisée ici, même si je suis bien d'accord qu'il faut l'utiliser avec modération car elle présuppose qu'il existerait une échelle commune selon laquelle l'importance respective ou le poids des différents droits pourraient être mesurés, ce que les théoriciens du droit appellent le problème de l'incommensurabilité des droits fondamentaux[8]. Cela étant, il est certain que « la qualité de la personne préjudiciée est une variable qui entre en jeu dans la détermination des limites admissibles aux droits et libertés garantis. [...] Les personnes publiques et les politiciens, en raison des fonctions dont ils sont investis, s'exposent par vocation à la critique et doivent en conséquence montrer une tolérance accrue à l'égard des discours polémiques voire des insultes dirigés à leur encontre [...] En ce qui concerne M. Jean-Marie Le Pen, on peut raisonnablement soutenir qu'il doit accepter un degré de tolérance encore plus élevé, dans la mesure précisément où il s'agit d'un homme politique connu pour la virulence de son discours et ses prises de position extrêmes [...] ». Par ailleurs, les dissidents estiment « qu'il est excessif et inexact de prétendre que le roman en cause constitue un appel à la violence ou à la haine. Il s'agit d'une critique d'un homme politique qui tient lui-même des propos de cette nature, ce dont témoignent les multiples condamnations dont il a fait l'objet.

7 Cour eur. D.H. (GC), arrêt *Lindon, Otchakovsky-Laurens et July c. France* du 22 octobre 2007, § 55 et 57.

8 Voy., parmi d'autres, B. Frydman, *Le sens des Lois*, Bruxelles, Bruylant / L.G.D.J., 2005, p. 436.

En l'espèce, les mots "chef d'une bande de tueurs" [...] et "vampire qui se nourrit de l'aigreur de ses électeurs mais parfois aussi de leur sang" [...] ne peuvent être compris littéralement ; ils veulent transmettre le message que cet homme politique, par ses discours, encourage lui-même ses partisans à s'engager dans des actes d'une extrême violence [...] ».

Le discours de haine

J'ai déjà évoqué cette question à l'Académie[9] et je me permets de la reprendre. C'est une question qui me préoccupe singulièrement[10] et le professeur G. Haarscher et le juge A. Sajó de la Cour européenne des droits de l'homme ont exprimé des positions fortes en ce domaine.

Le discours de haine, qui cible les minorités sexuelles, ethniques, religieuses ou culturelles, les immigrés et les autres groupes vulnérables, devient un problème politique et social crucial dans de nombreux pays européens. Ceux-ci ne peuvent plus l'ignorer car l'ignorance et l'indifférence favorisent son développement. En réalité, ceux qui ont recours au discours de haine veulent renforcer leur identité en s'opposant à celle d'autrui. Le danger est ici que le discours de haine se transforme en actes et en violence. Comme le dit le philosophe J.-L. Nancy, « la haine suppose des significations fermées[11] ». Par ailleurs, l'Internet est un « turbo accélérateur » du discours de haine, non seulement parce que d'évidence il est largement accessible mais aussi parce qu'il permet d'agir dans l'anonymat, c'est-à-dire en toute liberté sans assumer aucune responsabilité. Enfin, la question du discours de haine à l'encontre des femmes prend une importance accrue.

Le discours de haine risque de nous enfermer / de nous piéger dans un dilemme qui se présente sommairement comme suit. Dans la mesure où la liberté d'expression est le fondement de la démocratie, est-il légitime d'interdire l'expression de certaines idées dans une société qui « repose sur le postulat selon lequel la vérité naît de la libre confrontation des opinions [...],

9 Fr. Tulkens, « La Convention européenne des droits de l'homme. Bilan, questions critiques et défis », Académie royale de Belgique, Séance publique de la Classe Technologie et Société, Bruxelles, 18 octobre 2014, non publié.

10 Cf. Fr. Tulkens, « When to say is to do Freedom of expression and hate speech in the case-law of the European Court of Human Rights », dans *Freedom of expression. Essays in Honour of Nicolas Bratza*, Oisterwijk, Wolf Legal Publishers, 2012, p. 279 et sq. ; *Id.*, « Liberté d'expression et discours de haine : controverse et débat », Université de Genève, 3 avril 2014, non publié.

11 J.-L. Nancy, « La haine, le sens coagulé », Document pour la conférence « Les messages de haine dans le discours politique — Quelles responsabilités ? » organisée par le Conseil de l'Europe à Varsovie les 18-19 septembre 2013, p. 9 (disponible en ligne sur le site www.coe.int).

même outrancières[12] ? » « Entre valeurs d'ouverture, indispensables à son épanouissement, et réflexes de clôture, parfois nécessaires pour la protéger de ses ennemis, la démocratie oscille souvent[13]. » Toute action juridique ou politique pour limiter le discours de haine n'est pas exempte de danger non seulement parce qu'elle peut porter atteinte à la liberté d'expression mais aussi parce qu'elle peut être utilisée comme un instrument d'intimidation et de répression de l'opposition.

S'agissant du discours de haine, la Cour européenne des droits de l'homme peut utiliser deux voies. La voie large de l'*exclusion* de la protection de la Convention qui est prévue par l'article 17 de la Convention et la voie étroite des *limitations* de la protection qui est prévue par le paragraphe 2 de l'article 10 de la Convention. L'article 17 concerne l'interdiction de l'abus de droit. « Pas de liberté pour les ennemis de la liberté » proclamait Saint-Just[14], ou encore, pour reprendre l'observation de John Rawls, « *justice does not require that men must stand idly by while others destroy the basis of their existence*[15] ». Cette disposition vise « à retirer à ceux qui veulent utiliser les garanties de la Convention le bénéfice de ces droits puisque leur objectif est de remettre en cause les valeurs que la Convention protège[16] ». La Cour a exprimé sa position sur les dangers qui menacent la démocratie et je pense ici à la décision *Garaudy c. France* du 24 juin 2003, où elle a refusé la protection de la Convention s'agissant de négationnisme et de révisionnisme[17], à la décision *Norwood c. Royaume-Uni* du 16 novembre 2004, concernant l'usage de la liberté d'expression dans un but islamophobe[18] ou encore à la décision *Pavel Ivanov c. Russie* du 20 février 2007 s'agissant de l'antisémitisme[19].

12 P. Wachsmann, « Liberté d'expression et négationnisme », dans *Rev. trim. D.H.*, 2001, numéro spécial « Le droit face à la montée du racisme et de la xénophobie », p. 587. Voy. le film de S. Valloatto : *Caricaturistes — Fantassins de la démocratie* (2014).

13 N. Hervieu, « Le négationnisme, prisme révélateur du dilemme européen face à la lutte contre l'extrémisme », dans *Lettre Actualités Droits-Libertés du CREDOF* [en ligne], 13 janvier 2013.

14 H. Dumont et *al.* (éds.), *Pas de liberté pour les ennemis de la liberté ? Groupements liberticides et droits*, Bruxelles, Bruylant, 2000.

15 J. Rawls, *A Theory of Justice*, Oxford, Oxford University Press, 1971, p. 218.

16 M. Oetheimer, « La Cour européenne des droits de l'homme face au discours de haine », dans *Rev. trim. dr. h.*, 2007, p. 66.

17 Cour eur. D.H., décision *Garaudy c. France* du 24 juin 2003, § 45 ; voy. aussi Fr. Tulkens, « Les relations entre le négationnisme et les droits de l'homme. La jurisprudence de la Cour européenne des droits de l'homme », dans *Le droit dans une Europe en changement. Liber Amicorum Pranas Kūris*, Vilnius, Mykolo Romerio Universitetas, 2008, p. 425 et s.

18 Cour eur. D.H., décision *Norwood c. Royaume-Uni* du 16 novembre 2004.

19 Cour eur. D.H., décision *Pavel Ivanov c. Russie* du 20 février 2007.

Dans le contexte cette fois de l'article 10 concernant la liberté d'expression et s'agissant de la haine raciale, l'arrêt *Féret c. Belgique* du 16 juillet 2009 est significatif car il est au croisement de deux approches[20]. Le requérant, un député et président d'un parti politique d'extrême-droite, avait été condamné, sur base de la loi Moureaux du 30 juillet 1981 tendant à réprimer certains actes inspirés par le racisme ou la xénophobie, pour incitation publique à la discrimination ou à la haine à l'égard des immigrés en raison de l'impression et de la distribution de divers tracts politiques. La peine prononcée était une peine de 250 heures de travail (à exécuter dans le secteur de l'intégration des étrangers...) et l'inéligibilité pour une durée de dix ans. La Cour va conclure à l'absence de violation de l'article 10 de la Convention. Elle admet pour la première fois une ingérence dans la liberté d'expression d'un député en dehors de l'enceinte du Parlement et accorde une importance particulière au fait que les tracts litigieux ont été distribués à l'occasion de campagnes électorales, l'impact d'un discours raciste et xénophobe devenant alors plus grand et plus dommageable. Ainsi la Cour reconnaît en l'espèce l'existence d'un besoin social impérieux de protéger l'ordre public et les droits d'autrui, c'est-à-dire en l'espèce ceux de la communauté immigrée.

S'il est vrai que, dans une démocratie, une personne ne peut pas être incriminée pour une opinion mais seulement pour une conduite ou un acte répréhensible, faut-il en conclure que les mots ne peuvent être soumis à aucune restriction ? Certains soutiennent que les paroles de haine appartiennent à une catégorie qui inverse la dialectique entre le discours et la conduite : un discours qui peut engendrer l'exercice de représailles est en lui-même un type de conduite[21]. Dans le texte dont je parlais tout ci-dessus, le philosophe J.-L. Nancy va dans le même sens. Il affirme que « la haine peut aller jusqu'à chercher à détruire autrui en commettant des actes qui visent à l'éliminer. La haine est intrinsèquement orientée vers l'action. Elle vise à obtenir un résultat[22] ». Par conséquent, explique-t-il, la haine revêt un caractère actif, exécutif. Une parole de haine est en elle-même un acte ; la pensée qu'elle exprime est en soi un acte de négation. En considérant les choses sous cet angle, la question se déplace. Il ne s'agit plus de savoir quels types d'opinions

[20] Cour eur. D.H., arrêt *Féret c. Belgique* du 16 juillet 2009. Voy. aussi, dans le même sens, Cour eur. D.H., décision *Le Pen c. France* du 20 avril 2010.

[21] F. Rigaux, « Abridged or forbidden speech: how can speech be regulated through speech? », dans M. Van Hoecke (éd.), *Epistemology and methodology of comparative law*, Oxford-Portland (Oregon), Hart Publishing, 2004, p. 292.

[22] J.-L. Nancy, « La haine, le sens coagulé », *op. cit.*, p. 5-7.

ou d'expressions sont licites ou non, mais quels actes de parole sont compatibles avec la démocratie et lesquels ne le sont pas.

Mais cette approche est discutée et l'opinion dissidente du juge Sajó jointe à l'arrêt *Féret* développe l'autre versant de la problématique. « [C]'est justement lorsque nous sommes confrontés à des idées qui provoquent notre haine ou notre dégoût que notre jugement doit être le plus réfléchi dans la mesure où nos convictions personnelles risquent d'influencer nos idées sur ce qui est véritablement dangereux[23]. » Comme le fait observer S. Sottiaux, la Cour a dans cette affaire adopté une *community-oriented approach*, cherchant à harmoniser liberté d'expression et attachement à la dignité humaine et à l'égalité[24]. Comme le disait déjà, dans les années 1930, le juge Brandeis de la Cour suprême des États-Unis, les *bad ideas* n'existent pas en tant que telles et le remède contre le mauvais discours est plus de discours et non pas le silence forcé. De son côté, G. Haarscher montre bien l'enjeu du débat : « lutter contre le racisme (et ses déguisements rhétoriques) tout en préservant cette condition indispensable à la démocratie que constitue une liberté d'expression sans intimidation ni autocensure[25] ».

En définitive, il importe de « réconcilier le combat pour l'égalité avec la passion de la liberté de pensée et d'expression[26] ». À cet égard, je pense que le discours de haine doit être combattu par le débat et l'éducation et que seules des *incitations directes à la violence* peuvent justifier des limites à la liberté d'expression[27].

Le racisme et le négationnisme

L'affaire *Perinçek c. Suisse* est actuellement pendante devant la Grande Chambre, après avoir fait l'objet d'un arrêt de chambre le 17 décembre 2013[28]. L'audience devant la Grande Chambre est fixée le 28 janvier 2015[29] et l'arrêt

23 Opinion dissidente du juge Sajó sous l'arrêt *Féret*, à laquelle se sont joints les juges Zagrebelsky et Tsotsoria.

24 S. Sottiaux, « "Bad tendencies" in the ECtHR's "hate speech" jurisprudence », dans *European Constitutional Law Review*, vol. 7, no. 1, 2011, p. 42.

25 G. Haarscher, « Les périls de la démocratie militante. À propos de *Féret c. Belgique* », dans *Rev. trim. dr. h.*, n° 82, 2010, p. 466.

26 *Ibid.*

27 Cf. Cour eur. D.H., arrêt *Fáber c. Hongrie* du 24 juillet 2012.

28 Cour eur. D.H., arrêt *Perinçek c. Suisse* du 17 décembre 2013 (non définitif).

29 Le webcast de l'audience sera disponible sur le site Internet de la Cour (www.echr.coe.int).

définitif[30] interviendra dans les mois suivants. Il sera particulièrement intéressant de suivre le débat devant la Grande Chambre qui sera notamment alimenté par de nombreux tiers-intervenants[31].

M. Dogu Perinçek, un ressortissant turc — par ailleurs président général du Parti des travailleurs de Turquie — a été condamné pénalement pour avoir, au cours d'une série de conférences, mis en cause publiquement le génocide arménien perpétré par l'Empire ottoman, estimant qu'il s'agit d'un « mensonge international ». En fait, M. Perinçek niait la qualification de génocide mais ne remettait pas en question l'existence des massacres et des déportations d'Arméniens. Dans ce contexte, il s'agit pour la Cour de déterminer si la condamnation du requérant répondait à un besoin social impérieux, si elle était proportionnée au but visé et donc si elle était nécessaire dans une société démocratique.

Le cœur de l'argument du gouvernement suisse est celui-ci. En qualifiant publiquement les Arméniens d'« agresseurs du peuple turc » et en estimant que la qualification de génocide des événements de 1915 est un « mensonge international », M. Perinçek aurait eu des mobiles racistes. Il viserait à réhabiliter les actes commis et à accuser les victimes de ces actes de falsifier l'histoire. Les thèses défendues par le requérant ne relèveraient ainsi pas d'un travail s'apparentant à une enquête historique. Bien au contraire, elles remettraient en cause les valeurs qui fondent la lutte contre le racisme et l'intolérance. Portant atteinte aux droits notamment des proches des victimes, elles seraient contraires aux valeurs proclamées et garanties par la Convention, à savoir la tolérance, la paix sociale et la non-discrimination.

L'arrêt de la chambre, par cinq voix contre deux, va cependant conclure à la violation du droit à la liberté d'expression[32]. Tout d'abord, elle estime que le discours du requérant portait sur un débat public qui avait des dimensions à la fois historiques, juridiques et politiques. Il y a donc un intérêt public à s'ex-

30 L'article 43 (renvoi devant la Grande Chambre) de la Convention européenne des droits de l'homme dispose : « [...] Dans un délai de trois mois à compter de la date de l'arrêt d'une chambre, toute partie à l'affaire peut, dans des cas exceptionnels, demander le renvoi de l'affaire devant la Grande Chambre [...] Un collège de cinq juges de la Grande Chambre accepte la demande si l'affaire soulève une question grave relative à l'interprétation ou à l'application de la Convention ou de ses protocoles, ou encore une question grave de caractère général [...] Si le collège accepte la demande, la Grande Chambre se prononce sur l'affaire par un arrêt. »

31 L'article 36 (tierce intervention) de la Convention européenne des droits de l'homme prévoit en effet que « [d]ans l'intérêt d'une bonne administration de la justice, le président de la Cour peut inviter [un État] qui n'est pas partie à l'instance ou toute personne intéressée autre que le requérant à présenter des observations écrites ou à prendre part aux audiences ».

32 Cour eur. D.H., arrêt *Perinçek c. Suisse* du 17 décembre 2013 (non définitif), auquel est jointe l'opinion dissidente des juges Vučinić et Pinto de Albuquerque.

primer sur cette question. Ensuite, l'arrêt va considérer que les déclarations du requérant ne constituaient pas une négation des faits en eux-mêmes mais de leur qualification en droit international. D'où la question de savoir s'il existe un consensus international quant à la qualification de génocide, ce qui n'est pas le cas. En tout état de cause, il est même douteux qu'il puisse y avoir un « consensus général », en particulier scientifique, sur des événements tels que ceux qui sont en cause ici, étant donné que la recherche historique est par définition controversée et discutable et ne se prête guère à des conclusions définitives ou à des vérités objectives et absolues. À cet égard, la présente espèce se distingue clairement des affaires qui portaient sur la négation des crimes de l'Holocauste commis par le régime nazi, où le déni reposait sur des situations concrètes, notamment les chambres à gaz. Les condamnations pour ces crimes avaient donc une base légale et les faits historiques remis en cause avaient été reconnus par la communauté internationale.

De nombreux commentaires ont déjà été présentés et on voit très clairement les termes du débat. Les arguments en faveur de la liberté d'expression et donc de la violation de l'article 10 de la Convention s'articulent autour des idées suivantes[33] : la libre discussion des questions sensibles et controversées est un aspect fondamental de la liberté d'expression et distingue la société démocratique pluraliste des régimes totalitaires et dictatoriaux. Par ailleurs, la liberté d'expression inclut les idées qui « heurtent, choquent et inquiètent » et ce principe vaut lorsqu'il s'agit de débat historique où la certitude est improbable. La discussion légale, politique, de faits historiques doit être ouverte à toutes les opinions. En outre, si la recherche de la vérité historique fait partie de la liberté d'expression, il ne revient pas à la Cour d'arbitrer des questions qui relèvent d'un débat toujours en cours entre historiens. Un des buts de la liberté d'expression est de protéger les points de vue minoritaires et d'animer le débat sur des questions d'intérêt général qui ne sont pas entièrement établies. Enfin, rejeter la qualification légale de génocide des événements de 1915 n'incite pas à la haine et à la violence.

L'Observation générale n° 34 du Comité des droits de l'homme des Nations Unies du 12 septembre 2011 concernant l'article 19 du Pacte international relatif aux droits civils et politiques consacrant la liberté d'expression exprime la même idée :

> Les lois qui criminalisent l'expression d'opinions concernant des faits historiques sont incompatibles avec les obligations que le Pacte impose aux États parties en ce qui concerne le respect de la liberté d'opinion et de la liberté d'expression. Le Pacte ne permet pas les

33 D. Voorhoof, « Perinçek judgment on genocide denial », dans *ECHR Blog*, 7 janvier 2014.

interdictions générales de l'expression d'une opinion erronée ou d'une interprétation incorrecte d'événements du passé [...][34].

Tout en adhérant fermement aux principes généraux relatifs à la liberté d'expression, ceux qui acceptent, en l'espèce, des limites à la liberté d'expression, et donc estiment qu'il n'y a pas violation de l'article 10 de la Convention, développent un argumentaire fondé sur les faits concrets. La distinction entre refuser la qualification de génocide et admettre le Grand Crime relève d'un contresens. Nier le génocide revient à nier l'intention qui caractérise le crime, à savoir détruire tout ou partie d'un groupe national, ethnique, racial, religieux. Or, ne pas reconnaître cette intention spécifique c'est ne pas reconnaître la réalité des faits historiques établis notamment par les procès de Constantinople (1919-1920).

CONCLUSION

Le droit à la liberté d'expression est-il un droit prééminent ? Dans la préface dont je parlais ci-dessus, Benoît Frydman et moi-même avons voulu nous expliquer là-dessus[35]. Il ne s'agit pas de s'engager dans une (vaine) tentative d'établir une hiérarchie au sein des droits fondamentaux. Il ne s'agit pas non plus d'affirmer que le droit d'une personne de s'exprimer librement serait, *de jure*, plus important ou plus fondamental que celui d'une autre de jouir, par exemple, de son droit à la vie privée ou à la liberté de conscience. Il nous semble plutôt que le régime de protection de la liberté d'expression — et de la liberté de la presse — constitue un dispositif d'ordre public qui a pour objet et pour effet de sanctuariser les espaces publics de discussion, en faisant obstacle aux tentatives d'ingérence par les autorités publiques, y compris le pouvoir judiciaire. Un tel régime n'a pas pour objectif de privilégier les droits subjectifs de l'un aux dépens de l'autre mais bien de veiller à la sauvegarde d'une condition essentielle sans laquelle ne saurait subsister une démocratie ni une société libre.

Les positions fortes de ceux qui soutiennent et visent à garantir la liberté d'expression la plus large, se fondent sur une conviction qui est aussi un pari,

34 Comité des droits de l'homme des Nations Unies, Observation générale n° 34 concernant l'article 19 (liberté d'opinion et liberté d'expression) du Pacte international relatif aux droits civils et politiques, Genève, 12 septembre 2011, § 49.

35 B. Frydman et Fr. Tulkens, « Préface », dans J. Englebert, *La procédure garante de la liberté d'information*, *op. cit.*

celui de la vertu du débat public. C'est un parti audacieux et risqué, mais nécessaire pour celui qui veut sauvegarder l'édifice toujours essentiellement fragile de nos libertés.

IS FREEDOM OF EXPRESSION SUSTAINABLE IN A WORLD OF SENSITIVITIES[1]?

ANDRÁS SAJÓ,
Juriste. Juge à la Cour européenne des Droits de l'homme

Lawyers, the general public, and judges in particular, tend to take fundamental rights, like free speech, for granted. Free speech is understood as an individual right, which is protected as long as an utterance or sign is considered to be speech. Speech is a term of art in law. As Justice Holmes stated in 1919, however, the First Amendment is not "immunity for every possible use of language[2]". The protection of the expression falling within the legal category of speech is nearly absolute in the US, and is subject to limitations in Europe, but even in Europe very weighty reasons are needed for a governmental restriction of speech. Except where it causes well defined, more or less actual, harm, speech is protected. More harm caused by speech is tolerated than might otherwise be warranted and certain harms are discounted. I hope this is the European standard. At least, this is the dream for free speech advocates.

Once an axiom, like the right to free speech as individual right is socially and legally recognized, little thought goes into the reasons behind the acceptance of the axiom. This is convenient. It saves a soul searching and mind boggling analysis of additional interests to be taken into consideration. Of course, there is still a place for recalibration, e.g., by attributing more or less value to other rights.

1 Clare Ryan, JD provided valuable research support.

2 *Frohwerk v United States*, 249 U.S. 204, 206 (1919).

Today the validity of our assumptions regarding freedom of expression as a highly protected value is questioned. The love affair with the web and with social media seems to be coming to an end — at least in some quarters. To quote His Excellency, President Erdogan himself: "I am increasingly against the Internet every day[3]."

There seems to be tremendous pressure on Internet freedom: any shift here will have wide ranging implications on free speech in general and not only because the Internet emerges as the most important forum. The Supreme Court of the Unites States held arguments on December 1st in Elonis[4], an Internet harassment case, and the European Court of Human Rights will decide soon Delfi[5], a website comments case. The well informed Forbes Magazine wrote in May that "Elonis's case may be a harbinger of things to come[6]." Equally importantly *Pew* published a survey in November[7], showing that very large number of American Internet users claims to have been victim of some form of Internet harassment, bullying and young people commit suicide following stalking on the social media resulting in front page news.

A similar challenge emerged fifty years ago in the case of broadcasting. A number of legal explanations were given at that time to justify departure from otherwise applicable free speech standards. For example, it was argued that broadcasting is a licensed activity and it is synchronous message to a large audience, with direct emotional effect, and — in the case of television — with the power of images which have allegedly uncontrollable effect on the mind and behavior.

Today we face a different and probably more fundamental challenge coming from the Internet and social media that allows private ordinary communication to reach a large audience, and often with the power of images.

Those who wish to impose greater censorship over Internet speech conceive of the Internet as a unique space, in which the risks and harms are magnified. Martha Nussbaum writes that "What is distinctive about the

3 B. Orucoglu, "Turkey's Twitter Wars Heat Up", in *Foreign Policy* (10/28/2014); http://transitions.foreignpolicy.com/posts/2014/10/28/turkey_twitter_wars_heat_up.

4 *Elonis v. United States*, Docket no. 13-983 (argued US Supreme Court, December 1, 2014).

5 The Chamber judgment is available at: *Delfi AS v. Estonia*, no. 64569/09 (10/10/2013).

6 C. Calvert *et al.*, "Rap Lyrics or True Threats? It's Time for the High Court to Decide", in *Forbes* (05/24/2014); http://www.forbes.com/sites/realspin/2014/05/24/rap-lyrics-or-true-threats-its-time-for-the-high-court-to-decide.

7 M. Duggan, "Online Harassment", in *Pew Research Internet Project* (10/22/2014); http://www.pewInternet.org/2014/10/22/online-harassment.

Internet is that it is its own world, and a world in which values can be remade. The person who was free, happy, and autonomous can be turned into a thing there and damned, silenced, violated for all the world and all time[8]." Danielle Keats Citron frames the issue as: "Today's cyber-attack groups update a history of anonymous mobs coming together to victimize and subjugate vulnerable people[9]."

This new challenge forces even the unwilling legislator and the judge to go beyond the axiom that speech is a fundamental individual right. And the rethinking occurs in a world of heightened sensitivity. The heightened sensitivities of people, hurt by Internet and social media filth, forces people to build up evidence of the harms of free speech a process of rethink begins.

There is nothing new in the uninhibited speech that is so common online. This is the language used in pubs. Pub speech is vulgar and sexually explicit. It has little communicative value, it serves truth only to a limited extent. But these elements *per se* do not make it subject to legal intervention in a world based on the assumption that liberty is *the* default. Of course, pub speech uses extremes: personal dislike is often expressed in terms like "asshole" and "vermin". In the social convention (at least the one that exists at the pub level) this is not understood as a factual statement, nor is it a racist offense, except specific circumstances when these amount to fighting words.

One can hear also (if still sober enough) dissatisfaction expressed as "he would better drop dead", "I would kill him". This is not understood as incitement to violence. Some risk-averse people and judges take these utterances seriously but one does not need to read John Searle to understand the difference between literal sentence meaning and speaker's utterance meaning. Of course, if there is a known madman among the patrons of the bar who will kill the person who was described as worthy of death, then the speaker may be held accountable.

The Internet situation is slightly different. Anonymity is widespread and the feelings of lack of accountability allegedly increase aggression or its display. The absence of personal feedback (for example the lack of empathy in the absence of the good works of mirror neurons) diminishes the social regulatory function of social interactions. It is likely, however, that these elements were also present among XVIIIth century pornographic pamphleteers. The Elonis petition for certiorari argues: "the inherently impersonal

8 M. Nussbaum, "Objectification and Internet Misogyny", in S. Levmore et M. Nussbaum (ed.), *The Offensive Internet: Privacy, Speech, and Reputation*, Cambridge, MA, Harvard University Press, 2010, p. 81.

9 D. Keats Citron, "Cyber Civil Rights", in *Boston University Law Review*, n° 89, 2009, p. 61, 62.

nature of online communication makes [it] inherently susceptible to misinterpretation… modern media allow personal reflections intended for a small audience (or no audience) to be viewed widely by people who are unfamiliar with the context in which the statements were made and thus who may interpret the statements much differently than the speaker intended[10]."

Where a message is accessible to a theoretically large audience, there may well be a couple of unknown madmen in the audience. Is the author of the insulting post liable for creating a risk that the madman will act? Is a car manufacturer liable under product liability if the car causes an accident because of a hole on the road? My first answer would be no; but what if it is known that the roads in the country are dangerous and the manufacturer fails to produce specific brakes or other safety devices? Compare this to the Internet highway and forget for a moment the fetish of free speech. If there are too many madmen waiting for encouragement (with an address of a target available for them) then regulatory intervention might seem prudent. But in the risk-aversion calculation one should not forget the impact of the restrictive measure chosen. The externalities of the restrictive measure are likewise to be taken into consideration.

Let me turn to the aggregate impact of pub type Internet speech on groups, especially on vulnerable groups. Widespread offence has systemic effects. It results in the maintenance of stereotypes, and it sustains an atmosphere of social oppression for members of a vulnerable group. It may encourage harassing behavior against members of identifiable groups. However, not all extreme views are as bad as racism.

In principle it is easy to single out bad guys on the basis of their messages. But singling out bad views runs into all the objections the free speech doctrine on content discrimination has developed (fallibility, governmental power bias, prejudice stemming from unpopularity). There is an inherent risk that content based regulation, in opposition to regulation based on the actual consequences of speech, will suppress unpopular ideas and the public debate will be manipulated by coercion rather than persuasion[11].

Content regulation is self-destructive: if you single out one opinion there is nothing to stop others to single out your right-minded views once you are in the minority.

How come that the American liberal elite seems to move away from robust First Amendment for the sake of a new paternalism? Their favorite reference to John Stuart Mill is that "free speech is not for children". This neuroscience

[10] *Elonis v. United States*, Petition for a Writ of Certiorari (filed February 14, 2014), 34.

[11] *Turner Broadcast v FCC*, 114 S. Ct. 2445, 2458 (1994).

infested paternalism of the right-thinking has to face a fundamental liberal objection, namely that our political institutions, in principle, are the product of people of equal intellectual capacity which enables them to think for themselves. The political government is a government by and for intellectually capable independent agents, agents with that capacity. Conclusions based on the actual cognitive limits of people should be made only within the basic assumption that people are by definition of equal cognitive agency: we are certainly fallible and certainly capable of producing self-destructive regimes of "irrationality", short sightedness and delusion. These facts, if proven, may generate considerations of prudence under the general heading of harm to others. But this is different from a regime that assumes that there is a fundamental and excessive risk of harm on the Internet because of unlimited expression of the worst of human nature and free speech is not anymore the axiomatic point of departure.

There is a factor that facilitates the enthronization of free speech, which is the increased cult of personal sensitivity. This spirit of sensitivity and the underlying vulnerability, and increased fear of terrorist propaganda reinforce each other. Courts are increasingly responsive: the ECJ recently found that people have a right to be forgotten notwithstanding that they willingly put themselves into the limelight or even figure in official electronic documents for their past act[12]. The level of sensitivity is illustrated by the current demand of electronic self-representation: i.e. that the sequence of the references on a person shall not be determined by the search machine but in a way the person would like to be presented. Allegedly the most handsome professor of the campus does not want to pop up as the most handsome because this has the highest access but on the basis of the highest scholarly citation.

The interest of power holders to live above criticism and Jihad hysteria are additional ingredients of this potentially lethal cocktail. At this point one is tempted to accept that the need for democratic deliberation does not justify free speech protection anymore, simply because such deliberation is an oxymoron. Humans are not autonomous, rational agents capable of the sort of self-expression necessary to create a republic of reasonable citizens.

Once the spell is broken, and the sacredness of free speech has been destroyed, there is no reason to restrict the understanding of harm as a natural limit to speech. Allegedly more rational considerations will prevail in regulation. Nothing remains that would justify the preferential treatment of

12 Court of Jutice of the European Union, Judgment in Case C-131/12, *Google Spain SL, Google Inc. v Agencia Española de Protección de Datos* (2014).

the speaker; what is needed is a better regulator who will not abuse government and other powers in the protection of the audience.

The harms associated with Internet speech include psychological distress, loss of physical security, loss of economic and social opportunities, and loss of privacy. But the *bien-pensant* censor goes further, to emphasize harms to the larger community, as, they contend, Internet speech spreads false information, encourages extremism, and endorses or justifies discrimination and violence. These scholars also emphasize the ways in which the Internet exacerbates these harms. Anonymity, amplification, permanence, and limited options for exiting situations where harassment occurs explain why "the effects of unwilling online embodiment are potentially even more pernicious and long-lasting than real-life harassment[13]".

Here, however, it is crucial to distinguish cases in which there are concrete harms; where, for example, a person's home address, social security number, or private images are made public or where threats of violence have a clear target and where there is a credible risk that such threats will be carried out. In such cases, law enforcement has a vital role in protecting a person's safety[14]. Indeed, perhaps the largest problem at present, is not the "unregulated Internet", but ignorance among law enforcement about how to distinguish the concrete threats from offensive "pub speech" online. Practical difficulties of law enforcement are, however, not a reason to depart from the axiom that speech is not to be censored. Those who advocate Internet regulations go far beyond cases of concrete harm. Scholars discuss the power of speech — to spread false information, incite group hatred, and create a culture in which violence against women and minorities is acceptable and encouraged. In this context, harm may be defined broadly as: "a series of acts none of which is individually harmful, and it can injure the interests of a group, rather than any identifiable individual[15]".

This literature sees offensive Internet expression as "low value" speech, unworthy of protection. Such devaluing of speech encourages increased censorship and reduces the freedom of some valuable speech. Indeed, it is argued that non-mundane speech people engage in is largely worthless, and the world would be better off were it not expressed. While these scholars

13 M. A. Franks, "Unwilling Avatars: Idealism and Discrimination in Cyberspace", dans *Columbia Journal Gender & Law*, n° 20, 2011, p. 224, 255-256 .

14 See note 6 and L. Rainie et al., "Anonymity, Privacy, and Security Online", in *Pew Research Internet Project*, (09/05/2013); http://www.pewInternet.org/2013/09/05/anonymity-privacy-and-security-online.

15 I. Maitra et M. K. McGowan, "Introduction and Overview", in I. Maitra et M. K. McGowan (ed.), *Speech and Harm: Controversies Over Free Speech*, Oxford, Oxford University Press, 2012, p. 4.

confront the "chilling effect" that regulating Internet speech might have, they assume that it is possible to distinguish between high and low value speech in a way that will not overly limit valuable expression[16].

Therefore, rather than advocating for the least restrictive means possible to protect against real threats, these academics suggest regulations that protect dignitary harms (and against the risk that sensitivities will be offended), as well as concrete harms. "Reformers" propose using existing privacy torts; creating civil rights remedies; using criminal law; using a copyright model; and reducing (or destroying) anonymity and website operator immunity. What is important to note with each of these proposals is that, although they promise to reduce threats of violence, go much farther than that. These proposals would give censors powerful tools to shut down unpopular speech of many different kinds.

A word on reasons for this push for paradigm change: It may be based on unexpected and very unpleasant personal experiences of academics who never before received hate mail, it may be the academic need to say something novel, it may be that American liberals became disillusioned with the First Amendment that enables the Supreme Court striking down campaign financing restrictive legislation in a case called *Citizens United*, allowing the very rich and corporations to influence elections in a way that observers find unworthy of a Republic[17]. But the reasons are secondary. What matters is the emerging web of anti-free speech spirit in the Internet context.

Why is there an emerging socio-cultural willingness to select and aggrandize instances of Internet harassment? I would single out one element, namely increased sensitivity of the contemporary personality. This is related to a cult of sensitivity responding to vulnerability and victimhood in contemporary society. By sensitivity I mean an increased consideration of the impact of the speech on the audience, where consideration and weight is given to the personal feelings generated by the speech.

The cult of sensitivity values the protection of perceived vulnerability over other rights and freedoms. In an attempt to ensure that no one (particularly no one from a traditionally vulnerable group) is offended by attacks on their beliefs or identity, governments are expected to censor speech. "The restrictive interpretation of freedom of speech puts respect for sensitivities

16 Leiter claims, for example, that the spillover effects of giving tort remedies for online speech will "have little effect on the discovery of truth or democratic self-government": B. Leiter, "Cleaning Cyber Cesspools", in S. Levmore et M. Nussbaum (ed.), *The Offensive Internet: Privacy, Speech, and Reputation*, *op. cit.*, p. 165.

17 *Citizens United v. Federal Election Commission*, 558 U.S. 310 (2010).

[...] into the foreground [...]. The affected person determines what the sensitivity is, since in the end only he or she can feel it[18]."

The increased respect for public sensitivity is noticeable in the freedom of expression jurisprudence of the European Court of Human Rights. In *Otto-Preminger v Austria* it was held that: "The respect for the religious feelings of believers as guaranteed in Article 9 (art. 9) can legitimately be thought to have been violated by provocative portrayals of objects of religious veneration; and such portrayals can be regarded as malicious violation of the spirit of tolerance, which must also be a feature of democratic society[19]."

Beyond the religious sphere, sensibility became a matter of concern and force because the general culture became more responsive to arguments of vulnerability. It became useful, and finally a source of rights to demonstrate vulnerability. This resonates well with a certain concept of justice, where vulnerability is a matter of past victimhood. It is accepted that past large scale injustices are to be remedied, as is the case with the racially persecuted or the mentally disabled who were subject to structural prejudice. Given this rights-framing advantage, individuals (even those outside of traditionally and demonstrably disadvantaged groups) have a personal interest in presenting themselves as vulnerable and offended. This interest is reinforced in a narcissistic culture that cultivates personal traits of narcissism.

The cult of sensitivity leads to anti-liberal restrictions based on the fear of offense. The risk that governments will overstep the prevention of real harm is heightened online, where the capacity for offensive speech is vast, and the link between speech and harm is less clear. While advocates for speech regulations online emphasize cases where people have been gravely harmed, they use the fear of such cases to push for much broader censorship. This censorship does not only protect against violence, theft, etc., but against "dignitary" harms or broad, diffuse harms associated with reading comments online that offend one's identity.

To find a balanced answer to the undeniable practical problems, one should still remember that there is a deliberate social design behind the current high level of protection granted to speech. The strong protection of speech stems from the assumption that the system cannot exist without free communication, and that the production of ideas and exchange of views

[18] A. Sajó, "Countervailing Duties as Applied to Danish Cheese and Danish Cartoons", in A. Sajó (ed.), *Issues in Constitutional Law: censorial sensitivities, free speech and religion in a fundamentalist world*, Utrecht, Eleven International Publishing, 2007, p. 297.

[19] *Otto-Preminger-Institut v. Austria*, 20 September 1994, § 47, Series A no. 295-A.

that makes democratic and undemocratic participation in the community possible are not rewarding.

Given the importance in generating ideas and maintaining social communication, speech needs overprotection. If it were treated like other products with externalities the resulting litigation costs, the possibility of sanctions etc. would be prohibitive to generate ideas. This is, among others, the reason why the right of freedom of expression sides with the speaker and not the audience. In sensitivity-protection, however, priority is given to the feelings of the audience. There is a strong consequentialist reason for overprotection, one that is related to an ultimate social value choice, namely that people would like to live an autonomous life in freedom. It was once assumed that a strong individual free speech right provides for the best available exchange of ideas and views. I am still inclined for many reasons to hold this assumption correct.

Some advocate for the abolition of online anonymity and for increased transparency because of the specific nature of the communication on the Internet. There can be important rational decision-enhancing elements in such proposals but once society accepts the dictates of emotions, even of feelings generated by offensive speech, that society undermines its capacity to become a tolerant society (in the sense of Lee Bollinger's program[20]). Moreover, legislation shall not encourage cultural narcissism by accepting emerging standards of insecurity.

Trusting the state with benevolent censorship in matters of dissent is, irrespective of the actual trust in a society towards the state, a risky matter. The underlying assumption is that we need to trust governmental protective regulation because of the ease with which the human mind can be influenced. The new paternalism refers to an interpretation of cognitive science data. Accordingly there is no freedom of choice (will), only easy to manipulate people. The advocates of new censorship perceive people through Hobbesian lenses: they are fundamentally brutish. If the problem is hard wired human fallibility and aggressiveness, how one can hope that in the democratic process the interaction of the fallible humans will produce unbiased censors?

The well-meaning Internet censors are concerned with alarming phenomena, but fight against a straw man. Contrary to the assumption that speech is protected because it is an act of the individual's freedom (or even free will) and therefore in reality it is not a higher right, freedom of expression is protected not simply because people feel better if they can express

[20] L. C. Bollinger, *The Tolerant Society: Freedom of Speech and Extremist Speech in America*, Oxford, Oxford University Press, 1986.

themselves and the more they can speak without constraints the better they feel. If free speech would protect expressive feelings, the more intensive feelings of the offended shall prevail. But again, freedom of expression is protected as a social institution at the present high level, because of its institutional contribution to a liberal and tolerant social order.

TABLE DES MATIÈRES

COLLECTION « MÉMOIRES »

Les Minorités, un défi pour les États. Actes de colloque (2012)

L'idéologie du progrès dans la tourmente du postmodernisme. Actes de colloque (2012)

Denis Diagre, *Le Jardin botanique de Bruxelles (1826–1912). Reflet de la Belgique, enfant de l'Afrique* (2012)

Musique et sciences de l'esprit. Actes de colloque (2012)

Catherine Jacques, *Les féministes belges et les luttes pour l'égalité politique et économique (1914-1968)* (2013)

Athéisme voilé/dévoilé aux temps modernes. Actes de colloque (2013)

Stéphanie Claisse, *Du Soldat Inconnu aux monuments commémoratifs belges de la Guerre 14-18* (2013)

Georges Bernier, *Darwin, un pionnier de la physiologie végétale. L'apport de son fils Francis* (2013)

Jacques Reisse, *Alfred Russel Wallace, plus darwiniste que Darwin mais politiquement moins correct* (2013)

La démocratie, enrayée ? Actes de colloque (2013)

Catherine Thomas, *Le visage humain de l'administration. Les grands commis du gouvernement central des Pays-Bas espagnols (1598-1700)* (2014)

Francis Robaszynski, Francis Amédro, Christian Devalque et Bertrand Matrion, *Le Turonien des massifs d'Uchaux et de la Cèze* (2014)

Pierre Verhas, *L'histoire de l'Observatoire royal de Belgique* (2014)

L'Homme, un animal comme un autre ? Actes de colloque édités par Jacques Reisse et Marc Richelle (2014)

La bataille de Charleroi, 100 ans après. Actes de colloque (2014)

Pierre Assenmaker, *De la victoire au pouvoir. Développement et manifestations de l'idéologie impératoriale à l'époque de Marius et de Sylla* (2014)

De Mons vers le Nouveau Monde. Lettres de Jean-Charles Houzeau en Jamaïque (1868-1876), Hossam Elkhadem et Marie-Thérèse Isaac (ed.) (2015)

Le Quatrième partage de la Pologne. Actes de colloque (2015)

Frédéric Boulvain et Jean-Louis Pingot, *Genèse du sous-sol de la Wallonie* (2015, 2e éd. revue et augmentée)

La liberté d'expression. Menacée ou menaçante ? Actes de colloque (2015)

Robert Wangermée et Valérie Dufour (dir.), *Modernité musicale au XXe siécle et musicologie critique. Hommage à Célestin Deliège.* Actes de colloque (2015)

Jean-Louis Migeot, *Des chiffres et des notes. Mathématique et solfège, physique et musique : une introduction* (2015)